# 中国传统文化与大学英语教学的融合研究

李彩萍◎著

中国原子能出版社

图书在版编目（CIP）数据

中国传统文化与大学英语教学的融合研究 / 李彩萍著. -- 北京 : 中国原子能出版社, 2023.12
ISBN 978-7-5221-3219-8

Ⅰ. ①中… Ⅱ. ①李… Ⅲ. ①中华文化-关系-英语-教学研究-高等学校 Ⅳ. ①H319.3

中国国家版本馆 CIP 数据核字（2023）第 239136 号

**中国传统文化与大学英语教学的融合研究**

**出版发行**：中国原子能出版社（北京市海淀区阜成路 43 号　100048）
**责任编辑**：杨晓宇
**责任印制**：赵　明
**印　　刷**：北京九州迅驰传媒文化有限公司
**经　　销**：全国新华书店
**开　　本**：787mm×1092mm　1/16
**字　　数**：300 千字
**印　　张**：13.5
**版　　次**：2023 年 12 月第 1 版　2024 年 4 月第 1 次印刷
**书　　号**：ISBN 978-7-5221-3219-8　　　**定　　价**：80.00 元

# PREFACE 前言

在当今世界的经济一体化背景下，为了不断提升自己的综合能力，大多数的同学都会在毕业后，针对自己未来的发展需要，积极地去学习和掌握英语方面的知识与技巧。从这一点可以看出，英语在我们的生活、工作中是多么的重要。从学习空间和学习灵活性的要求来看，高校英语教学给了学生更多的选择，如果学生对此不感兴趣，那么高校英语教学就不能很好地实现其教学目标。因此，如何提高学生对英语的兴趣，使他们了解英语在日常生活、工作中所起到的重要作用，是英语教学的重中之重。在使学生熟练掌握英语的基础上，加强中国传统文化的教育，使他们既能继承和发扬中国传统文化，又能使他们形成良好的人生观、价值观、世界观。更好地培养可以使他们成为合格的接班人。

中国传统文化在高校英语课堂中的渗透能否取得实效，与英语老师对此的关注程度密切相关。英语老师要高度关注中国传统文化与大学英语的整合，加强中西文化的交融，不仅要把英语知识和技巧传授到课堂上，还要从英语的内容中发掘出更多的思政性因素，有更好的针对性。并在此基础上，积极推动《大学英语》的思政课教学，希望能够在“课程思政观”的指引下，从英语课本中发掘出更多的思政课素材。从价值引导、知识传授、能力训练三个角度，逐步实施“递进”的培训，使学生在熟练掌握英语知识和技巧的基础上，逐步提升自己的文化素养。

本书共十章，首先对中国传统文化的基本理论、文化与语言的关系以及中国传统文化研究做了简要介绍；其次阐述了大学英语教学的基本理论，其中包括英语教学论、英语教学方法、英语课堂教学以及英语教学中媒体的应用；最后从多维度阐述了中国传统文化与大学英语听力教学、口语教学、阅读教学、写作教学、词汇教学、语法教学与翻译教学相结合的研究。是对21世纪将中国传统文化融入到大学英语教学中的一个重要课题的深入探讨，旨在使读者更好地了解大学英语的重要性与必要性。这本书具有很强的理论性和实用性，对从事英语教育的人员有很好的参考意义。

将中国传统文化融合到大学英语教学中，不仅能拓宽英语课堂的知识面，拓宽学生的眼界，而且能使学生对中国传统文化有更深刻的认识，有助于他们逐步建立起自己的价值观念和人生观，有利于他们将来成为社会主义事业的接班人。同时，将中国文化与高校英语教学相结合，对中国文化在高校中的传承与发展起到了积极的推动作用。为此，高校英语教师要高度关注中国传统文化在课程中的渗透，使中国传统文化在大学英语中的渗透效果得到充分发挥，既能有效地训练学生的英语运用能力，又能更好地促进学生的跨文化交流，增强他们的人文素质，使他们更好地适应新时代的发展需求。

CONTENTS

# 目　录

# 第一章　文化与中国传统文化概论

## 第一节　文化探析

文化是一个包罗万象的概念，其涉及的范围十分广泛。本节将对文化的定义、特点、分类及功能等进行简要分析。

### 一、文化的定义

“文化”一词由来已久，在中国和西方的历史语言体系中都出现过关于“文化”的记载。文化概念的界定是一个复杂的问题，当前关于文化的定义多达数百种。文化是一种真实的社会存在，它的历史和人的历史一样悠久。从某种意义上讲，人类的发展史其实就是人类的文化史。

英语中与“文化”相对应的表达是 culture，culture 一词源于拉丁文 cultus。cultus 的意思是“开化、开发”，常用于居住、耕种及敬畏神灵。culture 曾经被用来指“型”，也就是耕地的过程，后来引申为培养人的技能、品质，之后又不断进行转义。直到 18 世纪文化这一概念在西方才获得了第一次重要转义，用于表示“整个社会里知识发展的普遍状态”“心灵的普遍状态和习惯”和“各种艺术的普遍状态”。

早在两千多年以前，“文化”一词及其含义就在我国出现。《周易·贲卦》中首次将“文”与“化”并用，但最初“文化”这两个词是分开使用的。“文”与“化”真正合并为“文化”一词始于西汉。刘向在《说苑·指武》中曾说：“圣人治理世界，先文德，后以武，凡武之盛，以民不服，文化不该，则以刑。”其大致含义是：圣人治理天下，先施以文德教化，如不奏效，再施加武力，亦即先礼后兵的意思。这里的“文”和“化”指的是两种完全不同的治理社会的手段。之后，南齐王融在《曲水诗序》中曰：“设神理以景俗，敷文化以柔远。”这里的“文化”有“文治教化”之意。这一时期人们对“文化”一词的理解并未达成共识，直到唐代，孔颖达才对“文化”一词提出了较有见地的解释。他认为，文化就是社会的文化，即文学艺术与风俗礼仪等上层建筑的一些要素。在古代，人们对文化的理解主要基于狭义的精神层面，如人类的精神、意识、智慧等，因此还不能算作文化的定义。

关于文化的概念，人们始终都没有停止过研究。但到目前为止，文化的定义仍没有统一，由此可见文化的广远浩博及其界定之难。

## （一）国外学者对文化的界定

有学者指出，“文化”一词是英语语言中最为复杂的词汇之一。《大英百科全书》对“文化”的定义作了较为系统的总结，它的主要内容是美国知名的文化人类学家、克罗伯与克拉克洪在《文化：一个概念定义的考评》中搜集的超过100条的有关“文化”的定义，其中包括一些国际上知名的心理学家、哲学家与人类学家等。下面就根据不同属性对这些定义进行具体说明。

### 1. 描述性定义

描述性的定义有英国的泰勒（Edward Tylor）提出的，也有受他的影响而提出的，着重于“文化”的覆盖面更广。1871年，泰勒在《原始文化》一书中第一次提出了“文化”这一核心概念。他说：“文化是由知识，艺术，信仰，道德，风俗，以及其他在社会上学习到的技能和习俗组成的综合体。”泰勒在学界被公认为是最早对文化进行界定的人，他的说法是较为典型的。

这一系列的定义，其特征是把文化作为一个整体来看待，并且在每个定义中都有“整体”“全部”等词语；往往是以罗列的形式来说明文化所包含的一切。但是，这一类的定义也有缺陷，那就是文化是一个非常抽象的概念，因此，仅仅通过罗列来定义它，很难囊括所有的东西，而且也很容易忽视其他的文化要素。

### 2. 历史性定义

“历史”的界定突出了文化的“社会基因”和“传统”的特征，美国的“历史”界定是典型界定。萨不尔说：“人种学者和文化史学者利用文化来表现人们在社会上所继承的一切，他们既有物质的，也有精神的。”另外，本项目还将讨论洛维、马林诺夫斯基等其他学者给出的一些新的定义。

具有历史主义倾向的学者，则从历史的视角出发，从“遗传”与“传统”两个方面来阐释这一概念。尽管两者之间有一些不同，但是它们都是从一个比较静态的角度来看待文化。然而，这一系列的定义太多地强调了文化的稳定和对人的消极影响。这就造成了错误的认识，认为人只是一个文化的载体，并不是一个创造它的人。

### 3. 规范性定义

“规范性”的概念，以美国人文主义学者威斯勒的“规范”概念为代表，将“规范”视为一种独特的生命形态。威斯勒说：一个社会或一个部族所奉行的一种生活模式，就是所谓的文化。还包括弗思（Firth）、弗兰克（Franke）、西尔斯（Shils）等人的定义。

### 4. 心理性定义

“心理性”的定义，着重指出了“心智”是一种满足欲望、解决问题、使人与自然和谐的方法。萨姆纳与凯勒曾说过，“人们为了使自己的生存状态舒适而作出的各种调整，就是‘文化’”，福特也曾说，“文化包含了一切传统的处理问题的方式”，莫里斯、帕南基奥，以及一些其他学者也提出了类似的观点。

此类定义的提出十分有益，但完整性和准确性欠佳，因为文化既制造了问题，也提出了解决的方法。此外，这些学者过于注重文化的存在与形成问题，而忽视了对文化本质的解释。

5．. 结构性定义

奥格本、尼门可夫等人对“结构性”定义进行了研究。奥格本与尼门可夫曾说过：“一种文化是由多种创造与文化特征所组成，而这些创造与特征在某种程度上是互相关联的，而这种关联又是由其组合而成的，是一种整体系统。”以满足人的根本需求为中心的有形与无形特征，造就了我们的社会结构，也就是文化的中心。不同文化之间的联系构成了不同的社会。这一系列的定义也包含了库图克拉克洪和其他人所作的。

这组定义从全新的视角对文化进行了更深层次的解释，将文化从行为概念中解脱出来，认为文化是一个抽象概念，相较于其他定义有了巨大的进步。

6. 遗传性定义

“遗传”的定义主要涉及文化的起源、存在和延续等问题，其中以福尔瑟姆的“遗传”定义最为典型。福尔瑟姆认为，“文化并非人本身的天赋，它是所有的产物的总称，包含了工具，符号，大多数的组织，共同的行为，态度和信念”。文化不仅包含了物质性的东西，也包含了非物质性的东西，它是一种被我们称为人工的东西，具有延续较长时间的特性。“这类东西是一代一代传承下来的，并非每个人都能得到它，”也包含了纳德、默多克以及其他一些人对其所下的定义。

在这一组定义中，学者们虽然提到了文化的属性，但重点仍是研究文化的遗传特性问题。这与文化的历史性定义很相似，但该组定义强调的是文化的传统与遗传，而历史性定义强调的是文化的传递过程。

除上述定义外，还有很多学者对文化从不同角度进行了界定，这里不再一一说明。

### （二）国内学者对文化的界定

我国的学者也从各个方面对文化进行了研究和讨论，并提出了自己的观点和看法。

金惠康指出：“文化是生产方式、生活方式、价值观念以及社会准则等构成的复合体。”

辜正坤指出：“所谓广义文化，指的是人和环境互动而产生的精神和物质成果的总和，包括生活方式、价值观、知识和技术成果及一切人的改造和理解而别具人文特色的物质对象。”

张岱年将“文化”下了这样一个定义：“文化是人们在处理人与自然的关系时，所采用的思想与实践的方法，以及它所产生的物质与精神结果的总和，它是活动方法与结果的辩证统一。”这一定义既注重文化的历史积淀和既往成果，又强调文化的演变与创造。

综上所述，虽然中西方学者对文化的定义提出了各不相同的看法，但他们对文化的本质认识是一致的，即文化是历史的沉淀和结晶，是经过长期的积累逐渐形成的，是人类社会实践的产物，是人类创造出来并持有的精神财富和物质财富。

## 二、文化的特点

文化的特点是文化本质的重要体现，因此对文化的特点有一个基本的把握，有助于深层次探讨文化的本质问题。具体而言，文化具有以下几个特点。

### （一）后天习得性

从文化与人类社会的关系来讲，文化是人类所特有的现象，是将人类和动物区别开来的重要标志。但文化作为一种社会遗产，并不是通过遗传而天生具有的，而是通过后天学习而习得的。我们知道动物的很多行为都是出于本能的，人也是动物，所以人也有许多动物的本能。例如，没有人照料和监督的婴儿出自本能也会吃、喝、哭、笑、睡等，只是吃什么和如何吃是需要后天习得的。这就是人生下来最早接触并学习的文化。每个人生下来就有许多基本需求，这些需求中包括生成和规范自己言语的需求，而如何满足这种需求及培养人类的行为规范则要靠后天的学习和习得。所以，学习是文化的重要特征之一。

### （二）民族性

多文化总是根植于民族之中，并与民族的发展相伴相生。文化是特定人群长期共同生活和交往的产物，具有明显的民族性特征。由于民族区域生态环境各不相同，文化积累及其传播方式会有一定差异，民族文化鲜明的“特异性”也因此形成。可以说，文化是以种族或民族为中心的，文化首先是民族的，其次才是人类的。民族是一个社会共同体，因此越古老的文化，其民族性就越强。例如，中华民族是以汉族为主体的拥有 56 个民族的大家庭，其中每一个民族都有其自身的特色，如蒙古族善于骑马射箭，维吾尔族擅长歌舞等。

### （三）地域性

文化自其诞生之日起就烙上了鲜明的地域印记，这是因为人类的诞生是分地域的，而文化又是随着人类的诞生而出现的。虽然如今多元文化发展的趋势越来越明显，但是仍然存在相对的地域界限，也就决定了存在不同的地域文化，如中国文化、西方文化等。

### （四）规则性

文化具有规则性，具体来说，文化是一种结构，它包含了不同的外在或内在的行为模式，并以此来指导或限制个体的行为，促使某种既定行为或准则得到社会上多数成员的自觉遵守，并自觉抵御异文化的渗透。也就是说，文化的某些方面，如价值取向、思维模式等是相对稳定且不易改变的。

### （五）传承性

文化具有传承性，这是由文化的内在需求和价值决定的。不管是交际文化还是知识文化，物质文化还是精神文化，都是某个民族长期社会历史活动的经验总结和思想结晶，对于后人来说都是一笔巨大的精神财富，具有巨大的文化价值和重要的指导意义。

文化有其传承的途径。文化并非都是虚无缥缈的，大部分的文化都有其物化的载体。即便是抽象的思想内容也可以通过其他的语言载体进行记录和传承。文化传承的途径主要有以下几个。

（1）通过一代又一代人的口口相传或亲身实践。换句话说，就是通过年轻一代对学校的教育训导及父辈的言传身教进行学习和模仿，逐渐掌握并实践老一代的行为准则、道德规范等。

（2）通过书面语言来进行传承。几乎所有的国家和民族都会将其文化传统以书面语言的形式记录在相对易于存放、可长期保存的介质（如竹简、纸张、羊皮纸等）上，正因为如此，人们今天才可以通过浩如烟海的书籍来学习和了解众多国家多姿多彩、灿烂辉煌的文化。

（3）通过非语言符号传承。非语言符号指的是语言以外的各种信息传达形式，如人们的手势、姿态、面部表情等，这些非语言符号都具有特定的文化内涵。此外，诸如绘画、雕塑、照片等一些物化的文化载体，以及戏剧、电影的表演部分也都属于非语言符号，因为它们都以某种方式传达着某种文化内涵，表达着某种世界观和价值观。也正是借助这些符号，文化才得以不断延绵传续。

### （六）创造性

文化的灵魂在于创造。文化是文化主体进行实践、加以创造的产物，因此文化具有创造性。人们在认识世界、改造世界的过程中，文化得以产生。在这之中，人不断地创造文化，而文化也在不断地塑造人。可见，创造性是文化的本质特点。

### （七）时代性

每一个时代都有自己典型的文化，这是因为任何文化都是在历史发展演变的过程中产生的。例如，以生产力为标志的石器时代、青铜器时代、蒸汽机时代、电力时代及信息时代的文化等。再例如，作为文化的重要组成部分，赋、诗、词、曲代表着汉、唐、宋、元各个朝代的文化形式。时代的不断变化必然会导致文化的变化，旧的文化形式不断被新的文化形式所替代。但是，这并不是说文化就不具有继承性，也不代表文化发展的断裂。相反，在人类发展的每个时代，都必须继承前人的文化成果，并结合当下时代的社会体系而创造出新的文化形式，作为这个时代的标志。

### （八）发展性

莉奈尔·戴维斯（Linell Davis）曾说：“还必须认识到，所有文化都是动态的而非静止的。它们在社会历史事件的冲击之下，通过与其他文化的接触交往而不断地变动着、进化着。行为举止与社会习俗的变化可能发生得较为快速，而基本模式与价值观、世界观及意义系统方面的变化往往发生得较为缓慢。”可见，文化不是静止不变的，而是随着客观环境的变化而不断变动、更新和前进。需要说明的是，虽然文化在不断发展，但文化的有些方面，如行为交往方式、思维模式、价值取向等，还是相对稳定、不易改变的。

## 三、文化的分类

关于文化的分类，我国学者戚雨村认为文化分为三个层次：物质文化，包括各种实物产品，如用品、食品、工具等；制度文化，包括制度、法规以及相应的风俗习惯等；精神文化，包括价值观念、思维方式、道德情操等。顾嘉祖将文化分为两个层次：公开的文化，即暴露可见的物质文化，包括建筑物、交通工具、服装等；隐蔽的文化，即精神文化，包括价值观念、审美情趣等。张占一认为，文化可分为知识文化和交际文化两类。其中，跨文化交际的准确性只受交际文化的影响，而不受知识文化的影响。可以看出，不同的学者对文化的分类有着不同的看法。下面就从更宽泛的角度对文化的分类进行解析。

### （一）知识文化与交际文化

按照其所包含的文化特征，文化可划分为知识性文化与传播性文化。

知识文化主要通过物质表现形式呈现出来，如文物古迹、艺术品等。交际文化，是指在跨文化交际中直接发生的影响，在语言中隐含文化信息，主要以非物质为表现形式。

其中，交际文化又分为外显交际文化和内隐交际文化。外显交际文化是指相对比较外显的社会习俗、生活方式等。内隐交际文化是指较深层次，隐含的世界观、价值观、思维方式、情感态度等。内隐交际文化决定着人们如何对事物、他人做出反应，这种反应出于何种心理动机，决定着一种文化看重什么，并如何感知外部世界。在交际文化中，对内隐交际文化的研究又显得更为重要。因为只有深入研究不易察觉的、较为隐含的内隐交际文化，了解和把握交际对方的价值取向、心理结构、情感特征等，才能满足深层次交往的需要，如政治外交、商务往来学术交流等。

### （二）物质文化、制度文化与精神文化

根据文化的表现形态，文化可以分为物质文化、制度文化和精神物质文化，它是文化的基本内容，是一种文化中的技术以及物质产品，比如生产和交通工具、服饰、建筑、饮食等。物质文化是文化的基础部分，它以满足人类最基本的衣、食、住、行等生存需要为目标，为人类适应和改造环境提供物质装备。

制度文化是文化的结构部分，如规章制度、法规等，是人们为了更好地调整自己的内在联系和自己的行动，来应对现实世界。人类之所以高于动物，根本原因在于人类在创造物质财富的同时，创造了一个服务于自己、同时又约束自己的社会环境，创造出一系列用以调节内部关系，从而更有效地应对客观世界的组织手段。

“观念文化”是一种以思想为核心的、以意识为中心的文化，是人们认知主体与客体之间的相互联系，进而对自身进行改造与提升的一种认知方式，包括艺术、哲学、道德、文学、风俗等。

### （三）高层文化、民间文化与深层文化

按照文化水平的不同，文化可以分为三类：高层文化、民间文化和深层文化。高层文化是指相对较为高雅的文化内涵，如哲学、历史、文学、艺术等，因此又称“精英文化”。

民间文化即所谓的通俗文化，它是指与人们的生活密切相关的文化形式，如生活方式、风俗习惯等。

深层文化即所谓的背景文化，它是指那些隐而不露，但起指导作用和决定作用的文化形式，如世界观、价值观、思维模式、情感态度等。

### （四）高语境文化与低语境文化

根据文化对语境的依赖程度，可以将文化分为高语境文化与低语境文化两种。语言是人类交流最主要的工具，而人们的交流总是在特定的语境中进行的。因此这里首先介绍一下语境。语境（context）是指言语交往和非言语交往产生的社会、历史、文化背景，还有交流现场的时空背景（口头和身体语）或文字中的情境（书面语）。

语言环境对语言交流的影响也是巨大的。也正因为如此，爱德华·霍尔才将两类不同的文化划分成了“高语境”和“低语境”两类。“高情境”是一类以非言语手段为主的、依赖性强的文化。高语境下，大部分的资讯都是以自然的方式或个人的思维方式表达出来的，只有很少一部分资讯是通过“象征性程式码”的方式表达出来的。低语境文化是一种不太依靠情境，以语言符号为主要手段的语言交流的文化。与“高背景”的文化不一样，低语境文化中的大量信息借助清晰外显的符号代码来传递。高语境文化与低语境文化之间的差异具体体现在以下几个方面。

第一，与高语境文化相比，语言信息在低语境文化中显得更为重要。低语境文化中的成员进行交际，希望对方的表达能尽量明确、详尽，否则就会因信息有限而产生困惑。

第二，因低语境文化中的成员在交际过程中需要借助更多的语言符号，因此高语境文化的成员认为对方是善于雄辩而不可信的。高语境文化的成员往往认为事实胜于雄辩，有时一切可尽在不言中。

第三，两种语境中的成员在交际过程中很容易发生冲突。这是因为高语境文化成员在与他人交往时往往不那么直接明了，而低语境文化成员与他人交往时往往简单直接，所以很容易产生误会，进而发生冲突。

### （五）民族文化、区域文化与阶层文化

文化有民族文化、地域文化和阶层文化之分。

具体来说，民族文化是指世界上各个民族在自身的发展过程中所创造的具有民族特色的文化，也是该民族历史传承的纽带。

区域文化是指不同地区由于地理环境与位置的差异而形成带有明显区域特征的文化。

不同阶层的职业和社会分工不同，其生活方式、文化活动等也会存在差别，因此就形

成了各种各样的阶层文化。

### （六）主文化与亚文化

根据共性与个性的差异，我们还可以将文化分为主文化与亚文化。

主文化是指在一个社会中处于支配地位的文化，也称为“主流文化”。对一个社会来说，在不同的历史时期，其主文化会随时代的变迁而有所不同。从交际的角度来讲，主文化指的是人们日常生活和交际中起主导作用的文化因素，具体包括同一文化群体共同认可和遵循的思维方式、价值观念、行为规范、生活方式、交际规则等。

亚文化又称“副文化”，是指在一个社会中处于次要地位的文化。以中国为例，中国是一个多民族国家，其中占人口比例大多数的汉族文化就是主流文化，其他少数民族的特色文化则是亚文化。

主文化与亚文化反映的是同一个政治共同体内的文化价值差异与社会分化状况。

## 四、文化的功能

文化是一种非常复杂的社会现象，具有多个层面的功能。

### （一）帮助功能

文化具有帮助功能，这一功能首先体现在能够帮助人们正确认识世界。文化之所以产生并不断发展，原因就在于它能为人们展示一个预知的世界，帮助人们清楚地认知和了解身处其间的周围环境，包括自然环境、社会环境、人文环境等，从而在此基础之上通过恰当的方式与他人、社会、自然和谐交往，进而顺利地生存下去。

其次，文化的帮助功能还体现在能够满足人们的基本需求。文化一经诞生便不断向前迅猛而广泛地发展，现在已经延伸到人们生活的各个角落，成为人们的基本生活需求。实际上，文化已经成为满足人们三种需求的主要手段，即基本需求、派生需求和综合需求。基本需求包括衣食住行、人身保护等。派生需求包括工作或生产组织、防卫社会监控等。综合需求包括生活目标、社会和谐等。无论是哪一种性质的文化，都以不同的方式满足着人们的基本需求，帮助人们在生理和情感方面正常而健康地存活下去。

### （二）育人功能

文化具有知识属性。这是因为，一提到文化人就是指代“知识分子”，提到文化就是学习知识。从这点上来说，文化就是知识，是知识不断积累不断进步的过程。

正因为文化具有知识属性，所以文化具有了育人的功能。在这里，育人并不仅仅是教育人，更重要的是改变人、培育人及提升人的水平。具体来说，文化的育人功能包含以下三点。

（1）文化知识可以促使人不断进化。知识是人们从愚味走向文明、从无知走向博学的手段和工具。而人与动物的一个重要区别就是，人是具有知识的，是有文化生命的存在。

（2）文化知识可以不断塑造人。首先，如果某人生活的环境充满了浓厚的文化氛围，那么这个人就会潜移默化地被影响。其次，现代健全的教育体制使人们通过各种文化知识的学习，不断塑造自己的人格。

（3）文化知识可以不断提升人的能力和素质。人们通过对各种知识的掌握，其创造能力会不断得到提升，逐渐从体力劳动者向脑力劳动者转变，这就推动了他们整体素质的提升。

### （三）化人功能

文化具有精神属性，这既能够使人与动物相区别，也是精神生产的结果。而文化的精神属性就决定了文化具有化人的功能，这是最持久、最古老的一项功能。所谓化人，顾名思义就是对人进行改造，包含教化、美化、感化、熏陶、塑造等意义。一般而言，文化的化人功能主要体现在以下两点。

（1）如果文化是先进的、积极的，那么它的化人功能也是正面的。通过这些先进的、积极的文化，人们可以愉悦自己的身心、启蒙自己的心智、提高自己的幸福感，从而使自己获得精神上的满足。由于先进的、积极的文化往往在理论上具有指导力、在道德上具有教化力、在典论上具有导向力等，而这些恰恰能够满足人们的需求，因此这些文化就成了人们无穷无尽的精神动力，推动着人们走向光明。

（2）如果文化是落后的、消极的，那么它的化人功能就是负面的。这种落后的、消极的文化会让人感到精神萎靡、失魂落魄。这就好比一个沉溺于网络的人往往是不会有理想的；一个意志力不坚强的人往往是经不起诱惑的。

从这两点对比中不难发现，我们应该不断发挥文化化人的正面的、积极的功能，用文化去温暖人心，舒缓人们的压力，提升人们的品位，从而使人们的精神世界丰富起来。

### （四）规范功能

文化的一个重要作用就是要形成各种各样的制度规范来约束人们的社会行为，保证一个社会能够进行有序的运转和稳定的发展。随着社会生产力的不断发展，人类文明在演变的过程中逐步出现了各种规章制度，这些制度可以维护社会生产的有序进行。而如果社会成员的行为不能得到及时的引导和规范，社会就会陷入一种无序的状态。因此，文化的规范功能是保证社会有序发展的基本功能。

### （五）经济功能

文化经济这一概念已经被人们所熟知，它是经济发展中的一个重要组成部分。文化的经济功能主要体现在两个方面。

首先，文化对高效的经济发展具有直接的促进作用。文化的作用能够将人凝聚起来，让人拥有了创造性的思维，拓宽自己的眼界，提升自己的素质。而这在很大程度上就为经济的发展起到了巨大的推动作用。所以，文化和经济是紧密相联、不可分割的，许多实践经验证明，文化建设对于促进经济的发展具有不可磨灭的作用。

其次，文化能直接创造经济效益。在经济产业中，文化产业也是一个重要的组成部分，我们能够也应该将文化作为国家经济中的一项主要产业来加以重视。因此，发展文化产业，就是在促进市场经济的发展，促进社会财富的创造。

### （六）社会动力功能

文化是一种促进经济和社会发展的力量，它具有一种社会性的功能。在当今社会，文化对一国的综合竞争力有着直接的影响，并逐渐成为当今社会的支柱产业。文化的社会动力功能主要体现在以下两个层面。

（1）文化对经济社会发展有支撑作用。没有文化的参与，人们不可能脱离愚昧的状态，也不可能走向文明。随着文化的不断进步，社会经济也不断获得了发展的动力。可见，没有文化作为支撑，经济也就不能得以发展。

（2）文化对社会协调发展有支撑作用。当文化得以发展时，它的功能就会凸显出来，也必然会推动着社会的协调发展。

### （七）整合功能

整合功能也是文化的重要社会需求功能。社会需要通过文化的整合功能维系自身的团结与秩序的稳定。具体来说，通过整合，可以协调文化内部各个部分之间的关系，使它们成为一个统一而又密切相关的整体。而且，在相同的国家，相同的民族，不同的制度，不同的观念，不同的行为，文化的整合功能恰好可以使这个国家或民族的成员能够对自己的国家或民族有一种归属感。通过文化对一个社会的不断整合，各个地区、各个民族的文化也互相融会贯通，从而达到加强民族团结，促进社会稳定与发展的目的。

### （八）反向功能

除上述功能之外，文化还具有反向功能。对此，美国社会学家莫顿（R. K. Merton）在《社会理论和社会结构》一书中指出，社会不一定都是一体化的，两者都有。那意味着个人和团体并非始终处在一个整体中，违反社会规范的情况也时有发生。例如，社会的机会结构可视作一种文化安排，在这种机会结构中，有些人在追求自己的目标时会采用合法的方式，有些人则会采用非法的方式。前种情况是文化的正向整合功能或状态的体现，而后者就是文化的反向整合功能或状态的体现。针对文化的这一功能，在社会活动中就要发挥文化的正向整合功能，以保证社会体系的平衡。

## 第二节　文化与语言的关系

由于文化在发展过程中存在着某种延续性，而这一延续性主要表现在语言上，因此，语言和文化的关系成为一个不容忽视的问题。

关于这一问题，学界存在着许多分歧，萨不尔-沃尔夫假设（Sapir Whorf Hypothesis）和“语言决定论（Linguistic determinism）”。这个假设的核心思想是：语言决定了思维。它认为，说不同语言的人，对世界的感觉和想法也不一样，所以，不同的语言结构差异，就会导致他们的世界观，也就是思维方式的不同。这个假设引起了广泛的争论，有赞成的，也有不赞成的，因此，对于这个假设是否正确，目前还没有定论。（Hudson）认为语言和文化是一种交叉关系，他曾经给语言下过这样的定义：“我们通过直接学习或观察他人的行为而从他人那里学到的知识。”在哈德森看来，语言并不是全部来自于文化，也有一部分来自于自己的经历和学习，所以哈德森所说的“语言与文化之间的交流”，就是一个人从别人那里学到的。

在这一问题上，许多学者都认为，语言和文化是密不可分的。本文将从语言和文化之间的关系作如下探讨。

## 一、语言是一种社会文化现象

作为文化的一部分，语言是一种社会文化现象，语言的字里行间无不透露着文化的气息。文化包含物质文化与精神文化，物质文化中语言的作用并不明显，但语言对于精神文化的建设至关重要，精神文化需要语言来表达，需要语言来记载，语言是精神文化得以产生和发展的必要前提之一。同时，语言又是人类在进化过程中通过改造客观自然创造出来的精神财富，两者都是为人类社会所特有，是人类区别于其他生物的重要标志。语言和文化是互为补充的，但是，语言并不等于文化，而文化也并不等于语言，两者之间存在着一种包含和被包含的关系，也就是说，它们是有区别的。具体表现为，语言体现并表达某种文化，即语言反映文化，体现着文化心理的诸多特征，但同时又对文化心理的某个要素有着影响作用。文化是语言生成与发展机制，但语言的交流又为文化的多元化发展增添了新的内容。语言是沟通与交流的主要工具，文化通过语言表现出来，可以说语言的差异就是源自文化的差异。

总之，文化是一个巨大的体系，涵盖了人们生活的方方面面，而语言则是其中的一个子系统。

## 二、语言是文化的凝聚体

在我国外语教学界存在一种说法，即语言是文化的载体。这种说法不能说不正确，但一定不全面。所谓载体，是指承载物品的物体或工具。不过在这个范围内，无论是载物还是载具，都可以被分离开来，或者被其他载具取代。然而，在语言与文化的关系上，却又不完全是这样，这是由于在一种情况下，所有的文化活动都不能离开语言，它既有物质的（例如农业的），也有精神的（例如文学的），都依赖于语言；另外，所有的文化积淀都是保存在语言系统中的，即使有些文化元素已不存在，比如古代乐器笙筷，但通过语言信息系统，人们还是可以将其还原出来的。这种特性，没有一个被称为媒介的东西能够拥有，也无法取代。

既然“语言是文化的载体”这一说法不全面，那么怎样才能恰当表述语言与文化的关系呢？由于语言与文化有着十分特殊的关系，因此将二者之间的关系表述为“语言是文化的凝聚体”更为恰当。首先，语言有着原文化的性质，语言并非符号的形式，它是符号的形式和其所蕴含的文化内涵相结合的产物。这就意味着，语言不仅仅是一种意义的编码，更是一种文化的编码。

其次，语言信息系统保存着所有的文化信息，凝聚着一切文化成果，这也就使得我们可以通过语言来认识和分析文化现象。语言是一个系统结构，因此人们会不自觉地通过语言对自然界和人类社会的各种事物进行解释与分类，进而使文化信息变得井然有序。当然，这种解释与分类未必科学、准确，但语言毕竟反映了不同民族的认识方式和不同时期人类的认知水平。从这一点来看，语言既是一种文化现象，又是一种文化的反映和凝聚。

## 三、语言对文化的影响

以上，语言与文化相互影响、相互作用，语言对文化的影响主要表现在语言在文化的建构、传承与交流中，发挥着无可替代的作用。

人类要建立自己的文明，就必须先了解客观世界，而要了解客观世界，就必须通过思维活动来实现，而语言就是思维活动的外壳，因此，作为一种思考的结果，思维也必须要附着在语言上，并将其固化。只有在这种情况下，思想才能被人们感受到，并用于沟通和传播。当个体的想法变成一种共同的财产，被整个团体所分享时，文化也就产生了。当然，信息的交换和传递并不是只有文字才能进行，还有许多其他的手段，比如符号、手势、图像等，但是，它们也有自己的局限，从深度和广度上来说，远远比不上文字。因此，我们可以看到，语言对于文化的构建起着举足轻重的作用。

美国杰出的文化人类学家莱昂·怀特曾说过：“一个清楚的音节，就是最主要的象征意义表现。”将一种语言与一种文化割裂开来，那还有什么？咱们来看看吧。没有了音节清楚的文字，就没有了社会制度；没有了文字，就没有了政治、经济、军事等方面的组织；没有法律，没有科学，没有神学，没有文学，没有游戏，没有音乐，只有猩猩般的嬉戏。没有一个清楚的音节，就几乎等同于失去了运用的工具，我们只能偶尔地、毫无目的地运用这些手段，就象现代的大猩猩一样；这就是一种发音清楚的语言，把猩猩的偶尔的工具运用，变成了一种逐步的、累积的、经常的、可持续的、可操作的、可扩展的、可重复的、有规律的语言。从这一点可以看出，在文化构建中，语言起着举足轻重的作用。

而且，在不同的文化沟通中，语言所起到的重要作用也是很明显的。当今，在全球一体化的进程中，各种文化不断地交流，碰撞，相互影响，而且这一趋势愈演愈烈。从发展的观点来看，这正是人类文明进步和发展的大好时机。一种文明，如果故步自封，只会加速它的衰落。在此基础上，本文提出了一种新的研究方法。前面说过，语言是一种文化的集合，所以，要理解一个国家的文化，就必须学会这个国家的语言。

### 四、文化对语言的影响

不单是语言会对文化产生很大的影响，同样，文化也会对语言产生很大的影响。在本文中，我们将从不同的角度探讨不同的文化特征和不同的语言特征之间的相互关系，从而了解不同的文化特征如何作用于不同的语言特征。

生活背景是一个非常关键的因素，它极大程度地决定了语言的表达方式。由于生存环境的不同，在某些语言中表达某一事物可能会用很多词，但在其他语言中可能只用一个词。比如，在阿拉伯地区，人们经常使用骆驼作为交通工具，因此，阿拉伯文里和它相关的词语超过 400 个；在中国，人们很少见到骆驼，因此，汉语里就只有一个跟它相关的字；即使在英语中，与骆驼有关的词也只有单峰与双峰。

我们都知道，由于社会是人与人之间的一种联系，它在人类的整个文化系统中中起到了举足轻重的作用。与中国不同，在西方人眼中，父权的血统并不完整，因此，汉语对亲属的分类非常精细，与之形成鲜明对比的是，英语对亲戚的称呼非常简洁。因此，当我们用英语和汉语沟通时，这种亲戚称呼往往会引起别人的厌恶，并且令人费解。

因为在英汉两种语言中并不总能找到令人满意的称谓对应词。例如，汉语中的“哥哥、弟弟、姐姐、妹妹”等一眼就能看出年龄的大小，而英语中的称谓没有标明这一点。再如，汉语中的“伯伯、叔叔、舅舅、姑父、姨夫”等从字面意思就能看出这些人的辈分，而英语中只有 uncle 一词。

此外，不同文化间的接触与交流也对语言有着显著的影响。例如，一些具有代表性的汉语词语，如“功夫、太极、饺子”等传向国外，并被越来越多的外国人所接受。

总之，在历史的长河中，语言和文化是相互影响和互动的。在许多领域中，语言与文化的关系仍有待于我们去探究、去发掘。

## 第三节　中国传统文化研究

在中国社会历史发展过程中，那些不断渗透在整个民族意识与行为中具有活力的东西世代流传至今，对如今的中国社会仍有深刻影响。中华民族历史悠久，而其文化指的便是经过了千百年的沉淀，在此基础上成长起来的观念形态。

经过近 1500 年的发展，从夏商的原始自然崇拜到周时儒道社会伦理和人生价值体系的建立，中华文化心理的建构过程结束了。在汉代近 400 年完善发展之后，成熟稳定的“汉”文化心理得以形成。它以中原农耕文化为核心，以君臣父子为纲常，以忠孝仁义礼智信为价值观，以自然和谐为追求。这是一个群文化心理结构，它对人生的社会意义做了解释，而失去了对人的精神的最好引领。在我国古代，中国文化呈现多元化趋势始于春秋战国时期。当时的代表学派如儒家、道家、法家、墨家、杂家等各自提出了不同的看法与观点，他们都代表了不同阶级的利益，由此形成了百家争鸣的良好局面。

我国完整、成熟的文化心理是从汉代开始的。在这个阶段，中国社会的发展主要是农耕文化，同时以君臣、父子为纲常，价值观为忠孝仁义礼智信，心理结构主要体现在对自然和谐的群体文化的追求。但是，中国社会文化中的这种群文化心理结构并没限制个人的政治野心与对权力的欲望，因此当欲望与文化建构发生冲突时，原有的秩序被打破，最终发生了东汉的动乱。

在汉代，统治者提倡“罢黜百家，独尊儒术”，在此影响下，儒学占据了不可动摇的核心地位。尤其是在南宋，程朱理学的提出进一步将儒家思想教条化、正统化，最终成为中国封建社会发展历史中的主流文化，对华夏民族传统文化的形成与发展起到了不容忽视的重大影响。话虽如此，但其他几种文化与儒家之间的斗争一直不断，这在传统文化领域同样如此。

公元前 136 年，汉武帝刘彻采纳了董仲舒提出的“罢黜百家，独尊儒术”的建议；公元前 124 年，汉朝设立太学，通过经学选拔人才，在任命官员中排除武艺方面的人才。

汉代的这种群文化心理发生变化还因为其只对社会意义进行了阐释，而没能对人生的社会意义进行解释，从而不能给人最好的精神引导。这种不全面性在社会的动荡中得到了证明。

文化心理学说：“一种文化往往试图表现出一种具有完全结构的整体形式，但是，经过深入研究，又会发现每一种文化都有其不完全的结构。”由于汉末时期时局动荡，中央政府失去了对社会全局的掌控能力，社会制度开始崩溃甚至垮台，儒学开始没落。随着社会危机的加剧，在儒学中也有虚伪的一面。学者芮沃寿曾说：“一个根基不稳，四分五裂的社会，是外来观念与体制的最好培养地。”

两汉之后，受儒家“礼乐观”的影响，社会上呈现出“重功利、轻嬉戏”的文化思想倾向，不过后来在魏晋时期所出现的玄学对这一儒家思想进行了严厉的抨击。玄学宣扬“人生在世、及时行乐”的文化思想，这一学派“独尚自然，反对名教”，在实际生活中往往寄情于山水，骑马射箭、弹琴奏乐，追求享乐，这对后来的唐代社会产生了很大影响。

在唐代，士大夫阶层十分崇尚诗赋技艺；军队中比较受欢迎的体育活动是拔河、扛铁、角抵等；在官员阶层，人们喜欢拔河运动等；公元 702 年，武则天开设“武科举”，自此将领的选拔被纳入科举体系中。

理学在两宋时期尤为盛行，成为占统治地位的思想文化。周敦颐是理学的创始人，他融合了《老子》的“无极”、《周易》的“太极”、《中庸》的“诚”以及阴阳五行等学说，解说了宇宙万物生成变化的规律，阐释了封建的人伦道德，表述了“格物致知”的认识规律，提出了“修身、齐家、治国、平天下”的仕途范式。

明清时期，封建统治阶级在思想文化方面实行高压政策，统治者大兴文字狱，推行文化专制主义，以致到了康熙之后，整个思想界出现了思想麻木的局面。程朱理学在明清两代的思想文化中占据统治地位。此外，明清小说也把现实主义文学推向了高峰。

社会心理学认为，在个体性格形成过程中，社会文化心理起到了一定的作用。所以，在相同的社会文化背景下，人与人之间就会产生某些共性。具体来说，19 世纪初中国人的社会文化心理特征主要表现在以下几个方面。

（1）本族中心主义模式，认为中国地大物博，无论是在政治、文化等方面都十分优秀。

（2）由于长期历史文化的积淀，因此中国人带有安分守己、论资排辈、乐天知命的文化心理，带有因循守旧性，阻碍着中国文化的发展。

此时，中国的封建主义文化正处在一个衰落的时期，所以，民众的社会文化心态也在发生着改变。

随着西方的扩张，中国人的心理文化在复杂的社会中开始不断变化。鸦片战争的出现使得中国人意识到了改变的重要性。这种冲击使得人们从封建文化思想中挣脱出来，有志之士开始进行变革。八国联军的侵华打破了国人的心理防线，从而激发了人们的情绪。但是洋务运动、戊戌变法、辛亥革命的失败使人们意识到只有改变国人心理，才能够建构新的社会，因此“五四新文化运动”应运而生。

在失败的刺激下，中国人开始积极寻找失败的原因并找寻新的突破口。人们意识到封建腐朽的文化成了落后挨打的主要原因，在批判旧文化的过程中，人们开始积极寻求变革，进行着新文化建构。这种新文化建构的重要表现就是对西方文化著作的译介。通过翻译的引导，民众开始形成一定的集体意识，从而促进中国文化的发展。

20 世纪初，前往日本留学的学生的“译书热”为中国大众带来了丰富的精神食粮，新文化运动的兴起冲击着中国传统文化，改变着社会精神面貌。具体表现在以下几个方面。

（1）引入民主、平等、自由的理念。在近代，中国人致力于复兴自己的国家，他们积极地向西方学习，学习民主、平等、自由的观念，促进了我们国家民主文化的发展和新的社会文化心理的形成。

（2）引入科学精神与科学手段。科学精神与科学手段在翻译的作用下被引进，从而打开了我国传播科学、变革思想的大门，人们开始认识到实学的重要性，学习西方的势头不断涌现。

（3）新文化心理与传统意识形态的融合。新文化的建构需要经历长期的过程，不仅需要与传统文化相融合，同时还需要在融合的基础上使大众接受新的文化形式。当新文化最终成为集体文化的一部分时，新的文化心理才算是建构完成。

（4）共产主义意识形态的建立。俄罗斯经历十月革命以后，马克思主义和列宁主义为中国人所熟知。传播共产主义意识形态在中国文化思想界异常火热。马克思在中国的传播是民众的选择，对民众社会文化心理的建构有着重要的作用。

总体而言，文化范围广泛，内涵深刻，同语言的关系异常密切，中国传统文化博大精深，对文化及中国传统文化有深入的了解，将能在跨文化交往中有效地传递信息。

# 第二章　当代大学英语教学

## 第一节　当代英语教学论

### 一、当代英语教学的理论基础

关于英语教学的理论基础有很多，如教学法理论、英语教育目的理论、英语教育过程理论等，本文就英语教学中的语音教学、词汇教学、语法教学、阅读教学和写作教学等几个方面进行了探讨。本节我们就来介绍在英语教学中常用的一些基本理论知识。

#### （一）语音教学

心理学家认为，口语是第一性的，书面语只是口语的书面符号。英语语音是学英语的首要步骤，对英语的整体发展起着决定性作用。发音正确，对以后学习文法、记忆单词、提高听力都有很大的好处。例如，发音与阅读速度有关，如果学生的发音很差，那么他们在阅读时就会结结巴巴，阅读也就会受到影响。

语音教学的范围大致包含字母和音位的发音、一般读音规则、音位组合、音位交替、重音、音节、语调等。而对于高层次英语学习者，特别是英语专业学习者，则不仅要有正确流利的语音语调，还要掌握一些语音方面的基本理论知识。

语音技能的学习过程首先是要进行有效的指导与示范，以便于学生观察和模仿；其次是要进行大量的练习；再次，要进行反馈并纠正错误。对于英语语音教学来说，关键的一点是要强调模仿。从总体上讲，英语语音的教学方式有两种，一种是直接仿效，另一种是分析仿效。直接仿效方法是一种简单的仿效方法，也就是不作任何说明地仿效。而在分析模仿法则之前，老师会对所学音位的发音部位以及发音方法进行讲解，然后让学生自觉模仿。在这个过程中，学生要不断模仿并练习，通过及时地反馈和纠正错误语音。

#### （二）语法教学

语言是人类最重要的交际工具。语法是非常有规律的。语法规则是一种语言的基本要素，也是一种语言存在的基本条件。就其作用而言，首先是灌输已有知识。在英语课堂上，通过对英语学习者进行语法知识的灌输，为他们节省了大量的时间，提高了英语学习的效率。其次，教育的作用在于提高学生的个性品质与能力。将这一点反映到外语教学上，就是要按照学生的语言能力的自然发展规律，尽可能地为学生提供一个合适的自然环境，让学生的语言习惯和能力在这个自然的过程中逐渐形成。教育的三大作用就是培养学生的社交能力，培养学生在社交中扮演好自己的角色。在外语教学中，教师要在一定程度上指导学生在人际关系活动中运用适当的语言表达方式。具体到英语的语法教学，其目标是由低到高，由易到难，层层推进。大致可以概括为“知”“练”“能”三个阶段。这三个阶段呈现递进关系，但这种递进关系并不是绝对的。换句话说，要想达到“能”，不一定要首先达到“知”，有的人虽然不能完全掌握语法的意义和结构，但依然能够在语言活动中正确运用语法规则。当然，对于大多数的英语学习者来说，由“知”到“练”，再到“能”，可能是达到终极目标的最可靠和最有效的途径。

在很长的一段时间里，人们把语法与词汇看作是一种与“听”“说”“读”“写”四大能力没有联系的语言知识。认为语法是一门死板的学问，那就大错特错了。学习语法是一个不断重组中介语的认知过程。

简单地解释比赛规则，或简单地进行训练，都不能达到理想的效果。掌握好语法知识，可以帮助学生更好地进行交流。要想达到语言交流的目的，语法的运用是必不可少的。交流能力是一种有机体，它包括了许多方面的技能，而语言技能则是其中的一部分。

即，语法技能有助于学生了解并创造出口语或写作中的词汇。

事实上，关于英语的语法教学一直是敏感的话题，其争论也一直在继续。但是，不管争论的结果如何，中外学者基本达成了“语法必教”的共识。虽然在一段时期内语法教学被人们所忽视，但语法教学终究重新找回它在英语教学中的重要位置。现在人们议论的焦点已不再是应否进行英语语法教学，而是如何进行英语语法教学。

### （三）词汇教学

词汇是语言的基本材料，没有语言材料，就很难组织好语音和语法教学，学习英语必须掌握一定的词汇，不论是对于低年级学习者，还是高年级学习者来说，都是如此。词汇教学的主要内容包括以下三个方面。

（1）拼读。英语是一种拼音文字，认真总结单词里的每个字组的读音规律，把单词的拼写形式与其读音联系在一起，把单词拼写形式和读音之间建立一种对应关系，那么，就可以掌握英语词汇的读音和拼读两个基本要素。

（2）词义。词汇的意义是由词汇的内涵意义和词汇的概念意义以及在情镜中的感情色彩决定的。要让学生清楚所学单词的含义，要求我们在教授词汇的过程中要结合语境，联系情景，分析语义关系。例如，dog 在汉语中对应的意思是“狗”，它们具有共同的概念意义，都是指一种常见的家养动物。但是，在英语中 dog 往往具有正面的意义，意味着“忠诚、友谊”，而在汉语中，其联想意义则大为不同。另外，语义关系也是词汇教学的重要内容。一个单词与其他词汇所构成的同义、反义、上下义等各种语义关系在词汇教学中也是很有帮助的，学生了解这些关系，可以更好地理解意义，更准确地使用这些词汇。

（3）用法。词汇教学，主要是指词汇的使用，其中包括词组，搭配，成语，语域，词组。在不同的情况下，要用不同的词语，以保证词语在特定的上下文中的适用性。从语域上看，词语有褒义和贬义，正规和非正规，抽象和具体。当然，对不同年龄、不同程度的英语学习者应采取不同的方法进行词汇教学。对英语初学者应先从口语开始，只有先掌握了发音，能听、能说，才能更快地学好书面语言。如果学生听不懂单词的发音，或说出的单词别人听不懂，记再多的单词也于事无补，因为起不到口头交际的作用。同时，如果单词音发准了，也有助于书面语的学习。

**（四）阅读教学**

阅读教学历来被看作是英语教学中最重要的组成部分，无论是在英语专业教学中，还是在大学英语教学中，阅读课都占有很大的比例，尤其是对英语专业的学生，除了开设精读、泛读和快速阅读课外，还开设了文学选读、报刊文选等科目。

英语阅读教学的重要性是与英语教学的最终目标紧密相连的。语言作为一种交际工具，其最本质的社会功能就是交际功能。据此，英语教学的最终目标就是培养学生以书面或口头方式进行交际的能力。交际能力是指借助语言获取和发出信息的能力。交际能力可分为表层交际能力和深层交际能力两种，前者是指日常生活中交际活动的能力，后者则是指在文化、精神、思想和科技等方面进行交流的能力。语言文字记载着人类社会的发展进程及其智慧结晶，学生只有通过吸收书面信息获得综合性阅读能力，才能发展深层次的交际能力，这就有赖于阅读教学。可以说，阅读教学是发展深层次交际能力，实现英语教学最终目标的中心环节。

此外，阅读教学之所以重要，还在于它能够促进学生思维能力的发展。作者用文字表达出自己的思想，读者则通过心理语言活动去理解作者的原意。但是作者与读者之间的交流并非简单的语言活动，事实上，读者的心理过程有体验、预测、验证、肯定或修正等阶段，而这些阶段又无不贯穿读者的思维活动。可见，阅读是一个复杂的心理语言活动过程。因此，通过阅读既可以检验读者的思维能力，又可以帮助发展读者的思维能力。具体到英语阅读教学中，通过对学生进行阅读训练，既可以克服学生的语言障碍，又发展了他们的思维能力，而思维能力的发展反过来又会促进阅读能力的提高。

**（五）写作教学**

英语的基本技能主要体现在听、说、读、写四个方面，其中，英语写作能力体现了英语学习者掌握、运用和理解语言的能力，不仅是学习者书面表达能力的集中表现，也是英语综合应用能力的充分反映和呈现。无疑，作为一门课程，英语写作在学生的学习过程中是非常重要的。在英语写作教学中，主要有以下几种教学方法可以采用。

（1）结果教学法。重结果的写作教学属于一种比较传统的教学模式，它强调在语法、词汇、句法和拼写等句子层次上的教学，在实践中，它分为三个步骤：教师命题—学生写作—教师批改。在这种教学方式下，学生们处在一个与世隔绝的环境中，他们的学习方式主要是通过看他人的文章，再进行模仿，第一稿通常也就是最后一稿，写作的内容和写作的过程往往被忽视。

（2）内容教学法。重内容的写作教学较注重写作素材的收集。在教学过程中，教师主要是指导帮助学生从不同的渠道获取信息，教学的重点在于帮助学生准备写作，丰富其写作内容。

（3）过程教学法。过程教学法始于20世纪70年代，其理论基础是交际理论。交际理论认为，英语写作应该是一个群体之间的交流，而不仅仅是个人的一种行动。“过程式”写作方法视学生为“语言”的创造者，以“语言”为依据，让他们能自由地沟通与表达自己的想法，并以每个人的内心动机为核心。“以写作为目的”的写作方法，其主要原理是：注重诸如从构思、资料收集、写作、修改到定稿等所有写作活动。

在具体教学过程中，为了让学生能写出语篇布局合理、句子结构正确地道、用词恰当、有可读性、内容丰富的英语文章，教师必须抓住造简单句、用连词连接句子、组合段落、造复杂的复合句这四个关键环节。通过这四个阶段的教学，可使学生由会写最基本、最简单的句子过渡到会写复杂的地道的英语句子，使学生熟练地掌握英语句子的框架结构，从而在不知不觉、轻松愉快的过程中写出成功的英语文章。

## 二、当代英语教学的要求

### （一）着眼于学生的全人发展

英语教学的首要定位就是人的教育，同时，现代英语教学的基本思想也应该是人文精神。老师在任何时候都要把学生放在第一位，让他们在最大程度上发挥自己的主体性，关注学生全方位发展，培养持续学习的能力，为他们的终身学习奠定了坚实的基础。因此，当代英语教学要求学校和教师要着眼于学生的全人发展。而要促进学生的全人发展，仅靠帮助学生掌握英语知识是远远不够的，还因为其他因素，这些因素包括：社会责任感，积极的情感，严谨的治学态度等对英语的学习有很大的影响。因此，对英语教学提出了“以人为本”的教育理念。具体来说，要做到以下几个方面。

（1）认识到他们的不同之处。首先，我们要认识到，每个人都有自己的特点和性格。所以，在教学中，要根据不同的学生，给予不同的教学方法，使每一个学生都有平等的学习机会。哈佛霍华德·加德纳在其著作《智力结构》中将人类的智慧划分为八类：语言智慧，逻辑数学智慧，空间智慧，肢体感觉智慧，音乐智慧，人际关系智慧，反省智慧，自然观察智慧。通过对不同类型学生的智慧结构进行分类，可以更好地了解他们之间的不同。也就是说，不同的学习者具有不同的学习特征，所以，我们应该采取相应的教学策略。比如，有些同学擅长于语言，有些同学擅长于文字；男的擅长看书，女的擅长背字。教师则应根据这种差异，对其进行针对性的引导。

（2）对学员潜力的信任。我们要相信，每个人都有很大的潜力，每个人都有自己的精神世界。特别是在当今社会，信息技术和网络技术的飞速发展，使得大学生的自主能力大大增强，思维方式也呈现出独特的特点。所以，教师要和学生进行更多的交流，真正的和他们成为好朋友，然后才能做他们的“老师”。只要我们与学生平等地交流，不断地提高教学质量，让学生有机会发挥自己的潜力，我们的英语教育就一定会有很大的进步。

（3）在教学中要重视学生的主体性和创造性。“学生主体性”是指在课堂上积极主动地参加课堂教学、具有发展性、有个性、有主体性、有创造性的学生。在英语课堂上，老师应为每个同学创设展示自我的情境，让每个人都能主动参加，在学习过程中，培养每个同学的学习主动性、创造性、自主性和个性。

（4）建立融洽的班级氛围。要实现“情”的有效实施，最重要的是要营造一个融洽的课堂氛围。课堂教学本质上就是一个人的交流活动，而交流的有效性依赖于和谐的课堂氛围。在一定程度上，一个融洽的课堂交流氛围，其重要性甚至超过了一个好的教学方式。要营造一个融洽的课堂氛围，必须具备三个要素。

①教师与学生之间的角色转换。要营造一个融洽的班级氛围，就必须要热爱学生，给予他们成功的机会。我们应当转变中国“重师轻友”的传统教学模式，以人文主义为指导，对师生关系进行反思和调节。在具体的教学过程中，教师要尽量为学生创造更多的学习空间，使每一位学生都可以在学习的过程中得到快乐，从而得到一种满足感和成就感。只有在课堂上，学生才能不断地获得自己的学习结果，才能提高他们的学习兴趣和热情。

②提倡容忍。在语言学习过程中，学生不可避免地会出现各种错误。长期以来，我们的老师过分强调“准确”，老师总是能在学生讲英语的时候，抓住他们的一个小错误，纠正他们。随着时间的推移，学生们会有一种沮丧和恐惧的感觉，会有一种“一听到英语就害怕”的感觉，会对英语失去兴趣，因此，英语课的氛围会非常的低落。

现代英语教学主张“师以德服人”，主张老师要教会学生更多地运用英语，而不是一味地纠正错误。另外，对课堂上突然发生的事件，也是对教师所倡导的宽容。比如，遇到一个在课堂上打盹的同学，不要马上严厉地责备他，而是要用一种“以人为本”的精神去关怀他。这样，他们就会对老师心存感恩，就会自然而然地更勤奋地学习。

③重视感情的沟通。调查结果显示，在一定程度上，老师们对于他们的能力有没有自信是决定他们是否能够成功的一个重要因素。所以，在英语教学中，老师自己要保持一种乐观的心态，一种乐观向上的精神，一种充满激情的精神，用这样的态度来激发学生的正面情绪。同时，老师应该给他们足够的自信，适当地夸奖和激励他们，激发他们在英语上的主动性和热情。

### （二）着重培养学生语言的综合运用能力

英语教学的根本目的在于提高学生英语的整体水平，提高学生的语言应用能力。新一轮新课改后，我国发布了《大学英语教学指南》，将英语课程的内容与目的界定为：“基础教育英语课程以提高学生的语言应用能力为主要目的。”语言技能、语言知识、情感品质、学习策略和文化意识等素质的综合发展是语言学习能力的前提。要提高学生的语言综合应用能力，必须对三个方面有较深的理解。

（1）以提高学生的外语水平为首要目标，培养他们的外语能力。英语技能包括听说读写四项基础技能，并对四项技能进行综合应用。听和读是一种语言输入，即一种吸纳能力；说和写都是语言的产出，即表达能力。通过对所学知识的吸收和对所学知识的表达，使学生的语言应用能力得到了发展。所以，在大学英语课上，老师应以听说读写为主要内容，指导学生进行大量的听说读写练习，从而提升英语的综合应用水平。本文认为，听说读写不仅是英语教学的目标，而且是一种有效的教学方法。

（2）学生使用外语的水平与其所处的心理状态及所使用的学习策略有一定的关系。在英语教学中，心理因素对学生的发展起着不可忽视的作用。只有对英语有一种正面的感情，一种积极的态度，一种主动的态度，并始终保持一种对英语的热爱和激情，才能将英语学好。所以，在英语教学中，我们必须关注学生的心理素质。

学习动力是影响大学生学习英语的主要心理因素，而影响大学生英语学习动力的主要原因则是英语学习态度、学习兴趣、学习情感。“学习态度”是学生对于英语的看法和与之相适应的一种学习方式；“兴趣”是英语教学过程中，学生所具有的一种主动探索的认识倾向；“英语学习情感”是学生在学习中产生的一种情感。所以，在英语教学过程中，老师必须激发学生学习的积极性。

在激发学生英语学习动力的同时，还应注意引导他们在英语教学中选择合适的方式和策略。学习的方式就是要发挥自己的聪明才智去学习，即强调学习的策略。现代英语教育倡导“以人为本”“以人的发展”“教人的方法”，其本质就是要讲求“英语学习的策略”，使学生在英语学习中获得更好的效果。

（3）传统的教学法对英语学习存在两种误区，也可以说是两个极端：一种是认为学习英语就是单纯学习语言基础知识，把英语课上成语法课；一种是认为学习英语就是学习英语的实际用法，将知识与能力对立起来，认为培养学生的运用英语的能力就可以不学习语言基础知识，从而忽视语法的学习。这两种认识都是错误的。

首先，掌握所需的基本语言知识，为英语的发展奠定了坚实的基础；我们反对将英语课程变成文法课程，但这并不意味着我们可以不去学习文法。其实，对学生来说，在学习英语时，必须具备一定的英语基本功。外语基本知识是外语教学的一个主要内容，它是外语教学的一个重要环节。同时，我们也不能将基本的语言知识当作英语教学的唯一目标，即绝不能将其转变为一门语言知识的课程。因为语言知识的学习最终的落脚点就是实际的综合运用，只有在学习基本语言知识的基础上，辅以适当的实践训练，才能真正提高学生的综合运用能力。

### （三）提高学生的认识能力

现代英语教学不仅是一种为人们提供交流所必需的语言技巧和相关的语言知识，而且还是一种智力开发、认知能力提高的教育。下面我们就来探讨一下当代英语教育中提高认识能力的意义与途径。

**1. 提高学生认识能力的意义**

对当代英语教学中提高学生认识能力的意义可以从以下两个关系来理解。

（1）母语与英语的关系。我们的知识大都是通过母语获得的。一个没有学习英语的人，也许可以熟练地运用自己的语言，但是他对自己的语言的理解通常是很有限的。许多英语学习者都有过这种经历和体验，他们对于自己语言中的许多词汇的理解，通常都是通过学习一门语言来获取的，在这以前，他们只能"知道它是什么，却不知道为什么"。

这说明，英语不仅是获取知识的又一种手段，而且是一种新的认知方法，一种新的认知能力。曾经在苏联盛行的"有意识的比较"教学方法，主要是指在语言与语言之间进行比较，全面提升学生的文化素质，开发其智能。这与我们在第一章所谈到的"从不同的文化中去了解自己国家的文化"是一致的。所以，在教学中，我们不能只把语文看成是一门学问，一门技术，而是要发掘语文更深层的教育意义。

（2）语言与思维的关系。长期以来，有关语言与思维的关系一直是国内外学术界争论的一个话题，各种观点各执己见、莫衷一是。在思维与语言孰先孰后的问题上，有人认为语言先于思维，也有人认为思维先于语言；在决定权的问题上，有人认为语言决定思维，也有人认为思维决定语言。事实上，以上这几种观点都有失偏颇，语言与思维之间很难确定孰先孰后或谁决定谁。语言与思维之间的关系非常复杂，二者既有密切的联系，又有重要的区别。但是，从整体上看，语言和思想始终是共存的，共同进步的。

在文化语言学看来，语言是思想的物质载体，是思想发展的手段，语言的发展与思想的发展应该是相互促进，协调发展，辩证统一的。作为人类文化的一种表现方式，语言不仅凝聚着人类文化的所有成果，而且还将各个民族的价值观念、文化心态、审美情趣、思维方式等，通过词汇、概念、组合、排列等结构的方式，进行了表达。从英、汉两种语言中，我们可以看出，由于英汉两种语言分别产生和发展于不同的社会形态和历史背景之下，他们的词汇系统之间很少出现语义一一对应的现象。英汉词义大部分都是不完全对应情况，即介于完全对应与无对应之间。

以上这种英汉词汇之间存在的差异实际上反映了两种不同的社会历史背景及相应的不同的思维方式。中国几千年的封建社会体制是以家庭为中心的等级制度，崇尚"君臣父子"的尊卑；而以英语为国语的西方社会，由于进入资本主义社会时间较长，他们提倡个人解放，崇尚个体独立意识，家庭观念逐渐淡化，因而表达亲属关系的词汇相应地就要少得多，而表现个人意识的词汇和表达方式就比汉语丰富。比较典型的就是英语中的 Privacy 一词，在英语国家中人们把个人隐私看得非常重要，认为它是神圣不可侵犯的，而在汉语中却并非如此重要。可见，学习语言不仅是学习词汇与语法，同时也是进入一种新的文化视野，经历一种新的思想观念的冲击，接受一种新的思维方式的诱导与影响。如果教师能够深刻认识到这一点，那么他们在英语教学过程中，就会有意识地发展学生的思维能力和认识能力，使学生通过学习英语来获得认识世界和感受世界的新的心理机制和思维方式。

**2. 提高学生认识能力的途径**

为了使英语学习更好地发挥学生的认知水平，必须选用合适的方法。具体来说，要做到以下两点。

（1）坚持以话语为中心教学。在前述英语教学的理论基础中，我们介绍了英语教学法的主要流派。

从语言和思想的关系上讲，词语是表示观念的方式，语句是表示判断的方式，而更能反映智力实质的推理活动，是表示比语句更大的言语方式。语言和思想应该在话语中得到统一。但是，不管是词本位教学的翻译法，还是句本位教学的听说法，都是离开人的思维活动来进行语言教学的，这就导致了语言的学习变成了一种机械的、重复的过程，与此同时，语言的形式与思想的内容之间存在着一定的距离，因此无法对学生的智力进行有效的开发。而在交际教学法中，话语被看作是基本的言语交际单位，因为它包括了词汇与上下文之间的衔接连贯等因素，更能体现出语言的整体性。

此外，话语分析和篇章语言学的兴起也为话语本位教学提供了理论基础和具体的分析方法，使通过语言训练来训练思维能力的教学活动系统化和科学化。因此，英语教师应掌握这些理论，并使之与具体的教学活动结合起来。

（2）坚持“文道统一”原则。所谓文道统一，就是要求教学要根据思想内容和表达形式两者之间的辩证统一关系，在教学过程中同时兼顾内容训练和思想教育两方面的因素，使两者相辅相成，相互促进，从而提高教学效率。可见，语言与文化、思想是密不可分的，语言教学与思想教育活动应该统一起来。传统的英语教学一向有重形式轻内容、重技巧轻智能的弊端。语言是工具，但语言教育的目的是超越工具范畴的，它应以完成更高层次的教育目标为宗旨。而坚持“形意结合”“文道统一”正是全面实现这一语言教育目标的最好途径。具体来说，要做到以下几点。

1）提高教师自身的素养。教育学中有一条规律称为“自理同构律”，也就是说，教育者寄希望于被教育者的每一种素质和能力，教育者都应先于受教育者而具备之。可见，要想有效地发展学生的认识能力，首先需要教师在备课中进行“智力投资”，先经历一次情思感发的智力体验，然后才可能在课堂上、在学生身上再实现这一体验。所谓“给学生一杯水，教师要有一桶水”讲的就是这个道理。

2）在阅读教学中，教师应当深入到文章的层次结构，究根究理，引导学生把文章中最有价值、最富文化意蕴的内容挖掘出来，使学生在学习语言的同时，情感受到真善美的陶冶，心灵受到激荡，人格得到升华。这样既提高了认识能力，也受到了思想品格的教育。

3）从学生的角度来看，学英语的过程不仅是学知识的过程，也是接受另一种文化的熏陶、接受一种特殊的智慧磨练的过程。因此，学习者自身应当经常体验智力增进的快乐，在这种快乐的体验中培养自身掌握知识和创造知识的能力，进而培养自身的认识能力和创造能力。只有这样，才能解决知识的无限增长和人获得知识的有限时间和精力之间越来越尖锐的矛盾。

## （四）加强学生的自主学习能力

### 1. 自主学习的涵义与特征

（1）自主学习的涵义。自主学习起源于19世纪中期美国及欧洲的函授及成年人教育，而自主学习这一观念的形成却是1960年代人们对如何培养学生的终生学习及如何培养学生的独立思维的辩论。从20个世纪80年代开始，许多研究者开始论述英语自学的途径。同时，教师们也在积极探索着关于英语教学中的英语自主性问题。对于“自主性”这一概念，中外教育学界尚未达成共识。在霍力克看来，自主性是指学生在自我调节过程中，如何有效地控制自己的学习，是一种有效的自我调节方法。迪金森给“自主”下了一个新的界定：学生能够独立地作出自己的一切决策，并能独立地执行自己的决策。即学生对自己的学习作出的一切决定以及如何执行自己的学习决定完全由学生自己承担。迪金森随后提出，自主学习“既是一种学习态度，也是一种独立学习的能力”。利特伍德则主张，自我教育是指学习者有足够的力量和意志去作出自己的决定，并采取相应的行为。“能力”是一种在大学英语教学中，学生不仅要有一定的学习方法，还要有一定的实践方法。而自愿则意味着学生有足够的动力，有足够的自信来承担自己的学习责任。

尽管不同学者对“自我管理”有不同的界定，但是人们都认为“自我管理”的内涵大致包含了如下内容。

1）自主学习是主导学习的内部机理，主体学习的态度，主体学习的能力，主体学习的策略等构成主体学习的内部机理。换言之，学习的内容包含了学习者对自己学习主动地进行掌控的多种技能，比如自主地制定学习目标，自主地监控学习过程，自主地评价学习结果等。

2）“自主性”是指学生和教师共同参与的一种教学方式。即在整体教学目标的宏观调节下，在教师的指导下，根据自身条件和需要，制定并实现具体的学习目标。

3）在教学中，自学能力是一种对教学条件的考验。它要求学生在学习过程中能够掌握自己的学习目标、学习内容、学习方法和所用的学习资料。从另一方面来看，是指在教学中，教育机构赋予了学生以独立学习的机会，也就是允许学习者自由选择。

（2）自主学习的特征。自主学习有三大基本特征：自立性、自为性、自律性。自立性是前提，自为性是其本质，自律性是其保障。

1）自立性。“自我依赖”的内涵主要有四个层面。①每一个学习者都是一个人，他是一个不可替代的、独立的学习者。②寻求自主的愿望是每一个学习者实现自主的内部基础与动机。③各学习者在其自身的发展过程中，均形成了各自的思维认识体系，其思维认识体系各不相同。④各学习者均具备自主学习的潜能，并具备较强的自主意识，可以自主获得新的知识。这四个层面的涵义彼此相关，又是一个有机的整体。学生的独立性是其自立性的先决条件，对独立的渴望是其进行自主学习的动机，独特的心理认识构造是其思考的依据，特殊的学习潜力和独立的能力是其形成的条件。

2）自为性。自为是以自我独立为前提的。从根本上说，自主学习就是主体对知识进行自主探索、自主选择、自主建构和自主创造的活动。自主探索是一种以好奇心为基础的，以学习的主题为目的，对事物、环境、事件等进行自我求索的过程，这是一种知识获得的方式。"自主选择"是指在进行探索的过程中，对信息具有自主的关注，因此，外界的知识只能通过学生所关注的那些知识来被挑选出来，从而被人们所认识。

3）自律性。自律性学习是一种自我约束式的学习。人的主观能动性源于自我意识，在自我意识中明确了自己的目的，就能在自我意识中保持一种积极的学习态度；而唯有积极地进行学习，才可以将自己的学习潜力和智慧完全地发挥出来，从而保证达到自己的目标。自律性学习表现的是对学生有一种清晰的责任心，它保证学生能够积极地进行探究和筛选，能够积极地进行构建和创造。

**2. 自主学习的现实需求**

（1）当前，我国高校英语教学中存在着许多问题。目前，我国高校体育教学改革取得了一定成果，仍有许多同学对语言学习的实质与过程不甚理解，以为英语要靠强化与突击，却不知英语的学习是一个逐步累积的过程，多读一些课外书籍，可以增加他们的词汇量，增强他们的语感，汲取他们所掌握的文化知识，从而提升他们的语言与文化素养。除此之外，还有一些学生，认识到了自主学习的重要意义，他们也提倡在课后进行自学，但是因为他们在课后的投入不够，或者是使用了错误的方式，学习效果会受到影响，从而失去了自信。

对于学校和老师而言，除常规的上课以外，他们很少有机会在课余时间里接触并使用英语，因此，他们在课余时间里，能学到并使用英语的机会更是微乎其微。由于长期以来，英语的教学方式一直在影响并限制着学生的学习。在教学过程中，老师们只重视怎么教，而不关心学生怎么学，这样的情况导致了学生们只会成为他们的辅助者，他们没有对自己的学习计划、学习需要、学习方法和学习技能进行充分的思考，他们的自主学习意识和能力也就很弱。

因此，当代英语教学提倡自主学习型的教学，强调教师应根据自主学习的理念为学生创建支持性的学习环境，使学生之间形成良好的协作关系，学会自我管理和自我评价，最终成为自主学习者。

（2）自主学习符合学生的迫切要求。传统的英语教学法只注重教师的教，而忽视了学生自身的参与。事实上，学生是非常愿意参与到教和学的过程中来的，他们希望老师能够顾及他们对英语的兴趣与观点，给予他们更多的发挥空间，使他们能够更好地发挥自己的英语水平。他们也期望老师能和他们进行更多的沟通，更多地理解他们的想法，更多地尊重他们的意见，更多地与他们建立起一种平等、友爱的师生关系。总之，他们乐于接受自己所学的东西，并乐于接受更多的教育。所以，我们应该在学生的意见和期望的基础上，积极推动新的自主学习的英语课堂教学模式。

（3）自主学习符合《大学英语课程教学要求》的精神。在新一轮的课程改革中，《大学英语教学指南》在 2020 年版中明确提出："大学英语课程旨在提高大学生英语综合运用能力，尤其是听、说两方面的能力，让他们能够在未来的工作及社交活动中，运用英语进行高效的口语及文字沟通，提高他们的自主学习能力和综合文化素质，以满足国家经济发展及对外交往的需求。"

因此，在英语教学中，要使学生具备较强的语言能力、较强的人文素质和较强的综合素质，并在一定程度上培养他们的语言能力。教师要充分运用课本中所提供的语言资料，来组织好课堂教学，并引导学生在课后进行自主学习，自觉地对学生的语感进行培养，让他们形成一个良好的语言学习习惯，从而提升他们的自主学习能力，促进他们进行自我学习。

**3. 自主学习教学的途径**

"自主性学习"是一种以学生为主体的学习方法。着重指出，教师应当为学生提供并构建一个独立的学习环境，自觉地按照系统而稳定的教学结构，来指导学生进行自主学习，让他们逐步成为一个自主学习者。在此基础上，进行英语自学的课堂教学应遵循如下原则。

（1）培养学生的自主性。纽南相信，不管一个人最初的观念有多深，他都能培养自己的自主学习能力。韦斯特，一位英语教育家，曾经说过："语言只能学，不能教。"这种看法虽有一定的偏颇，但是我们也要明白，英语学习固然离不开老师的"教"，但是更多的依靠的是学生自己的"学"。在英语教学中，学生是最主要的，他们在英语教学中发挥着举足轻重的作用。所以，老师们要让他们知道，要把英语课程学好，就要学会在课堂之外接受更多的语言，并找到更多的机会来运用，培养他们的自主性。

（2）指导学生进行"自主性"的研究。在英语教学中，我们可以采取如下措施来指导学生的自主性学习：第一，为他们提供各种形式的教学资源，如：书本，影像，音频，网络等。鼓励学生自己寻找线上海量学习资源，培养他们的自主学习能力。其次，制订学习计划：帮助学生制订个性化的学习计划，包括学习目标、学习内容、学习时间，等等。学生可以根据自己的实际情况进行合理安排，同时可以与老师或同学交流，互相监督、鼓励。教师在学生自主学习过程中可以有针对性地提供反馈和指导：在学生自主学习的过程中，老师可以提供及时的反馈和指导，帮助学生解决遇到的问题和困难。同时，也可以通过鼓励和赞扬，激发学生的学习兴趣和动力。对于老师来说，最重要的就是要对他们进行培养，老师能够指导他们学会一种行之有效的方法，如阅读技巧、听力技巧、写作技巧，等等，帮助他们更好地理解和运用英语知识。学习一种语言，最主要的是学习其语言背后的文化：通过学习英语的过程，引导学生了解和欣赏英语国家的文化和习惯，培养他们的跨文化交流能力。

简而言之，要指导学生在英语教学中进行自主性的教学，就要为他们的教学活动的开展提供支持，要注意到他们的个人要求和教学特色，要调动他们的积极性，要提高他们的自学和语言应用的综合水平。

(3) 为学生提供良好的课堂环境。教师要充分利用英语课堂有限的时间，增强学生在语言交际中的自信心。在教学过程中，老师可以将课本的研读、解释等完全放手，并适时地加以补足、解答疑问。也就是说，在教学过程中，老师应该把课本放在中心位置，使之成为一种媒介。在英语教学中，应该以学生的语言教学活动为主。

在班上的实践是：按照课本的要求，老师把学生分为不同的组。三人一组，分别为课本上的一节课。每一位同学都会在课堂上进行讲解和讨论。一位同学要对文章进行简单的介绍，他主要是在课堂上对文章进行了简单的讲解，并对文章中提出的问题进行了解答；一位同学就文章的题目进行了一次班级的研讨；一位同学将自己觉得最有意义的单词告诉了自己的同伴，然后通过自己的训练来提高单词的记忆力。在研读时，老师并不作详细说明，只是为同学们解惑。在课堂上，老师既可以扮演“主持”的角色，又可以扮演“参加者”的角色，营造轻松自然的课堂氛围。在每位同学介绍完毕之后，老师可以让同学们提出自己的问题。当课堂上的气氛不热烈时，通过问题的提出，可以使课堂上的气氛变得生动活泼，从而使同学们积极地参加讨论。当教室里的氛围变得生动活泼，同学们在教室里进行的交流和探讨，也激发了同学们的自学热情。

### （五）增强学生的文化理解能力

“文化理解”是一种在英语教学中，对异域文化进行交流、认识，从而消除自己的种族优越感，形成一种可以对异域文化持尊敬和容忍的能力。传统的以教师为中心的课堂教学模式已不能与当代交际教学的发展相适应。当代英语教学的新要求之一是加强学生的文化理解能力。具体来说，我们要做到以下几点。

#### 1. 改革教学目标

在现代英语教学中，要重视文化因素的作用，加强对学生跨文化的认识，提高他们的跨文化交流能力，这是他们的根本。只有把基本的外语知识学得牢固，其他的外语教学才有可能进行下去。在现代英语教育中，要确立如下四项任务。

(1) 研究对象。其中，语音、词汇和语法是培养学生学习英语的基本条件。只有把基本的语文知识做好，其他的语文教学才会顺利进行。

(2) 技能培养对象。它是指在掌握了一定的语言知识之后，培养听、说、读、写的能力和使用英语进行交流的能力。

（3）教育目的。目的是让同学们理解英语世界的风俗习惯，价值观念，思维方式，以及现代的社会，认识不同的民族，培养他们的跨文化的观念和对世界的理解，达到培养他们的跨文化交流的目的。因此，英语教学应以此为目的。

（4）感情上的追求。要注意文化的敏感性，要有尊重、开明、宽容的心态来对待英语文化。要在不同的文化之间进行比较，使他们能够更好地体会到自己国家的独特之处，提高他们的国家自信和爱国精神。

**2. 改革课堂教学**

对于英语学习者而言，他们接触和学习英语文化的最重要途径就是在教室里，所以我们应该转变传统的以外语知识为主的教学方式，采用跨文化的方式进行。

首先，在课程和教学内容的制定上，应该给予学校和老师相当程度的自主性，让每个学校都有足够的时间来结合自己的实际，进行有创意的研究。现有课本的内容占了整个课堂的大部分时间，师生都被课本所限制，没有学习的积极性。在这种教学模式下，老师在教学中处于“被动”教的状态，学生在“被动”状态下学习、获取知识、接受教育，非但没有快乐，反而成了一种负担。

其次，要加强对文本的文化认识，以英汉语两种语言之间的文化差异为依据，选择文本中比较显著、特别是易造成交流障碍的文化特征作为教学目标。同时，通过英语语言中的一些具体事例及相关的参照材料，使学生能够在实际的语言交流中感受到两种语言之间的差别。

最后，改变教学方法，由课向外拓展，进行探究式学习，让学生从自身的兴趣爱好中，选取与英语相关的特定话题，进行英汉语两种语言的文化认同与差异研究。通过查阅资料，观察，亲身体验，让同学们了解两个国家的独特之处以及他们的价值观念，并发展他们的探索精神和对文化的理解能力。

**3. 更新教学内容**

由于受教育环境的限制，中国学生对于英语文化的了解和感受主要是来自于所学课本。因此，我们应当充分重视教学内容的更新，教学内容应反映英语民族的文化和风俗习惯，而不是用英语谈论中国。以英语文化为主题来编写教材，增加反映英语主流文化的原文或段落在教材中的比重，可以使学生在学习英语的同时，也学习到有关的英语民族文化和社会习俗。

此外，由于社会在不断发展，语言也在发展变化。随着社会的进步和知识的更新，英语产生了大量的新词汇，也逐渐淘汰了一些旧的词汇。因此，我们的教学内容也要与时俱进，语言材料要尽量贴近英语国家的现实生活，反映英语国家的真实使用情况。

**4. 完善教学评价**

在英语教学评估中，我们可以从两个角度对其进行改进。

（1）对笔试考核进行改革。在英语测验中，除以语音、词汇、语法为主要考察对象外，还应加入一些文化方面的测验，让测验内容与教学目的相结合，以测验方式推动学生的文化学习。

（2）加大对学生活动的考核力度。对学生的评估应由强调结果向强调过程转变，着重考察学生的兴趣、参与、合作和探索精神，转变单一的考试模式，采用朗诵、演讲、讨论、英语小快报等多种活动，对学生进行考核，同时对学生进行一些评语，使学生通过预习参加活动，了解英语的文化，增强他们的交流能力。

**5. 开展国际交流与合作**

当今社会处于一个前所未有的开放时代，而当代学生也渴望了解外部世界，渴望与外界交流。我们应当充分利用这一对学生学习英语有利的因素，广泛开展国际教育合作，加强国内外学校间的文化交流，这将有助于提高学生对英语的兴趣，有助于他们深入了解外国的文化与教育，并使他们在大学里过得更加充实。具体来说，可以开展以下国际交流活动。

（1）国际教师交流。当学生的视野进一步扩大时，教师的素质也要相应提升。通过与国外一些优秀学校的交流和访问，使我们的英语师资队伍得到了扩充，促进了我们英语教学的进一步发展。对英语老师来说，去英语国度旅游，一定会有很大的好处，因为英语老师可以直接感受到英语国度的文化与教育，将中西文化中的优良元素融为一体，必将为我国英语教学注入新的活力。

（2）留学生间的交换。有能力的，也可接受国外留学生来校就读。通过与国外一些杰出的大学进行交流，使中国的留学生能够在英语国家生活、学习一段时期，加深对英语国家的认识，感受他们的文化。他们的回归，将为我们的文化活动提供更多的动力，也将为我们的文化交流起到积极的推动作用。同时，在我国学校中，留学生对于进行文化交流也是非常有好处的。具有不同文化背景的学生们在共同学习，他们可以进行不同的文化之间的碰撞，进行东西方文化之间的融合，这将会激发出学生们创新的火花，从而让他们在语言学习方面的交流需求得到满足。

（3）开展校际交流。我们还可以组织一些成绩优异的学生去英语国家的一些学校参观、实习等，这样可以提高他们对于英语文化的感性理解，从而大大提高他们对英语文化的兴趣，同时也能拓宽他们的眼界。另外，我们还可以通过邀请国外的一些大学生来我们的校园参观，加强我们的校园文化交流，促进我们的英语教育。

## 三、当代英语教学对教师素质的要求

英语作为国际通用型语言，其重要性不言而喻。而在英语教学中，要想把单纯地灌输知识转变成培养和发展学生的语言运用能力与思维能力，使学生真正成为自主学习型人才，关键还是在于教师。虽然教师在英语教学中的角色发生了很大转变，但教师在英语教学中始终起主导作用，这就要求教师必须具备较高的素质。本节我们就来探讨当代英语教学对教师素质的要求。

## （一）优秀英语教师必备的要素

当代英语教学已经从教什么向如何教转变，从学什么向如何学转变。在这种情况下，教师只有具备良好的素质，才能成为新时代需要的合格的英语教师。那么，一个优秀的英语教师应当具备哪些要素呢？下面我们就来具体分析。

### 1. 有效传递教学信息

教师在课堂上最重要的任务就是向学生传授各种知识，因此能否有效地传递教学信息是衡量优秀教师的首要标准。作为教学信息传递者的教师，应该具备以下几种素质。

（1）具有良好的授课技能。教学能力是指在教学过程中，为了实现教学目标，能够顺利地进行教学工作而展现出来的一种精神品质。教师的教育素质包括普通素质和专业素质两个方面。普通素质是每一位老师都应该具有的，它是一种老师在教学过程中所展现出来的认知能力，比如对学生的个性特点和学习情况的观察，以及对学生发展的动态思考等。“专业能力”是指在英语教育中具有的一种特殊的能力，它包括对教材的掌握，语言的表述，教学的组织与管理，以及进行英语教育所需的听说读写翻译等。在教学中，教师的语言表达能力、组织能力、对学生学习障碍的诊断能力、教学的条理、系统性和合理性等都是影响教学成效的重要因素。

（2）有一种发自内心的教书育人情怀。教师应该以一种真诚、浓烈的感情，以一种充满激情的方式传授给学生。一个老师如果没有一颗真诚的心，是无法在课堂上取得成功的。当老师全身心地投入到自己的工作中，并为自己的工作着想时，就会激起学生的感情，让他们以一种很好的心情来学习英语，这对他们的学习是非常有利的。可以说，学生的乐学、学习的勤学、、学习的精学，都离不开学生的情感。

（3）有自己的授课方式。教学风格是每位教师在教学活动中所具有的个性特征。英语教师要有自己的一套教学方法，比如，有些教师的语言幽默、风趣、自然；有人耐心引导，有人善于制造疑点。一位教师如果拥有一种特有的教风，不仅可以在课堂上引起学生的共鸣，而且可以在不知不觉中影响到学生的多种心理发展。

### 2. 善于调节教学过程

教学过程并非只是一种简单的向学生灌输语言知识的单向性过程，它是一种师生之间进行交互的双向过程，它是一种师生在一起完成教学任务中的活动状态转换和时间的流速。教学过程是指在教师的引导下，学生在学习中进行的一种特定的认知过程。在有限的课时内，教师要对自己的教学进程进行灵活性的调整，并针对不同的课堂情境，不断创新，这样，就可以有效地提高教学效果。

具体而言，就是指在课堂上，具有很高的智力，能够以巧妙、准确、发人深省的方式对学生进行指导、启发和教育；具有很强的应变能力，能够灵活、果断地处理各类问题；

要针对每一位学员的差异性，实施差异化、个性化的授课方式；同时，要以学生的接受能力和实际情况为依据，对课堂教学计划进行适时的调整，并在第一时间找到存在的问题，并做出相应的调整和补偿，做到脚踏实地，稳步向前。

对教学进程的有效调控也包含了创造良好的课堂氛围。课堂气氛是教师与学生在课堂上所营造出来的一种心理、情绪、社交环境。在教学中，教师要营造一种和谐的教学氛围，才能有效地缓解学生的焦虑、恐惧情绪，从而增强他们在教学中的积极性。而具有命令、指令、持否定态度等特点的老师，更易导致学生对其产生敌意和冷漠情绪。影响课堂教学的顺利进行。因此，优秀的教师应当善于活跃课堂气氛，使师生都沉浸在一种轻松愉快的学习氛围之中，师生共同进步，共同探索知识的奥秘。

### 3. 正确运用体态语言

体态语言作为一种非言语的媒介，是老师给学生留下的最直观、最直接的形象。体态语言是由许多因素组成的，如衣着、仪态、心理状态、动作等，它能带给学生最直观的感觉。体态语言是一位老师内在素养的外化，它不仅关系到学生是否喜欢英语老师，也关系到所教授的专业，更关系到教学效果。所以，老师的每一个动作，都应该表现出对学生的喜爱，关心，信任，期望。比如，含蓄的笑容，和蔼的眼神，放松的表情，等等，都是每个老师必须掌握的制胜利器。

### 4. 妙用教学微技能

“教学微技能”是指教师在课堂上运用的一种“微操”，主要包含如下内容。

（1）启发和示范。启发指的是在课堂教学的过程中，要突出学生是学习的主体，在学生掌握知识、技能、技巧的同时，挖掘他们的智力与潜力，并注意教与学的结合。也就是说，在英语教学过程中，要发挥学生的主观能动性和创造性，让他们在自己的教学活动中学会运用自己的思维。示范教学是指通过直观的电化教学方法，如实物、模型、图片、幻灯片、录音等，来让学生直观地掌握英语的发音和语调。示范一般都是讲解和介绍联系在一起，还常被用来做一些类似于提问的练习，也常被用来给老师讲解一些语言知识，如课文、生词、语法等。

（2）实践和巩固。“操练”就是针对不同的课程内容，针对不同年龄段的学生，采用多种方法，使其达到有效的训练效果。在此过程中，应充分发挥教师的主导性，始终坚持以学生为中心的原则。除此之外，老师还要尽可能多地让同学们参加，时刻掌握培训的进度，关注同学们的学习状况，并采用行之有效的方法来指导同学们按照老师的安排来进行培训，不能让培训成为一种随意的行为，这样才能让教室里人声鼎沸，但效果不大。

（3）疑问和难点问题。提出疑问，也就是在课堂上提出问题，是一种具有启发性的教学方式。在教学中，提出问题的方式主要有五种：设问，追问，互问，直接问，反问。在提出问题的时候，教师要注重问题的科学性，要促进学生的思考能力的发展，要遵守量力性原则、阶梯性原则、学生主体性原则、整体性原则、精细原则、趣味性原则、激励性原则等。难点在于学生觉得很难掌握，很难理解，也就是英语能用，汉语不能用。在遇到较难的问题时，老师们要采取灵活的、多样化的教学方式，让学生们能够在实践中不断地积累起自己所掌握的语言知识，为他们向更高层次的学习创造一个良好的环境。

### （二）当代英语教学对教师素质的要求

#### 1. 提高语言与文化素养

提高语言素养。英语教师要想提高自己的外语水平，就需要有较强的专业素养和较强的专业技能。英语的语音、词汇、语义、语用、听说、读、写能力都要很强，这就是英语专业的要求。从现实来看，部分英语教师的语言能力还有待进一步提高。例如，有的教师把 in no time 误认为是 at no time（前者的意思是“立即”，后者的意思是“不论什么时候都不，决不”）；有的教师英语口语基础较差，用英语组织课堂教学的能力不够；有的教师板书不规范，字迹潦草，学生无法辨认。这些不良因素不仅直接影响到英语教学课堂的质量，而且会影响学生的学习效果，使学生对老师产生不信任和怀疑感，进而丧失学习的兴趣和积极性。因此，教师也要不断学习，加强自身修养。

#### 2. 提高文化素养

语言作为一种文化的载体，在一定程度上反映了一种文化。因为语言与文化之间有着紧密的联系，所以英语教学中难免会有文化的教学，而英语教学中又一定要对英语民族文化有所研究和了解。因为英语是以交流为中心的，所以英语的学习必然会牵涉不同的文化，即跨文化交流。

以往，英语老师往往注重英语知识的传授，而忽视了对学生的跨文化交际能力的培养，导致了学生成为“解题机器”和“中国式英语”的“传递员”。如果英语教学脱离了其所处的社会环境，那就是一种不完善的教学，也就是一种不良的教学。在学习一门外语时，一定要注意源语的文化。这就需要英语老师要有强烈的跨文化观念，要不断地提升自己的文化素养，把源语文化渗透到课堂上去。

#### 3. 提高自身行为素养

（1）培养兴趣与信心。兴趣与自信心是学生学好英语的重要前提，但是教师在着手培养学生的兴趣与自信心之前，首先应反思一下自己对英语教学工作的兴趣和自信心。这不仅直接关系到教师的教学效果，而且还直接影响到学生对英语学习的自信心和兴趣。教师主要对以下几个问题做出自答。

1）热爱英语教学工作吗？对英语语言文化有足够的兴趣吗？

2）热爱自己的学生吗？是否真正关心学生的发展，而只是将他们当作自己工作的客体？

3）是把教学工作仅当成谋生的手段，还是全身心投入，把它当成太阳底下最光辉的事业来做？

4）面对教学任务和求知若渴的学生，总能出色地完成各种教学任务吗？

5）对教学工作是否有持久的热情与动力？

（2）增强合作意识。

本文从三个角度阐述了英语教学中的“合作”的概念。

1）上级与下级之间的合作。一位称职的老师，绝不仅仅只是服从命令，完成任务而已，他应该作为主角，积极主动地配合校长和各级领导，主动地把自己的工作揽在自己的肩上，及时地进行沟通，积极地参与到学校的发展和教育中，为自己的教育事业提供有价值的建议和看法。

2）同事合作。所谓“同事合作”，就是英语老师要调节自己的心理状态，要主动推动同事之间在相互竞争中也要相互合作的和谐关系，要经常进行课堂上的交流和讨论，相互学习，取长补短，达到资源共享的目的。同事合作的另外一个含义就是进行外部交流，也就是教师不应该将自己封闭起来，应该保持一种开阔的视野，多看一些学术期刊，多参加一些学术研讨会、交流会等，与学校之外，甚至是国外的同行们交流自己的教学心得、教学经验等。

3）教师与学生之间的合作。教学不仅仅是一个单纯的教授和学习的过程，更是一个教师和学生共同合作、相互交流的过程。教师以学生为中心，而学生是有自己的思想、感情的积极的个体。老师的工作效果如何，与学生在学习中的积极配合有很大的关系，所以，英语老师要与学生进行良好的沟通，不要当一个高高在上的老师，要当一个好的朋友，成为一个好的老师，一个好的伙伴，让他们一起来提升自己的教学水平。

（3）培养正面情绪。要使学生产生正面情绪，教师自身必须具有正面情绪。教师对生活、对社会、对工作、对学校、对他人等方面的普遍理解与看法，对学生的成长具有潜在的作用。如果一个老师自身的精神状态是灰色的，那么就算他在主观上对学生的情绪有再多的关注，也不会起到很好的作用。在教师的正面情绪中，最重要的一个方面就是是否热爱教学，是否热爱学生。教师只有用自己的积极情绪，去影响学生的情绪，用自己的想法来点燃他们的想法，用爱来催生他们的爱心，用信心来激励他们的信念，这样才能最后用人格来创造人格，从而推动学生的全面发展。

（4）要有终身学习的观念。在当今时代，人们提倡终身学习，作为老师，应该带头做一个终身学习的模范。一位优秀的老师，必须不断地实践，不断地反思，不断地学习，不断地提高自己，不断地更新自己的教学内容，不断地改进自己的教学方法，这样，他就永远是一位深受学生喜爱的好老师。如果一个老师在学习上停滞不前，不能及时更新自己的知识，调整自己的策略，那么即使是一位经验丰富的老师，也很难在短时间内达到自己的目标。要使教师真正建立起一种“终身学习”的观念，不断提升自己。

1）改进自己的知识体系。从学科素养到相关学科的积累，从教育学、心理学的基础理论到学科教育学、学习心理学、发展心理学、认知心理学等学科的通识，从教学实践与研究到教育革新，从教师的教育哲学与历史素养到个体教育理念的塑造，都是英语教师成长的重要内容，也是他们自己的奋斗目标。

2）对教学状况的反思。这主要是指在实施课堂教学策略时，对多种教学技巧和方法等的思考。在进行教学实践的过程中，教师要善于反省自己的实践方式和情境，在自我之外进行多视角、多层次的思考，并及时纠正、矫正或完善当前存在的非理性行为和观念。需要注意的是，“教师反思”包含了两个层面。具体的反省，一方面是经历了“觉悟”“思辨”和“修正”三个阶段的过程；而教师的整个专业发展是一个漫长而又坚持不懈的自身修养的过程。

**4. 支持并践行教学改革**

（1）更新教学观念。

当代英语教师要懂得审时度势，注重更新教学观念。具体来说，应从以下几个方面入手。

1）坚持“以人为本”的教育方针。英语教师要有“以学生为中心”的教学理念，英语老师在教学中要引导学生做好主体性工作，在教学中要不断地启发学生积极地使用英语进行交际，积极地思考。具体地说，老师应该为学生提供使用语言的机会，并鼓励他们进行发散思维、创新思维，最后在具体的结构和功能之上，对语言进行创新，使其具有更深层次的内涵。

同时，要转变传统的“填鸭式”授课模式，让学生由被动接受转变为积极参与，营造一种“以人为本”的民主学习氛围。老师必须了解，自己在教学过程中，只是起到一个咨询、指导的作用。教学内容应是“把学生引向知识”，而非“把知识引向学生”。也就是说，在课堂教学中，老师不再扮演“裁判”的角色，而应该扮演一个组织者、合作者和调节者的角色。在这种鼓舞人心、信心十足的氛围中，老师们才能在他们的思想中，发掘出创新种子。只有这样，学生们才能在英语中获得快乐，增强他们的学习兴趣和自信心。

2）由传统的“应试教育”转向了“应用教育”，并在此基础上提出新的发展方向。在当今时代，人们对“复合型”英语人才的要求日益提高的情况下，我们在英语“应试教育”下所培养出来的“应试型”人才，已无法适应时代发展的要求。为此，大学英语教学要由“应试教育”转向“应用教育”，以适应时代的发展。

首先，我们要抛弃“以考试为英语教学的最终目的”的误区，以开阔的视野、开阔的思路去面对、去应对，并建立起一种崭新的教育理念，提高大学生的国际竞争力。其次，要改变以往只注重应试的教学理念，以培养具有自主创新能力的全面发展的创新人才为目标。最后，要以国际市场为基础，对学生的知识结构进行调整，把英语的教学重心从原来的语言知识教授转移到提高学生的语用能力，也就是提高学生使用英语进行交流的能力。

3）构建平等、互相帮助的教师与学生之间的友谊。教师和学生应该树立起自己的主体地位，确立自己的主体意识，从“领导”和“被领导”转换为平等的角色。学生既是“教育的主体”，又是具有创造力的主体，老师除了要让他们学习更多的东西之外，还要对他们的潜力进行挖掘，要把培养他们的创造力作为自己的职责。

（2）创新教学手段。

教师更新教学方法，创新教学手段要进行以下两个方面的努力。

1）创造良好的课外学习氛围。一方面，学生在英语课堂上学习英语的时间毕竟是有限的；另一方面，学生英语水平的提高有赖于大量的实践。因此，英语老师不仅要让同学们在课堂上用英语进行沟通，还要通过小组讨论、短剧、背景介绍等方式给同学们创造实践的机会，还要创造出一个很好的课余活动，把英语课从一节一节的小班搬到更多的大班中去，创造出一个范围更广、更有活力的英语学习氛围。

比如，在课堂上，老师可以多组织一些课外活动，如英语角、演讲比赛、辩论比赛，多形式，多渠道，多方法，来激发学生对英语的兴趣，并使他们的英语运用能力得到锻炼和展现。同时，在学习过程中，老师也要对学生进行有效的指导，使他们在学习过程中能够更好地运用知识，提高自己分析和解决问题的能力。老师们应该意识到，在培养学生的全面素养和创造力方面，学生的课内研究和课外研究都具有十分重大的作用，它是课堂上的一种拓展和延伸，也是提高学生的组织能力、交际能力、思维能力和创造力的绝佳机遇，所以应该鼓励他们积极参与进来。

2）充分发挥现代多媒体技术的优势。本文通过对现代教育技术的研究，提出了一种新的、具有创新性的、可持续发展的教育方法。教师要改变“粉笔十黑板”的教学方式，要充分利用电脑、录音机、实物投影机、语音实验室等现代电教媒体，编写计算机辅助教学课件，营造出一个图文并茂、生动逼真的教学环境，打造出一个超越时空的课堂。另外，老师也可以在线上的讨论区参加讨论，提供辅导，回答问题，甚至评改作业。

## 第二节　当代英语教学方法

英语教学法是有关英语教学的思想体系。从 17 世纪近代英语出现至今，有关教学方法的讨论和研究从未间断，从单一化到多元化、复合化，从截然相反到互相结合，为英语教育的实际工作提供了很好的推动，也为英语教育的相关理论提供了很好的补充和发展。这一部分，我们将对现代英语教育中的一些重要手段和这些手段在英语教学中的运用做一个较为详尽的介绍。

### 一、自主学习型教学法及应用

#### （一）自主学习型教学法的涵义

随着终身学习理念的推广，自主学习逐渐成为语言教育的理想目标。而关于学生自主学习能力的培养这一问题也引起了越来越多研究者的关注。因此，在英语教学中，出现了自主学习的新的教学模式。自主学习的教育方式指的是以学生为主体的新的教学模式，它着重指出，老师们应当为学生创造并建立一个独立的教育环境，有意识地遵循系统而稳定的教学结构，引导学生开展自主学习，帮助他们逐渐成长为自主学习者。

"自主学习"的教学方法强调，教师应该按照"自主学习"的理念，为学生创造一个支持性的学习环境。使学生之间形成良好的协作关系，学会自我管理和自我评价，最终成为自主学习者。可见，有意识地为学生创设和谐、互助、自主的环境是自主学习教学模式的关键。

### （二）自主学习型教学法的特点

自主学习的教学模式倡导在英语教师的引导下，通过学生自己的独立思考与交流、探讨，达到自主学习的目的。实践表明，自主学习体现了学习过程中的自主性，有利于学生主观能动性的发挥，也有利于学生愉悦地接受知识。自主学习型教学法的特点主要体现在以下几个方面。

#### 1. 对学生个体差异的尊重

每个学生都有其独特的学习个性。例如，有些学生喜欢阅读学习，有些学生喜欢听说学习，有些学生则喜欢操作学习等。因此，如果英语课堂限制过多，学生会把较大一部分注意力用于控制自身的"秩序"，这反而妨碍了英语学习的顺利进行，造成适得其反的效果。在自主学习型教学法中，教师给予学生充分的自主性和学习空间，使学生将注意力专注于自身的学习特点，并在此基础上实现自主学习。

#### 2. 教学过程中的交互性

在自主学习型教学模式中，学生自主学习的实现要经历一个过程，在这个过程中最主要的就是学生的"尝试"，而尝试的过程与结果又是不可预测的。试想一下，如果预先设计好尝试的过程与结果，学生的任务就是按照设计的过程与结果，按部就班地执行。而如果在此过程中，学生进行了没有预先设计的尝试，这样反而会产生破坏性的作用，阻碍教学过程的正常运行。英语课堂教学过程中教师与学生之间的学教关系会不断地产生交互作用，而自主学习型教学非常重视这一点。

#### 3. 师生之间的角色变化

自主学习型教学不同于传统的以教师为中心的"一言堂"教学模式，而是以学生为中心，充分尊重学生个体的差异，围绕学生的需求开展各种教学活动。当然，在自主学习型教学的课堂上，教师的基本作用还是需要的。例如，教师要控制教学过程，组织教学活动，制定教学内容等。区别在于，老师要让学生们能够进行独立的学习，与此同时，老师们也要让自己变得更好，让学生们的需要得到满足，明白学生的感受，而不是仅仅当一个评判者。

#### 4. 课堂上偶发机会的有效利用

既定的学习目标是静态的，而具体的学习过程是动态的，两者之间存在着一定的矛盾。由于人的学习过程并不是完全被动的接受过程，而是要通过主体的行为来实现，有时是富有创造性的行为，具有相当程度的不可预知性。因此，如果教师局限于既定的具体的英语教学目标，在实际教学时缺乏时间及弹性，便不能利用偶发的有利机会，帮助学生实现自主学习。因此，在自主学习型教学中，教师要随时注意课堂上的偶发机会并加以积极、有效地利用。

### （三）自主学习型教学法的原则

自主学习型教学法要求教师在具体教学或设计的过程中要遵循以下原则。

#### 1. 以学生为中心原则

自主学习教学法认为，学生应参与课堂活动的设计、对学习过程的监控与管理以及学习评价。在这个过程中，学生应享有充分的自由空间来选择开展学习活动的时间、方式、信息处理方式、学习成果的展示方法等。因此，教师应时刻牢记以学生为中心的原则，为学生创造良好的外部学习氛围。当然，我们所说的自主学习并非学生的完全自学，要在老师的引导下进行有计划有组织的学习；同时，在新课程的指导下，实施自主学习，充分发挥教师的引导功能。教师的作用主要体现在教学目标的制定、与学生协商制订适合学习者个人特点的学习计划、对学习过程的监控及学习评价等方面。

#### 2. 培养学生策略意识原则

自主学习教学法最终要求学生能够运用所学策略指导自己的学习，提高学习的效果。但是，如果事先缺乏相关策略训练，那么学生处理学习问题的能力发展就会受到阻碍。在这里，所谓学习策略训练是指对学生进行系统的训练，包括认知策略的培养和元认知策略的培养。策略培养一般要历经展示、训练、评价、拓展等阶段，是培养学生自主学习能力的重要途径之一。实践表明，如果缺乏元认知策略意识，学生就无法辨认和分析用于理解的语言提示和社会语言提示，也无法将语言输入与已有的知识加以整合，也就不能有意识地使用已掌握的目标语系统调节其语言行为。可见，对学生进行策略意识的培养是实现自主学习的必要前提。

#### 3. 提供自助学习资源原则

教师可以该根据自己所在学校的具体情况建立英语自助学习中心，以保障自主学习的开展。自助学习中心可以建有英语沙龙、英语聊天室、英语学习策略讲座、英语论坛等。在这里，学生可以根据自身的需要制定学习任务，而教师可以定期对学生进行学习方法的指导，帮助学生调整学习方案。这样既充分利用网络和自助中心的优势，又给学生提供了充足的学习空间，还体现了教师的指导作用，可谓一举三得。

#### 4. 从外部监督到自主监控原则

自主学习型教学法是一个教会学生逐步实现自我学习的过程，因此这一过程不是一蹴而就的，而是要经历一个从外部监督逐步发展为自主监控的过程。外部监督主要是指教师的监督，教师通过实施必要的监控，比如，可以通过小组学习、合作学习、自我提问单等方法，来帮助学生进行自我监督或相互监督。如果有必要，还可以采用计算机网络进行监测。

### （四）自主学习型教学法的具体应用

自主学习能力体现为一个人可以对自己的学习行为进行自我控制，这种行为贯穿自主学习型教学法的始终。对于自主学习型教学法在英语教学中的应用，在这里我们主要关注学生在自主学习中对自身学习行为的控制与管理，包括自主计划、自主监控、自主评价三个方面。

#### 1. 自主计划

自主计划阶段可以理解为学习前的准备阶段，在这一阶段，教师要帮助学生针对所学习的内容及要采取的学习行为做好准备。首先，学生要根据所学材料的标题预测将要学习的内容，认识到在不同语篇中信息的组织方式也不相同，并了解相关的文化信息。然后，学生要确定学习目标，学习目标的确定有助于学生了解那些重要的细节信息。

在自主计划阶段，学生需要进行两个方面的准备工作，即语言准备和非语言准备。语言准备与非语言准备的工作是融为一体，同时进行的。例如，教师可以在学生尚未接触到所学内容的情况下，提供一系列关键词或短语来预测学习材料的内容。这里我们需要介绍一个概念，即图式。所谓图式是指学习者大脑中储存的相互关联的各种知识、观点与概念，图式知识既是学习的基础，同时又是学习的一种成果，它随着学习而不断丰富和完善。教师提供了一系列关键词语或短语，而由于学生先前建立了一定程度的图式知识，因此这些关键词和短语对学习者已有的图式知识起到了激活的作用。这里我们可以将这个过程理解为联想，即学生在已有知识经验或背景的基础上，由关键词语或短语引起的相关的联想。

具体来说，在自主计划阶段，学生或老师主要进行以下几个方面的准备工作。

（1）先行组织，又称组织计划。即预习将要学习的材料，了解相关的大意以及重要概念。例如，基于先前已有的知识对所学的内容进行预测；了解在要开展的学习任务中采用的学习策略；对于要开展的学习任务有关的语言形式、概要、次序或语言功能等做出计划。

（2）集中注意。即事先计划学生在学习任务完成过程中始终保持自己的注意能力。例如，关注文章的大意等重要信息，忽略无关的干扰性信息。

（3）选择注意。即事先要确定在注意学习任务中输入的某些方面的特征或有助于任务完成的一些情境细节，并在任务完成过程中注意语言输入的某些方面。例如，要注意到关键词或短语、重要概念或语言标记。

（4）自我管理。即了解促使学习任务顺利完成的各项条件并尽量创造出相应的条件；

要控制自己的语言行为，尽可能地利用已有的目标语知识。例如，积极利用课堂之外的机会使用所学的语言知识。

### 2. 自主监控

在此基础上，提出了一种新的外语教学策略。在自主监控阶段，主要由两部分组成。

（1）自主监控（review）。自主监控指的是学生要在完成一项学习任务的过程中，对自己所学内容的理解进行检测、证实或修正、调整自己的语言行为，具体包括计划监控、输入监控、输出监控、策略监控等内容。例如，阅读过程中教师引导学习者把自己在阅读过程中的各种理解说出来，以培养学习者思考、预测、验证等阅读习惯，提高自我监控的能力。具体来说，学生的自我监控可以分为以下若干方面的内容：计划监控，即监控自己所做计划的完成情况；理解监控，即监控、确认或修正自己的理解；策略监控，即监控自己对某一策略的使用情况；输出监控，即监控、确认或修正自己的语言输出；听力监控，即根据自己听到的信息做出决定；语体监控，即根据内在的语体特征监控、确认或修正；视觉监控，即根据自己看到的信息做出决定；双重核查监控，即在整个任务完成过程中监控实现采取的学习行为或考虑到的可能性。

（2）发现问题。发现问题是指学生在自我监控的基础上发现学习任务中需要解决的问题。作为一种有效的自主监控手段，参与发现问题并试图解决问题不但能够促进学生的语言运用能力、问题解决能力的发展，而且对学生阅读策略、听力策略、交际策略等的提高也会有帮助。例如，教师可以在给学生布置学习任务后，由学习者通过阅读、听力理解、讨论等归纳出某种规律性的知识，以培养学生分析归纳的策略能力。

可以说，元认知是指学生对自己的学习活动进行控制的程度。学生可以通过监督学习的过程，来验证自己原来的预期与现在所学的东西是否一致。例如，在听力理解过程中，教师引导学习者将学习材料中的人物、事件、地点、时间，甚至是人物的年龄、外貌特征、口音特征等信息一一记录下来。而如果学生没能将自己原先关于所学内容的预测与目前的学习内容的新信息加以对照，便不能正确理解学习内容所反映出来的真实信息。可见，学生的自我监控能够督促他们认识到自己所采用的学习策略是否有助于任务的完成，提高自己的推理能力，从而使自己对学习过程的监控更加有效。

### 3. 自主评价

自主评价就是在完成了学习任务之后，对所解释的语言活动进行验证，以确定其对所解释的内容是否完整、准确；检查自己是否掌握了一门外语，策略，是否能够完成当前的学习任务。可见，自主评价是学习活动结束以后要做的工作，即学生在教师的指导下评判自己的任务完成情况，进一步巩固所学的知识与技能。

学生之所以要在学习活动结束之后进行自我评价，目的是为了了解对知识的掌握情况，并及时发现不足之处。在评价过程中，教师要评估的是学生的较高层面的语言理解，关注学生输出的意义而不是语法的正确程度。因此，在自主评价中，老师要指导学生去思考他们所采用的策略，并把他们所掌握的策略应用到所要完成的新的学习任务中。很明显，自主评价可以促进学生对自己的学习活动展开系统的评价。也可以促使学生在新的学习任务中再次尝试所掌握的学习策略和技巧。

具体来说，自主评价主要包括以下几个方面。

（1）输出评价：即任务完成后核查自己是否完成学习任务。

（2）策略评价：即评判自己在完成学习任务中策略的使用情况。

（3）语言行为评价：即评判自己在任务完成过程中的表现。

（4）能力评价：即评判自己完成学习任务的能力。

（5）语言掌握评价：即评判自己对目标语本身的掌握情况，例如对概念、短语或句子的掌握。

（6）延伸活动。延伸活动也是自主评价很重要的一个组成部分。所谓延伸活动是指学生得到更多的机会来仔细揣摩所学的新概念和技能，将这些概念和技能融入自身原有的知识系统中，并运用到现实的语言情境中。同时，学生也会得到更多的机会进一步发展自身的较高层次的认知技能，如演绎某个概念的新用法等。

## 二、情境教学法及应用

### （一）情境教学法的理论基础

情境教学法形成于 20 世纪 70 年代，此后逐渐发展成为一种语言教学中的基本思想和教学方向。情境教学法的语言理论基础主要是建构主义理论，情境教学法与建构主义理论观点有着紧密而不可分割的联系。因此，在这里我们主要讨论一下有关建构主义的基本知识，这有助于我们更好地理解情境教学法的概念。

#### 1. 建构主义的理论背景

建构主义可分为广义和狭义两种形式。广义的建构主义有着深厚的思想渊源，古希腊的主观唯心主义哲学、不可知论、怀疑论是建构主义的最早源泉。冯·格拉塞斯菲尔德认为，建构主义的思想起源于 18 世纪初的意大利学者维柯。意大利著名的哲学家、历史学家维柯对建构主义产生了较大的影响，他认为，人能够认识人类历史是因为人创造了人类的历史，而上帝能认识自然界是因为上帝创造了自然界。其后，哲学家康德进一步拓展了建构主义思想。我们这里所说的建构主义主要是指兴起于 20 世纪 90 年代以来的建构主义。

20 世纪末，伴随着心理学的发展和心理学家们对人类学习的认知规律的进一步探索，建构主义的学习理论开始在西方得到广泛的应用。瑞士的皮亚杰和苏联的维果斯基是最早的两个人。

皮亚杰是一名心理学家，在认知发展研究中有着举足轻重的地位。他通过长时间对儿童认知发展的观察和研究，创立了关于儿童认知发展的学派。皮亚杰认为，对新知识的掌握是一种智力活动，而每一种智力活动都含有一定的认识结构。对智力行为来说，外界的刺激与主体的反应二者之间的关系应当是双向的。基于此，皮亚杰的建构主义学说认为：儿童在与外部世界的相互作用中，逐步建立起他们自己的认知结构。皮亚杰用同化和顺应这两个概念来解释儿童与环境的相互作用，也就是主体认知结构与环境刺激之间的关系。同化是指主体把外界的刺激整合到自己原有的认知结构之内的过程。一定的外界刺激只有被相关主体同化于他的认知结构内，他才能对之做出反应。顺化是在被试的认知结构中，通过对被试信息的处理来实现的一种改变。所有的知识都是在“吸收”与“适应”这一认知结构中产生的。同化是扩大了认识结构的量，而顺从是变化了认识结构的质。

皮亚杰提出了S→（AT）→R 公式，来说明一定的外界刺激（S）被个体同化（A）于其认识结构（T）中，才能对刺激（S）做出反应（R）。在此基础上，儿童对新知识的吸收，使其与外界的关系达到了一个平衡点；然而，在已有的图式无法吸收新的知识的情况下，这种平衡就会被打破，因此，调整和创建新的图式（适应）就是寻求新的平衡。儿童的认知结构是在一个不断地接受和适应的过程中逐渐形成的，并在一个“平衡—不平衡—新的平衡”的循环系统中不断地丰富、完善和发展着。皮亚杰提出的“同化”“适应”“平衡”等基本思想，在随后的几年里，都得到了进一步的发展。

维果斯基是“文化史”学说的奠基人，他认为，在人类认知活动中，学习者所在的社会、历史环境对人类认知活动的影响是不可忽视的。维果斯基的“最近发展带”是他所提出的一种新的、具有重要意义的理论和观念。“近期发展区域”理论是一种新的研究方法。维果斯基指出，个人的学习活动有其特定的历史、社会文化背景，而社会对个人的发展有很大的支撑与推动。从教育的角度来看，“最近发展带”实际上是指教育与儿童发展的一种联系。维果斯基相信，教育应该考虑到孩子们已经到达的程度，并且应该超前于孩子们的发展。要做到这一点，就必须对孩子的发育程度进行判断。维果斯基把孩子的发展分为两个层次：一个是孩子现在的、真实的发展；一种是孩子在得到指引的条件下，通过大人的帮助，或者通过别人的启发，能够实现的更高层次的发展，也就是孩子的潜能。目前的开发程度和潜力开发程度之间的地区称为“最接近开发地区”。基于这一认识，维果斯基领导的维列鲁学派对“活动”与“社会交往”在人类更高层次的精神功能发展过程中所起到的关键作用进行了深刻的探讨。通过对这一问题的探讨，可以进一步充实和完善建构主义的理论，并为其在课堂教学中的运用提供一定的依据。维果斯基也强调了社会文化和对话等多种因素在英语教学中的重要性。总之，维果斯基的思想对正确理解教育与发展之间的关系，具有重要意义。

通过对皮亚杰和维果斯基思想的介绍，我们可以看出，皮亚杰特别强调学习主体的创造性，维果斯基则更关心社会文化的创造即知识工具的传递。也就是说，皮亚杰更强调个人建构，而维果斯基更重视社会建构。尽管如此，在基本方向上，皮亚杰与维果斯基这两位建构主义学者的研究成果，对后世建构主义的研究具有深远的意义。并开启了建构主义的两大倾向：个人建构主义与社会建构主义。

此外，建构主义还引入了其他一些学习理论的思想。例如，美国著名学者斯金纳继承和发展了行为主义思想。他提出了行为主义关于言语行为系统的看法，认为人们的言语及言语的每一部分都是由于某种刺激的存在而产生的。换言之，斯金纳的学习理论非常重视直接经验在学习过程中的作用。而建构主义也认为直接经验在学习中起着重要的作用，并进一步强调真实情境在学习过程中的重要作用。此外，它同时也是对人文教育的一种借鉴。人本主义的学习理论，突出了以学生为主体的教学理念，并提出了有意义的学习观念，而这也正是建构主义者所提倡的。

**2. 建构主义理论的基本观点**

（1）内外原因是人们对事情认知重要因素。构建主义认为，人的认识活动是通过与外界的互动，逐渐形成相应的知识观，进而实现自己知识能力的发展。语言学习同样需要在特定的环境下进行，需要人与人之间的合作。即在一定条件的英语教学中，学生要在别人的辅助下，使用有关的材料，并在一定程度上进行语义的构建。

（2）认识相对论。建构主义的观点是，知识是相对的，而不是绝对的，在不同的情况下，知识的应用不能简单地照搬，由于特定的情况总是具有其自身的独特性，所以，在教学的过程中，不能只是简单的、教条式的死记硬背，而是要掌握在特定情况下，知识的不同之处。在此意义上，教育不只是传授，更多的是加工和转化。教师不能将其作为知识权威的象征，强制学生接受知识，而应该注重学生自己对各种现象的理解，听取他们的意见，对他们的想法进行思考，并以此为依据，指导学生对自己的解释进行补充或调整。

（3）主体的研究。根据建构主义的理论，学生自身并非一片空白，他们在过去的学习与生活中，已经发展出了一些经验与认知结构图式，而这些原始的认知结构图式与观点，对于他们构建新的知识有着特殊的影响。因为他们过去的经历和信仰的差异，对于外界的认识也会有很大的差异。这些不同的经历所导致的观点和认识上的不同，是无法避免的。不过，这也不算太坏。这种不同正是在一个学生群体中一个有价值的学习资源。学生用自己的方法来构建自己对事物的理解，这就造成了不同的个体，他们看到的是不相同的东西。但是，在进行合作和对话的过程中，他们可以分享到不同个体的思维成果，从而能够获得对知识更加全面和丰富的理解。在此基础上，本文提出了一种新的理论，并对此进行了分析。建构主义的观点是：在课堂上，教师要做学生建构意义的“帮助者”“指导者”，最大限度地调动学生对建构意义的兴趣，使其产生积极的动机。基于这一认识，教师应通过创设恰当的教学情境，促进新、老知识之间的关联，使学生对所学的知识有更深层次的认识。

（4）影响学习者学习的关键要素。本文从情境、合作、对话、意义建构等四个方面对英语教学的影响进行了探讨。“情境”其实就是在外语教学中，由老师们创设的比较现实的交际情景以及与之相对应的交际行为，这一理论的提出是深受杜威、布鲁纳等学者的启发。“合作”就是在学习过程中，学生利用所学的知识进行的一种合作，具体表现为共同提供学习材料，共同评价学习结果，共同构建学习意义。“对话”，也就是“会话”，是协同工作的一个关键步骤。学生以对话和讨论的方法来完成指定的学习。很明显，合作的过程是一种对话与讨论。“意义建构”作为一门外语的终极目的，其本质在于揭示事物的特征和规律，揭示事物之间的内在本质联系。

（5）教师在教学中的角色。“主体性”是指学生主动的学习，通过各种复杂的情境来实现自己的目标。同时，它也要求在学生进行知识建构的过程中，老师应该给予帮助，并给予支持，从而促进学生对知识的认识和理解。首先，在教学过程中，老师要改变自己的角色，从一个教授知识的“权威”，变成一个“导师”，一个“资深”的“合作者”。这就要求学生在学习过程中采用一种新的认识处理方法，并在此基础上建立一个以自己为主体的思维模型。针对这一问题，教师一定要向学生提供元认知工具和心理测量工具，进而培养学生联系的、批判的认知加工策略，以及自己建构知识和理解的心理模式。其次，在向学生展示现实生活中的复杂问题的时候，要认识到这些复杂的现实问题的解答可以有很多种，所以要让学生从不同的角度去思考这个问题。最后，在教育过程中，教师要意识到教育的目标不仅要有认知目标，还要有情感目标。所以，老师们也要注意到他们的情绪场，这样才能让他们的学习更接近于真正的教学。

**3. 建构主义理论的特征**

（1）强调学习素材对学生的作用。重视教材在教学中的功能，就是要树立起一种全新的“因材施教”观念。“材”不应该只是一个静态的概念，更应该成为一个动态的、不断发展的概念。在进行课堂教育时，既要立足于学生的真实发展水平，还要考虑到学生的潜在发展水平，引导学生全面发展。

在某种程度上，这种观点对教学设计提出了新的要求，可以帮助改变教材编写的方式。具体地说，在构建主义学习的理念下，在教学设计中，既要关注到教育目标，又要关注到有助于学生构建会话含义的情景问题，并将情景创造（包含情景的内容和情景的形式）视为最主要的一环。

（2）强调个体的社会经历与语言学习的联系。具体来说，获取外语知识的程度与其对老师所说的东西的记忆力无关，而与其对所学的东西的记忆力密切相关。强调个体的社会经历，将个体的学习与个人的社会经历有效地结合起来，可以使语言学习更具有实际意义，更有助于个体有效地掌握语言。

（3）强调交往的作用。交往是教学活动中的重要组成部分，越来越受到人们的关注。在教学过程中，应当突出学生的主体性体位，使得交往成为一切有效教学的必需要素。建构主义学习理论强调交往在教学中的作用，真正将教学看成是一种“交往的过程”。交往在教学中的作用表现在以下两个方面。

1）学生之间的互动交流。互动是建立在语言交流的基础之上，是语言实践和运用的基础。在互动的氛围下，学生可以主动地学习语言。

2）学生与教师之间的互动。这就需要改变教师在课堂上的角色，发挥课堂中的主导作用，积极并有意识地创造师生之间交流互动的条件和氛围。

总之，在教学过程中，教师与学生之间的互动、沟通与协调，是教师与学生实现教育目标的有效途径。在交流中，学生能发现自己，培养自己的主体性；也能在人际交往中学习合作，学习与人共处，培养健全和充实的人格。

### （二）情境教学法的原则

情境教学不仅能够给学生带来好的提示或启发，而且能够对他们的创新思维进行训练，还能够对他们的适应性进行培养；又能够陶冶人的情感，净化人的心灵。为了达到这些功能，情境教学法需要教师在教学过程中遵循以下几个原则。

#### 1. 学生自主原则

学生自主性的原则主要从两个方面来理解。首先，师生之间必须保持良好的互信关系，因为良好的师生关系是情境教学法实施的基本保证。在这里，我们可以将情境教学理解为一种师生在特定情境下进行的交往。师生之间只有相互信任、相互尊重，才能共同顺利地完成教学任务。因此，不仅教师必须充分了解学生，学生也必须充分了解教师，彼此之间要形成一种默契。其次，在师生之间相互尊重的前提下，要侧重学生的自主性。换句话说，应确定学生在教学过程中的主体地位，作为教师要鼓励学生进行独立思考并勇于自我评价，从而培养学生的创新精神和主动精神。由此，在情境教学中，教师应立足于学生的实际，让他们在完成学习任务的过程中得到更多的社会经验。

#### 2. 意识与无意识统一、智力与非智力统一原则

“有意识与无意识的统一”原理和“智力与非智力的统一”原理是实施“情境教学”的必要条件。人在学习做事的过程中，一方面需要集中思维，培养刻苦和钻研精神；另一方面又要充分调动兴趣、愿望、动机等这些无意识的潜能，因为它们对智力活动具有重要的促进作用。具体到教学过程中，教师要将学生视作理智与情感同时活动的个体，不要一味地告诉他们要努力要刻苦，而是要想方设法地去调动学生身心各方面的潜能。简而言之，这个原则实际上是在教导我们要维持一个专注和放松共存的心境。学生在学习中松弛有度、有张有弛，自然会取得更好的学习效果，而这也正是情境教学法所追求的效果。

#### 3. 轻松体验原则

在情境教学法中，教师要时刻在轻松愉快的情境或气氛中引导学生产生各种问题的意识，并展开自己的思维和想象去寻求答案、分辨正误。这一原则强调，学生思维的“过程”与“结果”同样重要，目的在于使学生觉得思考和发现问题是一种快乐，而不是一种强迫或负担。

### （三）情境教学法的具体应用

情境教学法主要是以建构主义为其理论基础的，情境教学法在英语中的应用也是在对

建构主义理论认识的基础上展开的。下面我们就重点探讨情境教学法在英语教学中的具体应用。

**1. 情境的设计**

语言学习是与一定的社会文化背景即情境相联系的。通过使用真实情境中的场景，学生会将自己原有认知结构中的相关经验和知识与当前学习到的新知识联系起来，将新知识吸收并融入到自己已有的认知结构中。所以，在英语课堂上，老师要创设一个能使学生更好地投入到学习中去的情景。真实情境的设计主要与以下几个因素有关。

（1）学习任务的呈现。教师在向学生呈现学习任务时，应当同时描述任务中的问题发生的社会文化背景。问题的呈现应当是有趣的或吸引人的，目的是引导学习者积极参与。此外，教师还应注意在问题呈现的过程中为学生留出足够的操作空间，并允许他们操纵某些维度，自己做出决策。

（2）相关范例。只有学生对某一问题有一定的经验时，他们才会真正理解并解决该问题。因此，为学生提供相关的范例是很有必要的。相应的范例主要是指学生可能会参考的相关经验，例如要解决的问题的多种观点、视角、思路等。学生参考相关范例不仅有助于解决当前任务，而且可以弥补自身认知结构中的空缺。

（3）教师的指导。学生是学习过程的主体，教师则是整个教学过程的指导者、组织者和协调者。事实上，没有老师的精心组织，有效的启发，细心的引导，就没有学生的英语学习。所以，在教学中，我们不能忽略老师在教学中的引导作用，不然，我们的教学就会变成一种毫无目标的摸索。

（4）学生的自主学习。在建构主义的指引下，情境教学法强调了学生要积极地建构知识的意义，所以，自主学习设计是设计促进学生主动构建知识意义的学习环境中的重要一环。学生是学习过程的主体，在学习的过程中，他们的自主性是他们完成了对所学知识的意义建构的内在动力，而适当的情境则是促使他们积极地建构知识意义的外在条件，也就是他们的外因。外因通过内因发挥作用，在合适的情境下，学生可以通过主动探索、主动发现，并借助自主学习活动，来完成对知识意义的建构。因此，在情景设计中，“自主性”的设计是不可或缺的。

（5）认知工具。认知工具是一种能够支撑和扩展学生的思维过程的心智模式和装置，它一般是一种视觉上的智能信息处理软件，比如专家系统、知识库等。由于学习者受已经掌握知识和感官输入信息能力的局限，因此对认知资源的获得也受到限制。而认知工具能够提供组织或呈现各种信息的机制，学生借此可以进行信息与资源的获取、分析、编辑，并以此表征自己的思想。

（6）信息资源。在进行情境设计时，必须确定学生所需要信息的数量和种类，以建构问题模型和提出问题解决的假设。可以提供的信息资源包括可供学生选择的并随时可得的与问题解决有关的各种信息和知识，如文本、图片、图形、声音、视频、动画等，以及通过网络获取的各种相关资源。

### 2. 意义的构建

意义的构建和情境的设计是相辅相成的，如果缺少了一个因为不具备真实情景所拥有的生动性和丰富性的真实情境的课堂环境，就无法有效地激发学生的联想。学生也就难以提取长期记忆中的有关内容，最终学生对语言输入的意义构建也会发生困难。情境教学法中的意义建构方法和步骤主要包括以下几个方面。

（1）教学目标的分析。在学生的学习过程中，无论是学生的独立探索，还是教师对学生的指导，都要以对新知识的意义建构为中心。但是，每一阶段或每一课堂的学习内容总是由不同的若干知识点构成的，且每个知识点的重要性及其特点均不同。因此，要想完成意义建构，首先必须对所学的内容进行教学目标的分析，在此基础上才能确定当前所学知识的基本内容。

（2）教学结构的设计。教学结构设计问题主要是指对教学活动过程的控制与优化问题，简单来说就是对师生之间、学生与学生之间交互作用而形成的动态过程设计。具体来说，教师应在建构主义的学习理论和教学理论指导下，运用系统观点和动态观点审视和反思教学中的各个环节及其相互作用与相互关系，继而形成一个动态的、稳定的教学结构进程。

（3）自主学习策略的设计。情境的设计离不开自主学习设计，同样，意义的建构也离不开自主学习策略的设计，它是完成意义建构的基础。自主学习策略设计的目的是帮助学生学会学习，即帮助学生能够根据学习目的和要求独立地选择有效的学习方式。在自主学习策略设计中，元认知策略设计非常重要。元认知策略是学生在学习的过程中，如何选择、如何监控、如何评估学习的过程。元认知策略是训练设计，包括计划、自我管理、自我监控、自我评估、资源利用和需求分析等方面的内容。

（4）协作式学习活动的设计。协作式学习活动的设计目标是给多名学生提供一个机会，让他们对同一个问题用多个不同观点进行观察、比较、归纳、综合，从而使他们能够更好地掌握和应用知识，加深他们对问题的理解。开展协作式学习活动，不仅对发挥教师的主导作用有利，又有利于学生自主探索角色的体现，而且还有利于培养学生之间的合作精神。

（5）信息技术辅助作用的设计。随着信息化技术在教育和教学中的广泛运用，为学生提供了更多的学习资源。因此在意义建构过程中，不应忽视信息技术的辅助作用设计。它是指确定一定情境下的学习主题所需要信息资源的种类及每种信息资源在学习该主题过程中所起的作用。在这个过程中，如果学生对于获取相关信息的出处、手段、方法以及如何有效利用这些资源等方面有困难，教师应及时提供帮助。

### 3. 效果的评价

情境教学方法注重的是要充分发挥学生的主体作用，要积极地创造出一个真实的情境，运用各种自主学习活动与协作学习活动，来推动学生主动地构建知识意义的能力。在这一点上，本文提出了一种基于“情境”的教学方法。情境教学中的评价需要考虑以下几个方面的因素。

（1）对学生学习目标的评价。这里尤其强调对学生高层次学习目标的评价。情境教学法强调知识的建构过程，包括学生对知识的发现、对学习过程和结果的监控与调节，以及对知识的综合运用等多种高水平的智力活动过程。相应地，在评价中，也非常注重知识的建构过程，注重对学生的知识发现能力、认知策略的运用以及知识综合运用能力等高层次的学习目标进行的评价。

（2）基于真实语境的评价。这主要是指评价的背景应当像教学背景一样真实而丰富。学习是学生在一定的情景中利用已有的知识经验赋予当前学习到的新知识以某种意义的过程。因而，情境教学中的评价应该是以一定的语境为基础，以实际的背景为中心，对学生进行评价，并对学生的学习成果进行探讨。

（3）学生参与学习过程及效果的评价。在情景教学法的背景下，学习过程就是学生主动建构知识意义的过程，所以，如何有效地评价学生在学习中的积极参与程度，具有十分重要的意义。这一评价要将学生的学习课堂作为核心，在这一过程中，可以通过下列几个方面来对学生的课堂表现进行检验：是否在听课时注意力集中、是否积极参与课堂活动、是否认真听老师和其他学习者的讲话等。而从评价的目标和内容来看，课堂评价活动具体有以下几种类型：对学生所掌握的知识与技能的评价，学习态度、兴趣与自我意识评价，学习策略评价等。

（4）评价主体和评价方法要多样化。因为每个人对事物的认识都是以自己的知识经历为基础的，对于同一个知识点，不同的人会有不同的认识。所以，在教学中要运用多元化的方法来评价学生的学习过程与成果。从评价的主体来看，评价者可以是老师、专家和学生自己。在评价方法上，可以把传统的基准参考评价方法和当代的学习档案评价方法有机地结合起来。标准参照评价法是指根据课堂教学目标制定评价标准，对比学生的学习结果，从中找出优势与不足。而学习文件夹评价法是指借助由教师和学生搜集的、反映学生学习过程和学习进步的各类学习成果进行评价，它主要用于学生对学习的回顾、自我评价及其他形式的外部评价。

（5）评价信息的及时反馈。情境教学方法不仅注重对学习的评价，而且注重对评价的结果进行即时的反馈，这样可以使学生更好地理解评价的积极作用。具体来说，在对学生进行评价的每个阶段，教师首先要对获取的信息加以分析、整理和阐释，在此基础上，根据学生的人格特征，采用恰当的方式，对其进行全面或部分的反馈。通过这种方式，学生能及时发现自身的缺陷，并在老师的指导下对其进行调整。

## 三、交际型教学法及应用

### （一）交际型教学法的涵义

#### 1. 交际能力的含义

交际能力教学法的基本目标是提高学生运用语言进行交流的能力。可见，交际能力是交际型教学法的关键词。因此，在介绍交际型教学法的涵义之前，首先，我们需要理解什么是交际能力，以及它的构成要素是什么。

交际能力不仅仅指运用语法规则去构造符合语法要求的句子，还指在什么时间，什么地点，对谁说。学生学习语言的目的就是用它来与人交流的，而现实的情况却是，学生往往因为本身所掌握目标语知识的不足及缺乏对社会文化交际规则的足够了解，而在任何场合都会选择那些过于正式的表达方式。此外，他们还有可能创造出一些不被本族语所接受的句子。

对于交际能力的含义，卡纳尔和斯温曾做了较为详细的阐述。在他们看来，交际能力包括语法能力、社会语言能力、话语能力和策略能力。

（1）语法能力。语法就是对一门语言自身的一种认识。要使语言具有一定的语义，必须具备一定的词汇、句法等基础知识。

（2）社会语言能力。社会语言能力要求学生了解关于目标语的社会文化知识，以帮助他们在交际过程中进行适当的话语表达，并知道如何询问对方及如何运用非语言交际手段等，以达到交际目的。

（3）话语能力。在语言交际过程中，无论是语言的输入还是输出都要求交际者具备感知和处理语篇的能力，以便对先前听到或读到的句子和句群进行意义解码，形成意义表征。

（4）策略能力。策略能力又称应变能力，当学生的语法能力、社会语言能力和话语能力方面的知识不够全面时，策略能力可以加以弥补。

#### 2. 交际型教学法

交际型教学法产生于20世纪70年代初期，在那个时候，英语是一种很流行的交流方式，在很多国家都受欢迎。可以说，交际教学方法的出现与其所处的时代发展有着密不可分的关系。20世纪60年代，随着西方发达国家经济的快速发展，各国政府与人民之间的各种交流日益密切，各国人民之间的关系日益密切。欧洲共和国内居民之间的交流越来越多，成年的劳动人口也越来越多地从发展中国家涌入。但是，在不同的交往中，人总是会遭遇到语言的隔阂。就算是会几门语言的人，在异国他乡，也很难与人交流，这对他们的工作和生活，都有很大的影响。因此，迫切需要一种新型的外语教学方法来解决这一问题。

自二十世纪七十年代中叶以来，无论是在理论上还是在实践上，人们都把“交际”作为一个重要的概念来看待。这一“交际能力”概念是相对于乔姆斯基所说的“语言能力”概念而言的。在这种情况下，人们更倾向于从社会的视角去看待语言，因此，“交际能力”的理念与社会的需要结合在一起，就产生了交际化的语文教育理念。此后，交际教学法被引入中国，并在世界范围内大行其道。

交际法，简而言之，就是在社会语言学理论、心理语言学理论的基础上，以交际功能为纲要，以交际能力为目的的教学方法体系。其目的是将学习者的语言交际能力作为培养对象，把重点放在了交流的过程上，比如在各种情况下，如何正确地使用语言，如何利用语言来完成各种任务，比如解决难题、获取信息、进行人际交往等。在交际型教学模式中，师生应该将目光集中在如何将语言这个媒介运用到交际目的，完成交际任务上，而不是仅仅将注意力集中在所描述的句子的结构是否完整。因此，在英语教学中，除了要训练学生的听力、阅读和写作能力外，更重要的是要使他们能够把所学的知识和技能应用于日常生活中。

### （二）交际型教学法的原则

交际型教学方法的目的是为了提高学生的交流能力，这种能力有别于那种纯粹的“语言”能力。因此，在交际型教学法中，要尤其注意遵循以下几个方面的原则。

#### 1. 以学生为中心原则

在传统的英语教学中，教师一直是课堂上的主宰者，我们反复强调教而不是学，使得教与学被迫分离。由于教师垄断了课堂上的大部分发言权，而学生大部分都是被动地“配合”教师的“教”，几乎没有主动参与语言实践的机会。它最大的缺陷就是没有考虑到英语学习本身的特点，也没有考虑到学习者的主观能动性。于是，学生成为了有些人口中所说的“考试中的高手，实践里的低手”。近年来，这种现象已经受到了多方面的关注，大多数人都意识到英语教学应真正回归到学生，以学生为中心。

交际型教学法强调交际，强调对学生交际能力的培养，在教学过程中，学生是不可缺少的主体，因此，在教学过程中，老师应充分调动学生的积极性和主动性，让他们参加各种各样的教学和实践活动。具体来说，教师要承担两个方面的职责。

一是要营造一个宽松、融洽的教室气氛，使教室成为一个无压力的练习空间；二是老师要充分发挥学生的主动性，让他们自己去思考，去发现问题，去解决问题。

另外，以学生为中心不仅体现在教师与学生角色的变化上，还体现在教材内容的选择上。这对英语教师来说是一个挑战，他们必须充分了解学生的不同学习需求与学习动机，根据学生的不同需要来选择具有针对性的教材。必要的时候教师还可以自己选择或推荐一些教学材料给学生。

#### 2. 以任务为指向原则

在语言教学的过程中，如果教师给学生安排了一些交际活动，或者布置了一些任务，那么他们就会有机会运用所学的语言来进行真正的交流，而学生在实际的语言交流中能够更好地运用语言。所以，在进行交际型教学时，我们不应该仅限于对语言的学习，也不应该把语言当作一门单独的课程来进行，而是应该把语言的学习融入到其他学科的学习中去，把语言当作一种工具或者媒介，去了解其他学科的知识。其实，任务与交际是分不开的，以任务为核心，学生能够进行更多更真实的交流，他们的学习热情和主动性也会更高。同时，因为这些作业都是有特定情境的，因此，通过完成作业，学生的英语应用能力也会在无形中得到提升。此外，"以任务为核心"还能使学生摆脱枯燥无味的话题，在形式多样的课外活动与任务，如英语辩论、英语演讲、英语歌唱中，培养与发展自己对语言的运用与驾驭能力。

**3. 以意义为中心原则**

在交际型教学法中，尤其要强调以意义为中心，这是因为无论是用母语还是用英语与他人交流，人们首先关注的是意义的传达，而不是追究语法有没有错误。从这点来看，交际型教学法与传统的教学模式存在明显的区别。一般来说，教师在课堂上比较重视结构主义的教学方法，即将句子的词汇、语法、结构等作为重点来授课。事实上，这正是很多学生学了多年英语却在真正的交际场合中不知所措的原因。在课堂上，学生基本上是为了学英语而学英语，他们说出的英语句子不是为了真正的交际目的，而只是为了证明他们对于语言形式的掌握，因此即使学了多年英语，他们也不一定能说出一句基本的日常用语。也就是说，学生在课堂上学习的是语言形式的用法而不是语言的真正运用。

由此，在交际型教学法中，教师要摒弃处处挑学生语法错误的做法，相反，教师应当高度容忍学生所犯的错误。教师应该明白，任何学习包括语言的学习，都是在不断的犯错误之中逐步进行并往好的方向发展的，如果学生能顺利地表达出自己的观点，教师就没必要纠正他们，只须帮助他们自己发现并纠正错误即可。需要指出的是，以意义为中心强调语言与当时情境的融合。任何对话都是发生在一定的时间、空间之中的，有些信息只有交际的双方才能心领神会。当然，我们重视语言的意义绝不是说完全忽视语言的形式，毕竟语言形式作为语言的基础知识是学生必须正确掌握的。我们只是强调在交际型教学法的前提下，有意识地培养学生灵活运用语言、重视语言意义的意识。只有这样，学生才能做语言的主宰与支配者，而非语言的奴隶。

**4. 重视整体性原则**

英语作为一门外语，其教学目标主要有两个：一是接受；二是生成。这就要求我们要注意对英语教学中的整体性把握，把听、说、读、写等基础的语言技巧和特殊的交流技巧有机地结合在一起。具体地说，不论在什么课程中，都要将听说读写四项基本技能的综合训练贯彻到课堂中，但在局部上，要注重每个单项的技能教学内容。除此之外，综合性原则还要求教师在注重语言交际手段的同时，也要注重非言语交际手段，比如肢体语言、符号、图标，等等，这些都可以被运用到课堂上的交际中去。

**5. 注重真实性原则**

应用语学家们主张，"真实"的概念，主要体现在教材和课程内容的"真实"上，也就是在讲授过程中，教师所使用的都是原始文本，而非经过人工处理的文本。也就是说，交际型教学法强调在（类似）真实的语言环境中学习和使用语言，这样才能有助于提高学生对语言的实际运用能力。

交际型教学法中的真实性具有以下几个方面的含义。

（1）交际型教学模式离不开交际活动，而课堂上的交际情景应尽可能与现实交际情景类似。

（2）教师和学生应共同创造真实的氛围，在教师指导或学生彼此交流中应使用真实语言，而不单纯是为了某个句型或语法的操练。

（3）学生不但要使用真实语言，他们说出的话还必须具有创造性和不可预测性，即语言的形式要多样，不能仅为了证明对语言知识的掌握而使用语言。最后，交际活动的角色必须真实，教师要鼓励学生融入到自身所扮演的情境角色中，让他们对交际存有愿望和期待。

此外，根据真实性的原则，教师可以在课堂上为学生安排各种形式且丰富多样的具体任务。例如，可以让学生就身边的人和物，或就国内外的时事发表个人意见或相互讨论；可以鼓励学生多多接触各类题材和各种体裁的英文作品；还可以下载一些英美国家的报纸、广告、美文等让学生阅读。总之，老师要积极指导学生进行主动的阅读，并为他们的交流提供真实的材料，以满足他们的交际需要和愿望。

### （三）交际型教学法的具体应用

交际型教学法始终离不开对学生交际能力的培养，因此这里我们重点讨论如何在英语教学过程中培养学生的交际能力。

#### 1. 交际活动的设计

利尔特伍德认为，为学生设计的交际活动既应当具有功能特征，也应具有社会特征。相应地，在英语教学中，教师为学生提供的交际活动可以分为功能性交际方式和社会性交际方式。这两类有效的互动活动操作性强，能够引导学生参与有意义的交际活动并使用目标语实现交际目的。

（1）功能交际活动的设计。在交际型教学法的课堂环境下应设计强调语言功能特点的交际活动。这类活动的目的是鼓励学生尽可能依靠已经建立的目标语知识体系实现有效的交际，如解决问题或交换信息。具有功能交际特征的活动主要包括以下几类。

1）猜词活动。老师们可以通过猜词游戏让孩子们有机会在口语中运用英语。具体的做法是：老师让一位同学站在黑板前面，面对全班同学。另一个同学把一个新学到的字，应该是大部分同学都很熟悉的字展示给大家。接着，每个人都用英语讲解了黑板上的字，然后让站在黑板前面的人来猜测字的拼写和意思。可以看出，猜词活动或类似的任务活动是训练学生口语的有效途径。

2）描述活动。描述活动是指教师让学生对具体的事物或事件进行描述，本课程旨在培养学生在阅读过程中，通过阅读文章，掌握文章的写作技巧，提高阅读理解能力。比如，老师可以让学生描述他们的家庭、所在的校园、所处的具体环境或曾经经历的趣事等。描述活动产生的另一个积极结果是它可以锻炼学生的逻辑思维与组织能力，这可以帮助学生更好地进行交际。

3）简短对话。交际能力的培养，主要依赖于学生之间的简短对话，交流感情，例如：谈论不同的主题（包括天气，事件，交通，假期等）。虽然这些简短的谈话似乎没有什么意思，但是他们在营造一个良好的社会气氛中扮演了一个不容忽视的角色。因此，学生应掌握和使用简短对话培养人际沟通的技巧。简短的对话可以在两个人之间进行，也可以在多人之间进行，所讨论的话题也可以随时跳跃和转换，但都以简短为宜。

（2）社会交往活动的设计。判断一项交际活动的成败，既要看其表现的效果，也要看其所选用的语言方式是否恰当，是否为人所接受。也就是说，如果课堂上的交际活动接近课堂以外的现实社会交往活动，语言就既有功能性，又是一种社会行为方式。但是，因为课堂环节的限制，所以，模仿、角色扮演等成为老师们用来创造更加多样化的社会语境，反映复杂社会关系的重要手段。在课堂教学中，教师可以根据学生所熟知的情境和事件来进行教学；还有一些事情，比如预订酒店，这些事情对学生来说并不是很熟悉，但是在未来很有可能会碰到。总之，活动的设计可以从简单的交际事件，一直延伸到较复杂的交际事件。对角色的模仿或扮演活动可以通过以下几种形式来实现。

1）借助提示信息。当只有一位学生作为交际者得到详细的提示信息，而另外一位交际者得到的信息只能满足为他（她）提供必要的回答时，教师可以帮助学生创建一种更灵活的交流框架。例如，在预定旅馆房间的活动任务中，教师可以让两个学生分别扮演客人和旅馆老板进行交际。在这段交际中，交际活动的主要结构将主要取决于客人所说的内容，因为他为了预定到合适的房间，必然会向旅馆老板提出各种疑问或要求，而旅馆老板会对客人所提的问题一一解答。可见，此类交际活动比较适合两位语言水平有高低差异的学生。语言水平较高的学生是整个交际过程的引导者，他所掌握的提示信息使得他能够控制整个活动过程。在现实中，这类活动发生的场景有很多，例如在银行里顾客与银行工作人员的对话，或是在新闻采访、求职面试中的对话等。

2）借助提示性对话。这是一种比较简单的角色扮演活动，为了模拟真实交流中的不确定与自发的特征，老师可以把对应的各种小贴士以卡片的方式发给学生。在这种交流中，一方需要仔细地聆听对方的言语，以便更好地理解对方的话语。当然，通常情况下，在获得的线索信息的基础上，学生都可以大致推测出另一位交际者要表达的内容，并据此来决定自己要回答的问题，这就降低了学生利用目前的语言水平来进行交际的难度。

3）借助辩论或讨论的形式。在这类活动的交际语境中，学生所扮演的角色应当对事件及对其他交际者所持的不同意见有较全面的了解。在活动结束时，这些交际者能够对辩论或讨论的问题达成共识。例如，假设你班上某位同学家庭贫困，又不幸患了绝症，你号召全校同学以捐款或义卖的形式自发为这名同学筹集善款。在这个交际活动中，可能会出现来自不同机构的角色，例如教师、校长、慈善机构人员等，交际者便可以讨论或辩论的形式展开角色扮演。

值得注意的是，类似的例子表明交际活动可能会产生一些交往中的障碍，因此学习者首先要立足于讨论有关的信息，然后再参与非正式的小组讨论，最后在公开场合展示各自的观点。这时，学习者所扮演的角色要更严格地遵循交际规则，语体也要更正式。当然，教师应适时地将相应的交际规则告诉学生。

4）借助交际情境和交际目标。这类交际活动侧重于借助高层面的交际情境和交际目标来开展交际活动。在这个活动中，教师仍可以使用一些信息提示，只不过对学生要表达的思想的控制程度要有所减弱。在一开始的时候，学生仅仅是对交际活动和交际目标有一个粗略的认识，在进行活动的过程中，他们需要进行持续的谈判，对另一位交际者的提问自发地应答。但是，学生必须对交际活动中的信息确定一个共同的认识标准。在交际双方所共有的知识和交际活动中的不确定因素之间达成一种平衡，这可以为交际的顺利进行提供必需的动力。例如，在某一汽车展示厅内的交际活动中，一位学习者认定要看的汽车型小且时尚，而另一位学习者却认为同一辆汽车型大而陈旧，那么这样的交际是无法进行下去的。

（3）社会交往活动设计的延伸。除了功能交际活动的设计和社会交往活动的设计外，教师还可以通过一些别的方式对社会交往活动加以延伸，以帮助学生构建更加真实的学习情境。学生在这样的情境中进行交际既可以更好地掌握词汇、语法、句子等方面的语言知识，又可以发展社会交往方面的技能。总体来说，社会交往活动设计的延伸可以通过以下两种方式来实现。

1）社会戏剧。社会戏剧是一种模拟的社会交往活动，即学生根据预设的社会交往情境，模拟进行社会交往活动。其过程由以下部分组成：社会戏剧的设计对于培养学生社会交往活动的能力十分有效，准备活动，是指在课堂教学中，老师对基本要求进行说明；通过演示，让学生了解新单词和新词组。展示要解决的问题，也就是老师通过讲故事的形式，来向学生介绍交际活动的背景，在说到要解决的问题的时候，会突然停下来，把学习者的注意力吸引到要解决的问题上。探讨该小说所处的情境，并在同学中确立相关角色；在教学中，老师会为不能扮演角色的学生布置适当的学习任务；演戏，就是根据自己所饰演的角色来演出；再来一次角色扮演，就是要讨论一下故事的背景，然后再来一次，这样就能找到新的解决问题的方法；再演绎，就是用新的答案来演绎故事的剧情；归纳，就是在老师的指导下，让同学们去归纳自己的活动；跟进活动，包括持续讨论，书写，阅读等。

2）策略式交往。策略式交往是一种即兴表演的活动，即学生先按照预设的故事情节进行表演，但在故事情节的发展过程中，教师可以刻意添加新信息，要求学生变换各自扮演角色的特征、改变交往的方向等。在策略式交往活动的交际互动设计中，应将听力活动和视觉活动有机结合，以便更符合现实交际活动的特点。

#### 2. 交际能力的评价

在设计完交际活动并由学生进行实践之后，便要对学生的交际能力进行评价。教师所设计的交际活动兼具功能特征与社会特征，相应地，对学生交际能力的评价也涉及功能因素与社会因素两个方面。当然，对功能与社会两种因素的评价不是截然分开的，而是统一地融入到对学生总体交际能力的评价中。

（1）运用目标语的得体性。首先，交际话题的选择决定了目标语文化背景知识所确定的得体性。在一种文化中被视为个人隐私的话题在另外一种文化中可能被认为是可以公开讨论的话题。

（2）约定俗成表达方式的掌握。任何一种语言都包含有大量约定俗成的语言形式和用法。如果学生对此缺乏了解，所输出的语言即使合乎语法规则，但与约定俗成的用法相悖，那么在交际过程中也会遇到表达上的困难和尴尬。

#### 3. 文化背景知识的掌握

对目标语文化背景知识的掌握对于培养学生的交际能力起着至关重要的作用，它有助于学生掌握语言运用的得体性。一种语言表达方式是否得体，是由该语言的本族语者所共有的社会文化习俗所决定的。因而，学生在交际过程中应注意学习并掌握这些文化规则。

教师在考察和评价学生对文化背景知识的掌握时，可以将带有文化误解的交际场景呈现给学生。这些文化误解极有可能导致本族语者产生负面情绪，而教师可以让学生判断并指出问题所在并加以纠正。在这个过程中，教师可以观察并判断学生对该文化规则的掌握程度，并及时提供启发性知识，引导学生了解和掌握目标语文化语境下的社会交往知识与技巧。同时，教师还可以对目标语文化与母语文化加以比较，这样既可以巩固学生对母语文化的掌握，也有利于在目标语文化与母语文化之间形成一个健康的平衡状态，帮助学生在以后更好地进行交际。

## 四、任务型教学法及应用

### （一）任务型教学法的涵义

20 世纪 80 年代开始出现的“任务型”教学方法，即把“任务”作为语言教学的基本单元，以“任务”为中心来组织语言教学。如何准确地定义“任务”这个概念，是了解这一方法的重要问题。

#### 1. 任务的定义

对于“任务”这个术语，学术界对其界定众说纷纭。我们所说的“任务”，是指那些在与学习无关的情况下，或者是在每天的生活中，人们所做的各种工作。在《现代汉语词典》中，对“任务”的解释是：被委派的工作和被委派的职责，这与人们对“任务”的认识是一致的。朗也提出，“任务”实际上是指在日常工作与生活中，人们反复进行的各项行为。然而，在此，“任务”一词显然是泛指在英语课堂上，特别是在以任务为基础的课堂上。许多学者也从各个方面对其进行了不同的界定，它们不仅反映了其基本特点，而且还反映了其在发展中的演化、创新和重塑。

（1）根据纽南的观点，“任务”指的是一种课堂活动，它需要学生理解、加工、产生和运用目标语来完成。同时，他们更多地关注的是语言的含义，而不是语言的形式。这一作业应当是完整的，它是一个单独的交流活动。应当指出，纽南的这一定义，在重视语言学习的过程和含义（而非形式）方面，与传统的交际型教学方法非常相近。

（2）根据布林的观点，“任务”是指有明确目标、适当内容和特定工作步骤的、有组织、有计划、对受训者产生的一系列后果的语言学习活动。在布林的概念中，我们看到了任务的目标、内容、过程以及结果。

（3）根据理查兹的观点，“任务”是为了实现一个特定的学习目标而被设定的一种行为。任务的各个层面都会对其应用产生一定的影响。其中包括目标，顺序，步骤，进程，结果，评价，参与，语言，资源，等等。理查兹等人则以此为依据，把“任务”作为日常生活中各种交流的任务。

斯凯恩在他的《语言学习认知法》中，对坎德林和纽南的看法作了一个比较客观的总结，认为“任务”有五大特点：意义优先；有一些交流的问题需要处理；与现实生活中相似的行为之间存在某种联系；把工作做好是第一要务；在工作成果的基础上，对工作绩效进行评价。因此，虽然对于“任务”一词并没有一个明确的定义，但是“任务”有两个突出的特征：一是避免特定结构，二是注重意义，这正是它有别于传统教学法的所在。

**2. 任务型教学法**

在布朗看来，任务型教学是一种以“任务”为核心的教学方法，是把“任务”放在教学的核心位置，把“学习”看作是一种“任务”，是一种超越为了语言而进行实践的行为。任务式教学以“任务”为核心来规划和组织教学，其主要特点是使用任务提纲，以任务为单位来组织教学，目的是为了达到教学目标。在这种模式下，每一项任务往往构成了一个单独的教学单位，所有的教学活动都以它为中心并为其服务。

本文从 80 年代中后期开始，在交际式教学中，对以任务为核心的交际式教学模式提出了新的要求。它也有三个明显的特征：着重于语言的内容意义，而不是语言的形式结构，因此，在课堂上进行的语言活动，更贴近于人们的自然语言学习；学生在学习过程中所取得的成绩是他们进行自我评价的一个参考标准，也是他们获得成功的主要原因。不管是完成工作还是完成任务，都离不开表达能力，说和写能力。

总而言之，在任务型教学或者是任务型学习中，它既不是一种孤立的，也不是一种可以随意结合在一起的课堂内外的教学和学习活动，它是一个完整的体系或者是一个有机的组成部分。

## （二）任务型教学法的目标

本文从两个角度对任务型教学法的目标进行了阐述。

### 1. 语言运用能力

对语言的综合运用能力是任务型教学法的一个基本目标。对语言能力的综合发展目标又可以分为三个具体目标。

（1）准确性。准确性是指规范地使用语言，是按语法的规则表达。不精确的语言会妨碍有效的沟通，而长时间不精确的语言也会造成“僵化”。许多任务型语言教学的倡导者都把语法、语言的准确性放在第一位，即注重语法的形式，让学习者知道如何使用这些语言的形式，以达成交流目的。

（2）流利性。流利性是外语教学的一个重要目标。任务型英语教学不仅强调语言的精确性，而且重视运用多种方法提高学生的英语流利度。在真正的言语交际中，如果你的话语不够流畅，那么你很可能就不会再进行下去了。有些学者提出，当人在运用语言时，大脑中储存的并不是单一的词汇，也不是零散的语言，而是一片一片的语言，它是一些预先组织好的词组和固定的表达方式。所以，在进行任务型英语教学时，除了注重单一的句法结构外，更要注重对篇章的整体运用。通过对预设的词组和固定的表达方式的学习，运用语言进行沟通，从而提高了语言的准确性和流利度。

（3）复杂度。斯凯恩把复杂度也称为“重构”，他援引麦克劳克林的“重构”这一概念，认为它是一种将中介语言系统变得更为复杂、更为细致、更为完备的方法。复杂度的重要性在于，复杂性能够帮助人们在交流中更好地表达自己的思想，从而降低了因词不达意或因无法正确表达而出现的“绕圈子”现象。为了更好地培养学生的复杂性，必须为他们提供重新构建的机会。在教学实践中，教师应充分利用教学资源，提高学生的学习效率，提高教学质量。

### 2. 素质教育

它既提倡从教学的视角去理解，又从人的发展和人才的培养的视角来理解。它实质上是一种人文教育思想。根据利尔特伍德的理论，本文将其分为三个层面。第一层面仅仅是交流层面，而第二层面则是认识层面；第三个层面是人的全面发展。

在英语教学中，英语教学的主要目标是在一定的语境中，培养学生的英语应用能力。工作一般都是与具体的职能相关，或者是与简单的问题相关。在这一阶段，学生所运用的词汇一般都是较为简单的。第二级问题的难度较第一级问题的范围更广。这样的任务不但可以培养学生的交流技巧，还可以培养他们的总体认知策略，以及信息的处理和组织的技巧。第三级的教学内容除了要训练学生的语言交流能力和认知策略外，还要透过学生在语言学习中的经验，使他们的人格得到发展。这不仅是一种语言，还有一种更深层的教育目的，如文化意识，情感态度，以及培养创造力和个性化的人际沟通能力。

### （三）任务型教学法的原则

#### 1. 教学理念原则

一般来说，任何外语教学的途径与方法均有自己的教学原则。但对于任务型教学法而言，并没有公认的教学原则，这是指，各个学者从不同的视角，提出了各自的教学原则、教学理念以及教学特色。比如，费兹认为，它具有以下几个特征：强调学习过程，而非成果；强调交流和意义的活动和工作。这种有目的性的行为与任务是一个重要的学习过程；学生是在积极的、有目的性的、有意义的交流中获得语言知识的。在“任务式教学计划”中，按照“难易程度”对任务和活动进行了排序；要求学生去做的任务，可以是现实生活中发生的事情，也可以是根据教学目的在教室里进行的，以此类推。纽南在这一理论中总结出了五条主要的任务式教学方法：言语、情境真实性原则，形式一功能性原则，任务相依性原则，扶助性原则和“在做中学”原则。此外，威利斯、斯凯恩、埃利斯、利尔特伍德等学者都从不同的角度提出了许多设计任务、实施教学与任务测试的原则与特点。虽然他们的观点各异，但我们依然能从中窥探出一些规律，从而概括出任务型语言教学法的一般原则。具体来说，包括以下几个方面。

（1）真实性原则。关于真实性原则，纽南、埃利斯等学者都有过相关的表述，只不过他们是从不同的侧面进行论述的。这里所说的真实性可以指语言与情境的真实性，或者文本的真实性，也即在实际生活中的真实交际时人们使用语言的情况。可以说，所有以语文教学为目标的教科书，所使用的文字都是虚假的。由于在实际交流中，人们常常会说一些不完全的话，他们会迟疑，会停顿，会重复，会思考，甚至会说一些语法错误的话。当然，我们并不是说教材中的材料都不可用，也不是要求教材中的语言材料都必须与生活中的语言完全一致。重视真实性原则的目的是为了提醒英语教师，在教学中，真正的语言被写入教科书后，它就不再是真正的语言，但是，对于学生来说，他们必须尽量多地使用真实的语言素材，并在实际的环境中使用这些素材。因此，教师在教学过程中应尽可能将真实的文本与材料引入学习环境。

具体来说，真实性原则主要涉及两个方面：首先，教学任务的设置要向学生提供明确而又真实的语言知识，让学生能够在一个真实的、自然的或模拟的环境中感受并掌握语言的运用。其次，教师所用语言的材料应尽可能真实，并与学生的实际生活与社区生活结合起来。为了更好地分析语言与情境的真实性原则，纽南曾经提供了关于真实性和非真实性的例子。下面的两段对话范例实际上是经过修饰的，真实的对话可能会有许多重复、停顿、改口，以及不完整的句子。

因此，教师在设计教学任务时，所使用的语言应尽可能取决于真实的交际需求。教师根据需求创造适当的情境以“控制”活动，而学生可以根据交际的需求选择他们所要表达的内容和语言。也就是说，学生不应仅仅集中在个别的语法结构上，而是需要用他们所掌握的语法知识来表达各种根据实际情况出现的意思。

此外，任务型教学之所以要坚持真实性原则，它也涉及文化，因为语言是一种文化的载体。在一定程度上，学一门外语也就是学另一种文化。因此，在英语教学过程中，我们非常重视对不同民族文化的认识。而引入真人秀的重要性则是，真人秀可以让学生更好地与目标语文化进行交流，让他们更好地了解目标标语，更好地运用新学到的语言和母语，进行有意义的交流，而不是单纯地展现他们的语法和词汇。

（2）扶助促进原则。

扶助促进原则主要包括以下两个方面的观点。

1）就师生之间而言，教师是以合作者的身份对学生进行帮助与扶持。这种帮助与扶持又可以涉及认知需求与情感状态两个方面。从认知的角度来看，教师应当启发学生已有的背景知识和语言资源，帮助学生完成学习任务。在这个学习过程中，学生可以与教师或同学“共同构建”要说的话和要完成的任务。从情感的角度来看，任务型语言教学倡导小组活动、合作学习。合作学习可以维持学生足够的兴趣，并在解决问题时控制学习产生的挫折感等。

2）就学生之间而言，他们相互之间可以进行支持、协助与合作。这里主要涉及学生个人经历对学习的促进作用。也就是说，每一个学生都不是空着脑袋走进教室的，他们对知识的学习并不是简单的套用，而是在其原来的知识结构、经验背景的基础上，通过新旧经验的双重互动，构建出对知识意义的理解。这样，一方面，在使用目标语言进行教学时，可以使学习者更好地运用目标语言进行教学，从而更好地了解目标语言体系；另一方面，学生们之间不同的知识结构与经验背景可以在互动中交流与共享，从而促进共同学习。

（3）互动性原则。

学生在英语教学中运用所学到的知识来进行交流，而互动是交际的中心。布朗相信互动就是交际，而互动本身就是学习交流最好的方式。交互就是两个或多个人在相互交流思想感情的过程。他也相信，费兹可以总结出“任务式”的基本思想：学生在参加某项活动并执行某项任务中，是一种有针对性、有意义的交际行为，从而获得所需的知识。

互动的重要性主要表现在它可以推动形成一种语言的自动性，这也是二语习得学者对儿童的学习历程进行探索时所得到的启示。孩子们倾向于能够比较快地从对一条条的语言条目的仔细关注、逐一加工转变成一种迅速的、自动的加工，但他们对语言的关注却是比较不重要的，而且是随机的。对于成年英语学生来说，由于其在分析和控制模式中的时间较长，注意力集中在一些无关紧要的小词条上，因此，这种转变就显得比较慢了。布朗教授提出，在外语教学中，学生要从掌握有限的词汇向自动化过程转变，而互动则是提高学生自主能力的最佳方式。在这种交互中，学习者可以将自己的精力从语法或其他的语言形态转移到对意思的表述和对讯息的领悟上。通过这种方式，学生就摆脱了对语言的控制，将其所掌握的语言完全应用到（类似）现实生活的交往中，进行真正意义的表达。

同时，在与同学们的交流中，学习在不同情境下，运用不同的语文表现方式与技巧。比如如何开始一个对话，怎样结束一个对话；学会在与别人对话时，如何适时地停顿，如何转换话题以达到表达自己意思的目的，如何客气地打断别人的谈话而又不至于引起别人的反感等。

（4）形式与意义相结合原则。

许多研究者对“形式”和“意义”做过论述。以斯凯恩为例，他所阐述的五项创作原理中，重点阐述了对“语意”与“形态”的双重关注。他指出，单纯地让同学们完成一些“任务”，虽然能激发同学们的学习热情，但还是远远不够的。然而，在课堂上，仅仅是为了完成学习任务，而不注重学习的过程，即使他们能够做到，也不一定能够重点突出。此外，假如仅仅是将交流和完成工作作为一个目标的话，那么，他们就有可能完全依靠交流策略和单一词汇来实现交流目标，而忽视了对其语法结构的关注。朗先生指出，重视语言的形式是其重要的一条，而语义和形式又是其学习的依据。纽南在一次又一次地建议，在教室里教授语法，并指出语法在交流中是如何使用的。

因此，本文提出了一种基于“以人为本”的任务型英语课堂教学模式。在教学中，我们要注意将“语言的形式”与“语言的意义”有机地联系起来，以达到既能把握“形式”又能应用“意义”的目的。除此之外，因为每个阶段的任务都是带有某种引导性质的，因此，在对所学到的语言的形态进行了初步的了解之后，可以经过一系列的任务的培训，自己去进行一些推断和演绎，进而了解到该语言的作用，并且能够真正地将其应用到交际中去。

（5）过程性原则。

在过去的英语课上，我们常常把重点放在了“语言”上，而忽略了“学习”的整个过程。这种教学方式必然是以结果导向的，也就是把课本和老师放在了核心位置，将语言规则体系用一种直接的方式进行呈现和讲解，而学生只是明白了“可以这么做”或“应当这么做”，对“为何可以这么做”或“为何要这么做”并不十分明确。任务型语言教学强调，语言规则属程序性知识，它只关注遣词造句、语法规范，而学习语言的最终目的是运用到实际生活中，做到学以致用。因此，不能把语言规则当作陈述性的知识来教，忽视了学用结合。

除此之外，交际本身就是一个过程，因此，获取交际能力也是一个以拥有各个领域知识和技巧为先决条件的，但是，这些知识和技巧是否能够互相转换并发展成交往能力，在很大程度上，要看学习者的过程能力。所以，本文提出了一种“以人为本”的新的课堂教学模式。这就意味着，在工作的过程中，要将任务的组织和活动作为主要的教育方式，将学生的主动的认识和对所学知识的主观感觉和感情的体会放在心上，营造出一个更贴近现实生活的语言情境，让学习者在执行任务中进行探索、归纳，找到并应用规律，在使用目标语言与别人进行沟通和谈判的时候，感悟语言、内化语言、学会交际。

### 2. 课堂教学原则

在具体的课堂教学过程中，教师在使用任务型教学法时，应当注重遵循几个基本原则。

（1）确保学生对语言意义的关注。在语言交际中，意义是第一位的。教学任务的目的是给学生提供一个处理语言的交际语境，也就是把语言作为交流的工具。因此，当学生完成任务时，他们的主要目的是为了有一个成果，而不是为了展示语言本身。换句话说，学生在完成任务的过程中，不是为了达到语言上的正确而表达，而是为了达到一个交际的目的。

（2）为学生提供关注语言形式的机会。在任务型英语教学中，虽然我们强调意义是第一位的，但是几乎所有任务型语言教学的倡导者也都强调语言形式的重要性，强调在课堂上学生要有关注语言形式的机会。进一步说，在课堂教学的每一个阶段，都可以使学生关注语言的形式。也就是说，任务型语言教学同样强调语法教学的重要性。

（3）鼓励学生积极参与。任务型语言教学的一个主要目标是为学生提供机会，使学生能够积极且完全参与课堂发问与应答的相关教学活动。实现学生“积极”的一个主要因素就是当有交际的问题出现时需要进行协商与协作。而这往往是通过小组活动实现的。小组和结对练习是任务型语言活动的主要方式。

（4）鼓励学生冒险。这里所指的冒险，主要是要让他们不怕出现语言的失误，勇敢地运用中介语言，尝试不确定的用法，善于表达自己的观点。教师要对此持一种宽容的态度，允许学生犯错误，这样才有助于学生的语言发展。而学生也要从积极的方面看待自己的错误，将其看成是语言学习过程中正常的一部分。学生自己应该明白，每个人都会出错，即使冒险犯些错误，也比什么都不说强；只要把想表达的信息传递清楚，这就算是成功。

### 3. 任务设定原则

任务型教学法离不开教师对任务的设定，因此这里我们介绍一些任务设定的相关原则。

（1）任务清晰的原则。老师们应当意识到，在进行任何的教学活动的设计时，都不能脱离对教育的目的进行考虑，在制订任务之前，要将此次教学要解决什么问题、学生需要掌握什么知识等搞明白。教学任务的安排要清楚地反映教学目的、要求和教学难度。同时，对于作业的安排也不能只是表面上的，而是单纯地创造作业情景。这就需要老师尽量避免抽象、泛泛地布置大体任务、大体框架，而是要将任务的内容展现出来，具体包含了任务所要达到的目标、完成任务需要经过的不同阶段、时间安排、具体实施办法、学生需要完成任务的形式、合作方式等细节。唯有如此，老师们才能真正地做到“有目标”，而学员们也能明确地知道自己要完成教学任务，达到合格要求所需的努力目标。只有确定了教学工作的目标，才能最大限度地发挥教学工作的作用。

（2）任务的相关性原则。任务相关性原则反映出了学用结合、学以致用的理念，并尝试着把语言教学和课堂社会化。本文主要从以下两个角度对任务相关原则进行了阐述。

1）课堂语言学习与课外语言运用的相关性。一是将课堂学习与课外实践相结合，可以缩短教室与社会之间的差距，使学员成为“社会人”，并在“学”中推动学员的“社会化”。二是它可以很好地调动学生的内部动力。根据对学习的理论分析，内部激励能更好地激发学生主动参与学习。如果他们能看到所学的东西与现实生活有着密切的关系，并且能够立即应用到解决日常生活中的交往问题，那么他们的学习兴趣和热情就会被完全激发出来。

2）学习任务设计中的相关性。在进行单元任务的设计时，老师应该注重从简单到复杂，一步一步地进行，从而构成一个从低级到高等的过程，以及高等任务覆盖低级的过程，确保了课程的阶梯化，一步一步地向前推进。同时，在每次活动中，学生的英语水平也在逐渐提高。此外，任务的设计不仅要由易到难，还应从接受性任务向表达性任务过渡。如听和读的任务可先于写和说的任务，或先让学生模仿录音或教师的语言，再让学生将以前学习过并熟悉的语言与现时学习的语言重新组织，创造出新的组合。

（3）任务的可达性原则。

在课堂教学中，教师应将教学内容的可及性问题作为教学目标。规定的作业超出了学生目前的水准多少？有几个同学能在限定的时限内，靠自己的勤奋来做作业？在对学生进行客观的评估之后，如果他们觉得任务太难，那么就需要立即做出相应的调整。因为，自主学习的最初目的并不是要打击学生的学习积极性，它只是要让学生明白，只要他们自己勤奋和努力，一步一步、扎扎实实地学习，遇到的许多问题都可以迎刃而解。总体上讲，作业的难度应在学生已掌握的知识基础之上，但又不能太大。

过于困难的作业会使学生失去信心，失去学习的兴趣，失去进步的动机。在教学中，应对作业的难易程度进行严密的监控，并做出适当的调整，使作业的难易程度始终保持在一个合理的水平。

（4）任务的可操作性原则。任务的可操作性主要表现为任务的步骤性、可分解性。首先，任务的设定要从头到尾，从简单到复杂，从基础到更高层次，再从更高层次的任务覆盖基础，然后再由更多的小任务，组成一个“任务链”。与此同时，这样一个完善的任务序列，刚好构成了一个个容易分解的小任务单元，方便学生们或独自演练，或二人协同操练，或小组讨论，或全班齐练，最终构成多重立体交叉学习模式。除此之外，学生在面对一个又一个分解后的小任务单位时，也不会有恐惧的情绪，在逐步攻克堡垒后，还容易形成一种积极的循环，从而迎接挑战。具有可操练性的任务，不仅对学习专业知识有好处，培养出良好的学习方式，同时，还可以促进彼此之间的学习，互相借鉴。此外，通过学生之间的相互合作，可以强化班级的团结，形成团队精神、协作精神，提高整个集体的凝聚力，可以说是一箭双雕。

(5) 任务的挑战性原则。在自主学习中，如何设置任务的难度，是一个很有价值的问题。虽然自主学习是以学生自学为主要方式，但是不适合太简单或者太难的内容，特别是太简单的内容。从心理方面来看，如果学习的内容太过简单，很可能会让学生失去对学习的兴趣，而且还会在心理上形成一种幻觉，从而产生骄傲和自满等不正确的学习态度和学习情绪。所以，在设置学习任务时，要根据学生的具体情况，根据学生的实际水平，添加一些具有挑战性的内容，只有在这种情况下，发挥学生的积极性、创造性的思维，才能把“要我学”变成“我要学”，最后达到“要学好”的目的。较高难度的作业，可使学生获得较高的成就感和自豪感，并可使其产生较持久的学习兴趣。

(6) 任务的实用性原则。对于中国学生来说，没有什么比“只会书写”“不会说话”更令人痛苦的事情了，那就是“哑巴英语”，这是中国英语教育领域的一道伤疤。这是怎么回事？主要是因为我们的课程设计忽略了对学生的实用知识的传授。为了解决这个问题，我们必须以“教给学生有用的、实用的知识”为指导思想。所有的东西都是从实用出发，能为学生提供明确的、真实的、有用的信息。任何知识、科技的讲授、传递，都要与交际的功能和规律相一致，为学生营造一种自然的、真实的或模拟的情境，让他们去体验、学习、创新。

(7) 任务的趣味性原则。没有什么比兴趣更好的教师了。设计的问题必须与学生的日常生活及他们所关心的主题紧密相关。结果表明，对于有兴趣的课题，学生更乐于亲身参与，主动讨论，并进行实验。而教师则可以将这一特征充分运用到自己的教学中，将学生感兴趣的问题巧妙地融入到教学设计中，加入到布置给学生的任务中，让他们由兴趣出发，带着兴趣深入，在兴趣的协助下，他们可以走得更远，飞得更高。

## (四) 任务型教学法的具体应用

任务式教学可以分成三个时期，即任务之前，任务中，任务之后。各阶段都有各自的教学目的与方法。

### 1. 任务前的准备阶段

“呈现”的过程也就是预任务的过程。这一环节的实施将直接影响到整个课堂的质量和效果，在整个课堂中占有举足轻重的地位。在这个过程中，教师要利用多种方式，进行与任务有关的语言（或明或暗）的输入，创造一个好的学习情境。在任务前期，主要有两个目标，一是要调动学生现有的知识，使他们能够重新构建自己的语言体系和思维模式；二是要让学生掌握所需的语文、文化等方面的知识，以减少他们在接下来的学习过程中所面临的认知负荷，让他们在学习过程中，真正做到“能动”。

斯凯恩相信，在任务之前，我们可以把注意力集中在两个方面，一个是对任务中整体认识的需要，另一个就是把注意力集中在语言要素上。特别是，在任务之前，若能减轻学习者的认知压力，将使其更多地关注于语言层面。任务前期的工作，主要包括了以下几个方面的准备和学习：学习单词，激活现有的背景知识，引入新的语言材料，展现语法结构，仿作和排练，演示任务等。

2. 任务中阶段

在英语教学中，学生的学习活动以准备阶段为前提，是学生学习英语的重要环节。在这个阶段，老师不但要关注学生的口语，而且要关注他们的准确程度，鼓励他们进行语言的重组。这个时期，任务的选取是非常重要的，任务的难度偏大或偏小，都会对学生产生不良的影响，所以，要对任务的难度进行适当的设置。但是，在实际工作中，学生对任务的难度很难掌握得好，有时作业的难度偏大，有时作业的难度偏小。当然，对此，老师们也可以采取不同的方式加以补偿。比如，如果作业太简单，可以增加其他的学习内容，或者设置一些更具挑战性的、有判断能力的作业；在困难程度较大的情况下，可以通过图表、图片等手段来减少难度。

在任务的各个环节中，通常都会有不同的行为模式，而群体行为是较为普遍的行为模式。在开展团体活动时，要将个体与群体的任务区分清楚，师生的角色要恰当地互换。另外，老师也应该给学生以恰当的、清晰的引导。

3. 任务后的语法教学

本文通过对"任务型"教学目的的剖析，指出了"任务型"教学不仅注重"说"的"流畅"，更注重"说"的"精确度"。就像朗所说，在这两个过程中，我们都是在刻意地去了解语言的内容，而在这两个过程中，我们就必须去关注它的内容。所以，后任务阶段的作用就是给学生一个重新执行的机会，使他们能够对任务的完成进行重新思考，使他们更加注意语言的形式。在任务后的阶段，主要包括了两个方面的活动，一是让学生再一次展示任务的完成；二是让学生对自己在完成任务时出现的错误和问题进行思考和分析。

## 第三节　当代英语课堂教学

英语课堂教学是我国学生学习英语的主要形式及途径，已有一百多年的历史。纵观我国的英语教学历史，不难发现自京师同文馆正式开办英语教学以来，我国的英语教学历经沧桑，但总的趋势是在曲折中前进。本章我们就来对英语课堂教学进行深入的研究。

### 一、英语课堂教学概述

#### （一）英语课堂教学的组成要素

英语课堂教学的基本要素包括教师、学生、教材和教学方法。下面我们将对这四种要素进行详细的分析。

1. 教师

教师是英语课堂教学的重要组成部分。教师是课堂的掌控者，也是学生的引导者。教师是英语课堂教学的关键组成部分，负责引导学生学习，创造积极的学习氛围。一位合格的英语教师应该具备活泼的性格、敏捷的思维和幽默的语言。纯正的发音也很重要，但如果教师发音欠佳，可以通过线上音频、视频、多媒体等手段进行弥补。同时，教师在讲解单词、句子、课文时，要穿插必要的解释，并重复难懂的关键词语。

课堂氛围也至关重要，教师需要富有激情，激发学生的兴趣，调整提问方式、语言运用和反馈方式，以提高学生的综合语言运用能力和学习能力。沉闷的课堂气氛很难激起学生学习的积极性，乏味的教师也很难获得学生的喜爱。

大多数英语课堂中，教师的讲话占据了课堂一定的时间，不可否认，教师的讲话有助于学生习得新的语言知识，但不能因此牺牲学生的练习时间。同时，教师要注意不断变化课堂教学的形式，以加强课堂的趣味性。好的英语教师还具有很强的应变能力，能预测课堂活动中出现的新动向，能很好地处理课堂上的突发情况，保证课堂活动生动有序地进行。

另外，教师在课堂上要注意随时调整自己的提问方式、语言运用、提供反馈的方式。在英语课堂中，提问可以说是教师最常使用的也是非常有效的教学技巧之一，通过提问，可以有效激发学生学习的兴趣，促使学生积极思考。

提供反馈同样十分重要，所谓提供反馈就是教师为学生的学习情况提供的反馈。教师的反馈可以是对学生话语的回答，如表示学生回答正确或错误、赞扬鼓励、扩展学生的答案、重复学生所答、总结学生回答、批评等。总之，教师要做的就是通过各种方式来激发学生的学习热情，扩大他们的知识范围，培养他们的学习能力，从而提升他们的教学质量。

2. 学生

学生是英语课堂教学的中心，因此学生是课堂的另一构成要素。通常，善于学习英语的学生对英语及其相关文化背景知识有浓厚的兴趣，对英语民族及其政治、经济、风俗习惯、生活方式等有开明的态度，有着明确的学习目标和强烈的学习愿望，善于寻找和琢磨适合自己的学习方法。这样的学生对学习有着负责的态度，不是为了考试而学习。他们通常具有以下特点。

（1）认真并愿意听教师讲课，勤于做笔记，经常复习教师讲过的单词、短语、句子和课文。

（2）懂得通过与教师进行适当的交流可以提高语言水平，因此经常提问，并愿意积极发言。

（3）富有冒险精神，能大胆运用所学知识，不怕出错，对于教师的纠正有一个正确的态度。

（4）热爱思考，勤于尝试用英语的思维来考虑问题，并善于将所见所闻与学过的英语知识联系起来。

（5）每个学生都有适合自己的学习方法，而且彼此之间都有所不同，例如有些学生喜好早上记忆单词，背诵课文；有些学生喜好睡前记忆单词，背诵课文。因此，好的学生善于寻找和琢磨适合自己的学习方法和时段。

（6）懂得如何安排自己的课后学习活动，懂得学习英语贵在坚持。

（7）具有长远的学习目标，定下的近期目标往往比目前学习的内容更深入，善于充分利用课堂时间与教师和同学进行交流和沟通。

**3. 教材**

在新一轮的课改中，教科书是影响教育与教学的一个主要因素。教科书既是老师用来教的，又是学生用来学的。简单地说，教材是为教师的教和学生的学而服务的，是课堂的必需要素。然而，教材是死的，学生是不断变化的。而且，任何教材的编写都受编者水平和资料的限制，不可避免地会存在某些缺点和不足。教师如果一味地以完成教学任务为目的，忽略学生的反应，按部就班地使用教材，恐怕很难起到促进学习的作用。因此，在教学过程中，教师应灵活处理不同的教材，在课上或课下询问学生的感受，及时调整教学的方法和进度。在教学过程中通常会遇到以下教材问题。

（1）教材形式过于死板，趣味性不强，此时教师应注意增添一些符合学生心理特征的内容，以增强课文的趣味性。

（2）教材语言材料过于简单，绝大多数学生已经熟记于心，课堂虽然活跃，学生交谈的兴致虽然很高，但也只是操练旧的语言知识和技能，不利于新知识的吸收和语言能力的发展。遇到这种情况时，教师应注意为学生添加一些具有挑战性的语言材料，使用一些略高于现有水平的词汇、句子及课文，使语言材料富有一定的挑战性，从而激发学生的学习兴趣和学习动力。

（3）教材的难度偏大，很多学生很难跟上其步伐，仅仅是进行机械的操练。此时，教师应放慢教学的进度，同时添加一些接近文章但难度较小的内容。

（4）教材没有按照先易后难、先浅显后深入的原则编排，此时教师可以整本教材为依据，调整教材文章的先后顺序。

**4. 教学方法**

教学方法是指师生双方为达到某一特定的教育目标，并达到某一特定的教育目的而采取的一种方法和手段。在英语教育发展史上，英语教育已有许多种不同的教学方式，这些教学方法都在英语教学中发挥过作用。但实践表明，没有最好的，只有更有效的教学方法。也就是说，如果在教学过程中采用固定的、一成不变的教学法，必然会引起学生的反感，进而降低教学的效率。即便是在一堂课中使用一种教学方法，学生也会感到乏味，从而影响课堂教学效果。因此，在整个教学过程中和某一具体课堂教学中，都要采用不同的教学方法，这些教学方法对语言技能各有侧重，这样才利于学生英语的全面发展。

### （二）英语课堂教学的意义

在学校里，课堂教学是教师教育学生，传授知识，培养技能和技巧的主要方式。在课堂教学中，教师要充分起到领导的作用，按照教学目标合理安排工作时间，更好地运用课堂上的每一分钟，让教学过程变成学生主动学习的成长过程。课堂上教师不但要教学生，而且要教会学生。教师要把应教的材料教完，并使学生掌握教材中的知识。教和学两方面的任务都要在课上完成。

英语教学的质量是基于每节课的教学质量的。教师要把每节课都上好，保证质量，不留尾巴。如果学生每节课都有收获，他们对英语学习就会有兴趣，有信心，运用英语的能力就会不断提高。

此外，要使学生真正掌握知识，除了课上的教和学外，课下的复习和巩固也是十分必要的。“温故而知新”告诉我们，只有循环记忆，反复复习才能把知识学习得扎实、牢固，并进一步熟练掌握当堂学会的知识。如果学生在课堂上只懂得了所学的材料，学得不熟，语音、语调、词句的用法原来就没有听清楚，后来又难免有忘掉的地方，在自行练习时，不仅会加倍吃力，而且还会由于走调、用错，养成错误的语言习惯，以后改起来就特别麻烦。

当然，教师不能将课上本应解决的问题全部推给学生在课下完成。一名合格的英语教师应该懂得如何恰当地安排时间，使学生有效地使用课上时间，合理的使用课下时间。

### （三）常用的英语课型

英语课堂教学中，常用的英语课型有讲练课、复习课、巩固课、语法课和阅读课。

#### 1. 讲练课

讲练课又称综合课，是英语教学中最常用的课型。课上有讲有练，以练为主，但也根据实践的需要作精炼的解释。讲练课通常包括以下五个环节。

（1）组织教学。

（2）复习、检查。

（3）提出新材料。

（4）反复操练。

（5）布置家庭作业。

讲练课的上述五个环节，体现出英语教学的一个完整过程和对听说读写工作的全面安排。讲练课在教学内容上包括单词、语音、语法和课文；在训练上涉及听说读写四个方面。讲练课的环节多，教学方式灵活多样，在新鲜多变的气氛中比较容易引起学生的注意力，保持学生学习的兴趣和积极性。

#### 2. 复习课

德国哲学家狄慈根说过：“重复是学习的母亲。”配合期中或期末考试，教师可以组织一次或几次复习课，把一个阶段里讲授的材料加以系统整理，一则帮助学生记忆；二则促进学生进一步提高说和写的能力。复习课的基本环节如下。

（1）组织教学。

（2）复习整理。

①提出语法或词汇题目。

②学生列举例词、例句。

③归纳语法要点或提示单词的用法。

④语言练习。

（3）布置家庭作业。

①朗读有关课文。

②课下做笔头作业。

在复习课中，教师要注意引导，使学生开动脑筋，积极参加活动，师生互相配合。切忌将复习课上成知识课，变成教师一人表演的独角戏。

**3. 巩固课**

巩固课也称发展说和写的能力的课。巩固课一般包括三个教学环节。

（1）组织教学。

（2）反复操练。

①朗读课文。

②整理课文中的词汇和语法。

③就课文进行问答。

④逐段叙述课文大意。

⑤叙述整篇课文大意。

⑥改变课文中的任务、时间、地点等，另作叙述。

⑦叙述对课文的读后感。

（3）布置家庭作业。

①熟读课文。

②改写课文。

巩固课的任务是通过说和写的练习，复习、整理教过的材料，并进一步提高学生的听说读写的能力，培养语言习惯。如果教师在教过某课之后，发现学生对知识掌握的熟练程度还不够，可以接着组织一次巩固课，以资弥补。还可以配合阶段考试，连续组织几个巩固课。

**4. 语法课**

语法课也是讲练课中的一种。英语课本中总会介绍许多语法知识点。简单的语法可以结合课文学习，有意识地通过口头操练使学生掌握。而复杂的语法，可通过语法课进行专门的讲解和操练，使知识更具有系统性。语法课通常包括以下过程。

（1）组织教学。

（2）复习提问。

（3）提出新的语法点。

①讲解语法点。

②初步运用于实践。

（4）反复操练。

①问答练习。

②句型操练。

③做书本上的语法练习。

④提问新的语法点。

（5）布置家庭作业。

**5. 阅读课**

阅读课是讲练课的一种。阅读课有讲有练，以练为主。阅读课的任务主要是培养学生的阅读能力，训练学生的阅读技巧，围绕课文展开口笔语的练习，以口笔语练习，尤其是口语练习，推动阅读工作，检查阅读效果，促进阅读能力的提高。阅读课的结构如下。

（1）组织教学。

（2）复习检查。

（3）进行阅读。

①口头介绍课文大意。

②朗读课文。

③讲解课文。

（4）反复操练。

①朗读课文。

②提问课文内容。

③叙述课文大意。

（5）布置家庭作业。

## 二、英语课堂教学的过程

### （一）授课

授课是英语课堂教学的中心环节，也是完成英语课堂教学任务的主要手段。组织好课堂教学，这对降低学生的课外学习负担是非常有益的。所以，老师在课堂上应该把所学的东西做好，将英语的语言点巩固好。

英语课堂教学开始前，教师应懂得语言课堂教学的基本结构，如开始教学、安排教学活动的顺序、确定进度、结束教学等。在课堂的开始，教师要简要回顾以前所学的内容，陈述教学目标，吸引学生的注意力。进入正题后，有很多项活动，这些活动要按照先简后繁、先理解后运用、先学规则后操练、先进行机械操练后从事重意义的交际、先重准确后重流利等原则进行。在具体的英语教学中，也要采用不同的教学方法和模式，以切实保证提高学生的英语水平。

**1. 授课的环节**

（1）师生按照英美的习惯及使用语互相致以问候，问候时避免使用中国化的称谓。

（2）简要回顾和复习前一次或几次课的重点内容，如一些具有特点的关键词、句式以及表达方式等。

（3）导入新的内容。最直接的方式是使用导入语。间接的方式有很多种，如讲故事；提出与课文相关的问题，启发学生的思维，使学生在新的课文中寻找正确的答案；利用直观教具或图画等辅助手段开展新的教学内容。

（4）新课的教学活动包括多种教学，如生词教学、句式教学、对话教学、课文教学等，所采用的教学方法也各不相同。生词教学可采用自制识字卡片或卡通图片；句式教学以模仿为主；对话教学可采用听录音、领读、角色扮演等；课文教学分为整体理解，分段讲解，重点句型模仿，回答问题，分组讨论，归纳总结等。

（5）依据课文内容，组织交际性活动，引出学生的交际需求，以补充教学内容，或是为下一次的教学做好准备。

（6）复习新学的知识，检查学生对新学的单词、短语、句子、对话等的掌握情况。

（7）布置家庭作业及下次课堂的内容，以便学生巩固所学的知识，同时预习将要学习的知识。

**2. 授课应注意的事项**

教师对提高教学质量起着关键的作用，因此在授课的过程中应注意以下几点。

（1）了解学生特点。

班级中的每个学生都有自己的特点，特点不同，对英语课的看法和喜爱程度就有所不同。例如，虽然少年儿童的主要心理特征是活泼好动，好奇心强，模仿能力强，但适合低年级的夸张的表情和语言却不适合高年级学生。教学过程在变化，学生对英语课的认知也在变化。因此，教师要充分了解不同学生以及他们在不同阶段的个性特点，根据学生的年龄和阶段来调整教学活动。此外，随着年龄的增长，学生对外部世界有了更多的了解，自我意识开始增强，因此课堂教学应逐步培养学生的竞争意识，让学生明白英语的重要性，养成好的学习习惯，让他们自觉地关注自身的发展，向更高的目标发展。

（2）做到因材施教。

教师要充分分析教材和熟悉教材，针对学生的实际情况来灵活设计教学方案，做到因材施教，以避免学生对课堂产生厌烦的感觉。同时，教学进度的安排也应根据学生的反应进行适当的调整。

(3) 积极与学生互动。

如果教师只是一味地在课堂上讲，收不到应有的教学效果，因为课堂教学活动是一项交互式的教学活动。学生对教师知识水平和教学方法的态度对课堂活动的实施起着至关重要的作用。也就是说，教师和学生通过课堂相互了解，课堂教学的质量取决于两者的密切配合。具体来说，对于教师在台上的每一个手势、眼神，学生都应该心领神会，积极地参与到学习中去，使教师能得心应手地进行教学，而避免在组织教学上浪费过多的时间，把握好课堂上的每一分每一秒。培养学生听到问题迅速作答的好习惯，教师一提出问题，学生就马上站起，高声回答。

如果是点名作答，第一名学生答不出来时，应立刻换第二名学生，等第二名学生回答正确时，再由第一名学生重复一遍。在有限的课堂时间内，很难做到给每个学生作答的机会，但要注意，不能每次课都向固定的学生提问，这样会打击其他学生的积极性，进而会影响教师与学生之间的配合。在此期间，教师要适当照顾差生，当问题比较简单时，应把作答的机会留给他们，以提高他们的自信心和学习的积极性。

(4) 在英语教学中，板书是非常重要的辅助工具，可以用来概括、归纳和整理学生需要掌握的知识点，同时也可以用来说明语法、单词或者短语的用法。以下是一些关于如何合理利用板书的建议。

①准备充分。在课前，教师应该提前准备好要讲的内容，并根据内容设计好板书。为了确保板书的可读性，建议使用彩色粉笔或标记笔，避免使用颜色相近的粉笔或过于深浅的颜色，以免影响学生的视觉效果。

②简洁明了。在板书上不要过多地写入文本和图形，尽可能简洁明了地表达要点，避免过度堆砌。在文字方面，可以使用关键词或短语来表达重要的信息，使学生更容易理解和记忆。在图形方面，建议使用简单的符号或图片，以便快速传达信息。

③适时更新。在教学过程中，教师应该及时更新板书内容，以便学生跟上课堂进度。同时，当讲解一个新的知识点时，教师可以在板书上画图解释，或者加入例句以帮助学生理解和掌握。

④着重强调。在板书上，教师可以使用不同颜色、字体大小或者粗细来突出重点信息，使学生更容易理解和记忆。同时，教师可以使用箭头、图表或者其他符号来加强板书的表现力，使学生更加深入地理解所学的知识点。

⑤课后梳理。在课堂结束后，教师应该对板书进行梳理，将板书内容整理出来并留给学生。这不仅可以帮助学生巩固所学知识点，还可以帮助学生复习课堂内容，提高学习效果。

(5) 突出重点。

严格来讲，英语课堂中语言成分的教学没有什么重要与不重要之分，每一个知识点都对语言的正确运用起着重要的作用。但课堂的时间是有限的，不可能对所有涉及的语言点都进行练习。此外，新出现的词汇与句型等都需要掌握。词汇的记忆靠一堂课是难以完成的，需要学生课前预习和课后复习，但句型的运用必须在课堂上完成，一堂课结束后必须使学生记住几个典型的句子，并能做到脱口而出。因此，教师在教授的过程中，要突出重点，同时兼顾一般的语言点。

（6）做到和蔼可亲。

教师的眼神和举动是组织教学的重要手段之一，可以有效节省语言和时间。因此，教师的态度要安详，要做到平易近人，时刻面带微笑，注视全班，留意每个学生的一举一动。不同内容和教学方式的课堂教学应该用不同的身体语言。

## （二）提问

提问是英语课堂中的一个重要的环节，它对语言的习得起着积极的促进作用。提问是一种以问题为主要表现形式的一种教育活动，它是一种在师生互动中，利用知识来检验学生的学习效果的一种教学活动。在课堂教学中，教师对学生的评价具有重要的作用。低级的提问会使学生的积极性受到打击，但是高质量的提问能够对学生的认知水平以及他们解决问题的能力进行培养，让学生独立学习能力得到提升，学习热情充分地调动起来，从而激发他们进行进一步学习的动力。所以，在提出问题的过程中，老师必须遵守一些基本的原则和策略，才能收到应有的效果。

### 1. 提问的原则

（1）启发性。《学记》是中国古代著名的教育家乐正克的著作，它提出了“道而不动，强而不动，通而不动”的教学原理，其目的是要突出老师的引导和启发，而不是强制和替代。现代认知心理学提出，新获得的知识必须被融入到原来的认知结构中，并在其中寻找到一个连接点，这样才能与新知识相融合，从而对新知识形成牢固的把握。因此，在英语课堂上，老师要善于运用提问，引导和启发学生的思想，让他们能想到什么就说什么，避免提出什么“对不对”“是不是”“好不好”之类的问题。

具有启发性的课堂问题，可以激发学生的思考欲望，激发他们的好奇心，促使他们积极地参加各种活动，提高他们的思维水平，促使他们进行自我探索，在探索过程中，培养他们的创新精神，拓展他们的思维能力。

（2）科学性。课堂提问要做到科学；在教学中，提出的问题应与学生的认识规律和现有认识水平相适应。老师要用学生可以理解的语言来提问，而且要保证问题的答案是正确的、清楚的，避免含糊不清的。在教学过程中，老师要根据大部分同学的真实程度，选取一个“最佳的智力培养高度”来设置问题，让大部分同学在经过认真思考之后，可以做出正确的答案，也就是在学生“跳一跳就能够得着”的高度上，这样才能将学生的思考能力发挥到最大。

（3）互动性。在传统的课堂提问中，一直都坚持着“教师提问、学生回答”的固有模式，学生的课堂行为受到教师指令的限制，学生在课堂上的消极学习总是会导致课堂气氛变得沉闷、压抑。因此，在提出问题的时候，老师要有一种民主化的风格，让学生有质疑的机会，提出问题，表达自己的观点。此外，在老师发问的时候，要用和蔼的语气，来缓解学生的紧张情绪。教师要仔细倾听学生的答案，并对其进行激励性评价，擅长使用夸张的语气和鼓励的言辞，去激发学生的求知欲；在教学过程中，要引起学生的好奇心，让他们在学习中发挥自己的主动性。

(4) 兴趣性。孔子曾经说过："怀疑是思考的开始，是学习的开始。"近代的教育心理学告诉我们，如果所教授的东西能够让人产生浓厚的兴趣，那么，他们就能够全神贯注地去学习，并且能够更好地感知、记忆、思考、想象，这样，他们就能够获得更多更牢固的知识和技巧。

在教学过程中，假如发现学生的思想仍然处在一种相对安静的状态，那么老师就可以向他们提一些事实性或展示性的问题。这种问题大部分属于信息重复性的，有一个清晰的回答，而且不同的人得到的回答也大致一样，这种方式可以有效地提高他们的学习热情和学习兴趣。当学生的思维处在一个非常活跃的阶段时，可以多提出一些推理性、开放性或参考性的问题。这种类型的问题，需要学生在教材的基础上，充分发挥自己的想象力，作出富有创造力的回答，它没有一个确定的答案，这对学生所学知识的分析和理解有帮助，从而提高他们的学习兴趣，并让他们一直保持着一种积极的思维状态。在学生的思想陷入低迷的时候，要提出几个强调性、巩固性的问题，这样才能再次调动起学生的学习兴趣和热情，让他们不再感到无聊。

(5) 全面性。素质教育是一种面向全体学生的教育，它要让每一位学生在原来的基础上，都可以获得自己想要的提升和发展的能力，所以，在课堂上进行的提问，也要以全体学生为对象，要将每一位学生对问题思考的积极性和主动性激发起来，让每一位学生都有机会参与到整个教学过程中来。老师要用一种友善的态度对待学生，让他们能够大胆地表达自己的意见和态度，自我人格得到最大程度地发展，将学生存在的问题暴露出来。

**2. 提问的策略**

在课堂教学中，教师提出问题，学生组织回答，教师给予反馈，学生提出问题。所以，在课堂教学中，教师的提问策略可以划分为四个方面：一是计划，二是设计，三是控制，四是评价。

(1) 制定战略。在备课的过程中，老师要对提问的问题进行充分的准备，即使是有经验的老师，也要尽可能地这么做。由于即兴提问具有一定的灵活性，但经常会存在语言组织上的问题，或者是顺序安排上的问题，从而难以实现预期的教学目的。所以，在上课前，老师应该对课堂上提出的问题进行充分的预习。

1) 决定问题的目标。问题的目标是进行问题的先决条件，在准备好课程的时候，老师们就应该对课堂上的问题要达成的目标有一个清晰的认识，因为不同的课型，不同的课堂教学目标，都有不同的问题目标。同理，随着问题目标的变化，问题的种类不同，问题的水平也会有差异，问题的技巧也是各不相同的。

2）提问的内容。因为课堂的时间有限，老师不能提出全部的问题，所以老师在提问时要有选择性。教师不应该以问题的难度为标准，而应该以教学目标的侧重点为标准。在教学内容的重点和难点方面，要对问题进行强调，这也可以向学生进行一个提示，让他们知道什么才是重点。如果老师仅仅提出一些不重要的细节，那么就会对学生产生误导。

3）重视问题的组织。在设计问题时，要注重问题的应答，尽量不要单一地用“是”或“否”来设计问题。其次，这个问题不能过于概括，要有针对性。例如，教师提问：“What about foreign affairs?”这个问题就太过笼统，到底是什么类型的事件，是政治的还是经济的，这会让学生无所适从。同时问题要有足够的弹性，给学生发挥的空间。还有就是问题中不应包含答案，类似于“Don't we agree that Chunk is alone on the island?”这样的问题很难激发学生的兴趣，甚至会让学生感觉过于简单而丧失学习的兴趣。

4）预测可能出现的问题。在设计提问时，应尽量做到对答案有一定的预见性，并应注意提问的性质，如：“封闭性”或“开放性”。你期望学生用他们自己的话来解答，或者用他们已经学习过的其他语言来解答？你想要的是怎样的答案？定义？举个例子？这是一种解决问题的方法吗？如果学生的答案不合适，应该如何处理？若要指点，如何指点？如果有一个人不愿意回答，那么应该如何应对？对于这些问题，老师们都要做出一定的预判，以避免不知道应该怎样去做。

（2）问题设计策略。

问题设计策略是教师在课堂教学中如何选取合适的问题。提问的形式和类型决定了提问的效果，所以要注意问题的设置。问题的语言要简单、清楚，并具有启发性，内容上要注重难点、重点，多提问一些发散性问题，开发学生的思维。

（3）控制策略。

所谓控制策略，就是教师在提出问题时，对问题的形式进行有意的调节，从而达到对问题进行有效调控的目的。在提出问题的时候，要面向全体同学，让同学们觉得老师是在和他们讲话，这样才能更好地投入到教学中去。同学们的个性差异很大，有些同学会心不在焉，有些同学会害羞，有些同学会耍小聪明。老师可以向害羞的学生发问，磨练他们的胆量，把心不在焉的学生唤回来，把捣乱的学生制止一下，这样才能保证教学的顺利进行。老师应该尽量向学生提出更多的问题，以免出现少数人占主导地位的局面。如果被问者无法正确地回答问题，则要根据其自身的特点，适时地提出问题，并给出相应的提示，使被问者能够正确地回答问题。如果学生真的很腼腆，得到锻炼的机会还不是很多的情况下，教师可以为了避免其尴尬，将问题转向另一个学生。另外，在提问过程中，老师要不断地改变提问的方式，提问的类型，提出的顺序，这样才能让学生有新鲜的感觉。

（4）评估策略。

评估策略能确保课堂提问的有效性，并能对课堂中的问题和答案做出适当的评价。常用的评估方式有以下几种。

1）使用身势语。身势语是非语言交际中表现力较强也是较丰富的一种，并且有着口语无法替代、拥有只可意会难以言传的魅力。英语教学活动中，教师能否正确运用肢体语言，对能否激发学生的学习兴趣，能否营造学习英语的文化氛围，能否潜移默化地影响学生注意力，都起着潜在的重要作用。

2）称赞。夸奖是对一个学生的肯定，特别是对一个成绩较差的学生来说，它能唤醒他们的自信心，使他们朝着成功的方向前进。但是，不同年龄阶段的学生对称赞的需要是不一样的，学生更喜欢从同学们那里获得肯定而不是从老师那里得到的口头称赞。此外，对于那些非常容易解决的问题，赞美往往会起到相反的效果。

3）激励。如果是一个没有自信的同学，在他的答案出现错误时，老师应该适时地进行鼓励，给他一些提示，并帮助他剖析其中的缘由，而不应该用冷淡的话语来打击他的自信，有时候老师的一番话可以影响一个人的一生。

4）引用。引用是一种间接的赞扬，在回答问题或做结论时，如果能引用出学生的话，可以使老师在回答问题时，得到更好的评价。引用能使学生产生被认可的感觉，获得成就感，增强他们的自信，使他们不动声色地向着更高的目标努力。

### （三）辅导

辅导虽不属于课堂教学，但却是课堂教学的有效补充，是教学工作的重要组成部分。理想的课堂教学能解决教案中提出的一切设想，但是在实际教学过程中，会有许多新的问题出现。班上学生的构成比较杂，不同的家庭背景、性格特征、智力水平、学习成绩、学习动力等因素使学生对英语学习产生不同的态度，同一起点开始英语学习的学生经过一段时间后，其英语水平会参差不齐。但适时的辅导可以使学习有困难的学生赶上去，增强其自信心；使有问题的学生提高认识，端正学习态度；使学习成绩好的学生进一步提高水平。辅导对于提高教学质量有着积极的作用。应注意，课堂教学辅导要及时，问题积累越多，就会越难解决。辅导方式包括以下两种。

#### 1. 针对差生的辅导

辅导主要针对的是学习成绩较差的学生。针对此类学生，除了课后的思想教育外，还需要进行必要的教学辅导，以提高其学习成绩，配合课堂教学。辅助的方式可采用以下几种。

（1）在课堂上为成绩较差的学生提供回答简单问题的机会，借机提高他们的自信心，然后逐渐提较难的问题，以逐步提高他们的英语水平，最终赶上其他学生。

（2）辅导中，教师要注意听取学生对教学的意见，了解他们的兴趣，适时地对教学进行调整，同时适时地推荐一些简易的课外读物，培养学生学习的自主性。

（3）可以采用教师管理，优生辅导差生的方式来辅导差生的学习。采用这种方法时，首先要让优生认识到，辅导差生并非浪费时间，而是在辅导别人的同时，也巩固了自己的知识。教师对辅导效果要进行定期的检查。

**2. 批改作业**

批改作业也是辅导学生的常规方式。教师通过批改学生的作业，可以发现学生学习过程中的诸多问题，然后针对这些问题进行及时的纠正和辅导。具体可采用以下多种方式。

1）课堂上集中核对学生的作业答案，对于典型的错误可进行有针对性的评价，使学生相互借鉴。

2）详细批阅所有学生的作业，这样可以清楚地了解每个学生的学习情况，针对学生的情况进行具体的教学活动。

3）面对面的对学生的作业进行批改，对有问题的同学进行一对一的指导，提高全班同学的英语素养。

4）教师安排学生相互批改作业，这样可以培养学生发现问题的能力。批改作业的过程也就是教师与学生进行交流的过程。教师可以依据批阅的结果对学生进行有针对性的辅导。一般学生都比较关心教师对其作业的整体态度，因此教师要实事求是地指出学生的问题所在，帮助学生解决一部分问题，同时鼓励学生解决一部分问题。有一点需要注意，即教师在写评语时，不要打击学生的积极性，要多写一些鼓励性的评语。

## 三、英语课堂教学的原则

在英语教学中，要想更好地进行课堂教学，提高课堂效率和课堂教学的质量，就必须在课堂上做到这一点。这些原则包括以学生为中心原则、交际性原则、灵活性原则、循序渐进原则和可持续发展原则等。

### （一）以学生为中心原则

在传统的英语课堂教学中，教师是中心，充当着知识的传授者，而学生仅是知识的被动接受者。自 20 世纪 70 年代以来，人们对以教师为中心的教学方式提出了异议，主张以学生为教学的中心。实践表明，这种观点是正确的，教师的主导作用固然不可否认，但其仅是促进学生学习进步的条件，而学生自身才是其学习进步的关键。做到以学生为中心并不是一件简单的事，这需要教师在教学过程中考虑到以下两点。

**1. 在教学中充分了解与尊重学生**

学生在整个学习过程中是学习的主体与核心承载者，因此教师在教学中应做到充分了解与尊重学生，在此基础上改变传统的学习方式，让学生在经历和实践中进行学习，这种方式可以将学生的学习积极性激发出来，提高教学效果。传统的英语教学强调在初级阶段学生要学好音标、词汇和语法，这种做法不无道理，但往往有些教师把它作为英语教学的全部，这就很不合理，因为这种思想很容易导致在英语教学中以教师为中心，使学生处于完全被动的学习状态。实质上，教育应当是一个能动性的过程，特别是在英语教学中，要让学生主动地去体验，去参与，去实践，去尝试，去创新，才能够在认知和语言能力上获得发展。而教学中这种主动的过程需要建立在了解学习者各个方面的基础上，比如少年儿童在学习英语中具有一定的优势，如模仿力强、记忆力好、求知欲强、心理负担轻、表现欲强烈和具有创造精神等。另外，教师在教学中还应该对学习者在英语学习中存在的弱势有一定的了解，如注意力不易集中，理解能力相对较弱，对单调的重复和机械的训练不甚喜欢等。因此，教师必须在充分了解学生的基础上开展教学，遵循语言学习规律，尊重学生的整体和个体差异，以转变他们的学习方式为切入点，运用听做、读写、说唱、玩演和视听等多种活动方式，针对他们的兴趣进行培养。

此外，教师还应平等地对待每一个学生，对学生充满爱心，真心地与学生交朋友，用自己对工作、对学生的热爱去影响学生。而且教师在个性上最好要活泼，富有幽默感，这样更有利于赢得学生的尊重与喜欢，促进师生间的沟通。

**2. 在教学中积极调动学生的兴趣**

兴趣是学生学习的最大动力。它能够使学生在认识事物、获取知识、探求真理过程中，体验到学习的情趣，从而能够使他们在学习活动中变得积极主动，获得更好的学习效果。而在英语教学的过程中保持学生的兴趣并不是一件容易的事情，那么英语教师要激发和培养学生的兴趣可以从以下几个方面做努力。

（1）要了解学生感兴趣的问题。教师要想激发学生学习英语的兴趣，可以通过发现和收集学生感兴趣的问题的方式，将这些问题作为素材巧妙地加入课堂中。例如，在英语教学初级阶段教授英文字母时，教师可以编排英语字母舞蹈来调动学生的兴趣；在教水果时，可以请学生带来自己喜欢的水果，这一活动与学生生活密切相关，学生会很感兴趣，这样就能很好地调动学生英语学习的兴趣，可以使原本看似枯燥的课堂变得热闹非凡。

（2）要善于鼓励学生的进步。要调动学生学习的积极性还应该善于发现学生的进步，多鼓励表扬。通过这种方式可以使学生形成一定的自信心和成就感。对于学习者来说，学习效果很大程度上源自其对学习的兴趣。在英语教学中，教师可以通过任务激励、荣誉激励、奖品激励、信任激励和情感激励等多种方式，对学生所取得的进步给予鼓励，激发学生积极参与、大胆实践、体验成功的喜悦，这样学生的学习兴趣就会逐渐形成。

（3）要懂得挖掘教材。教材在英语教学中的地位不可忽视，教师要最大限度地调动学生的积极性，还可以在教材上下功夫。教师可以挖掘教材中的兴趣点，以减少教学中的枯燥，保持每节课的新鲜感，确保学生对每节课都感兴趣。

### （二）交际性原则

学习英语的目的是把英语用于交际。所以，英语既是教学的一种手段，又是学习的一种手段。而要做到这一原则，教师在英语教学中应努力做到以下几点。

**1. 正确认识英语教学的性质**

要想落实交际性目标的要求，首先需要认清英语教学的性质。英语教学是一种技能培养的课程，在教学中，教、学、用三个方面构成一个有机的统一体，这三者之间是一种相辅相成的关系，其中“用”在这三个方面中处于核心地位。与学习游泳、学习踢足球类似，使用英语进行交际的能力是在使用的过程中培养出来的，只有理论没有应用，很难达到预期的目标。因此，在教学中应加强英语使用的力度。

**2. 结合学生的生活来选择教学内容与活动**

在进行英语教学时，现实生活这个因素也是需要考虑的，因为语言总是与现实生活密切联系的。因此，在英语教学中，教师应把语言和学生所关心的话题结合起来，给学生提供足够的、内容丰富的、题材广泛的、贴近学生生活的信息材料，这样的材料因为具有一定的现实性，容易使学生产生共鸣，从而会调动学生的兴趣，也能促使他们认识到学习英语的目的在于交际，而不是为了应付考试。另外，由于英语教学内容具有真实性，因此这要求教材的语言和教师的语言也都是真实的，具体说来就是教材的语言和教师的语言不是为了方便教学而人为编写出来的，而应该是英语本族语人在交际过程中所使用的语言。可在我国目前的英语教学中，这种真实性的材料却不容乐观，还需要有关人员做出努力。

**3. 在教学中创设交际情景**

在传统的英语教学中，很多教师只偏重语法结构的正确性，学生通过这种教学并不能具备良好的英语交际能力。要想让学生具备使用英语进行交际的能力，也就是说能够在适当的地点、适当的时间、以适当的方式、向适当的人讲适当的话，就应在英语教学中创设情景，开展多种形式的交际活动，以此来提高学生英语语言应用的能力。我们知道，利用语言进行的交际总是发生在特定的情景之中。情景包括时间、地点、参与者、交际方式、谈论的题目等要素，在某一特定的情景中，某些因素，如讲话者所处的时间、地点以及本人的身份等都制约他说话的内容、语气等。而且，在不同的情景中，同样的一句话也可以表达不同的意义和功能。因此，在英语教学中，要把教学的内容置于一种有意义的情景之中，这样才有可能让学生充分理解每一句话所表达的意思。另外，在一定的情景之中进行的英语教学，还可以使学生身临其境，提高学习英语的兴趣。因此，英语教学活动要充分结合教材的内容，利用各种教具，来开展各种情景的交际活动，这样对学生和教学都会产生有利的影响，收到良好的教学效果。另外，也可以设计任务型活动，让学生通过完成特定的任务来获得和积累相应的学习知识与经验，需要注意的是，这些活动需要具有交际的性质，才有利于交际目标的完成。

### （三）灵活性原则

在英语教学中遵循灵活性的原则可以提高学生在教学中的兴趣，尤其是对少年儿童来说。因为这个时期的学生正处在心理与生理发育成长的阶段，他们的特点是活泼好动、易于接受新鲜事物，对于死板机械的内容很容易失去兴趣。而且对于英语语言来说，它是生活的一个必要的组成部分，是一个充满活力、不断发展的开放性系统。综上所述，可以看出语言本身的性质以及少儿的自身特点要求我们在英语教学中要遵循灵活性的原则，在教学方法、语言学习和语言使用方面做到灵活多样，这样才能使英语教学富有情趣。

1. 教学方法应具有灵活性

在英语教学中，教师应采用具有灵活性的教学方法。究其原因，我们可以从以下三个方面来分析。第一，在英语教学史上出现过许多种不同的教学方法和流派，如语法翻译教学法、交际教学法、视听教学法等，但每种方法对于教学并不具有普遍性，它们都有其自身的优势与不足，教师应该兼收并蓄、集各家所长，切忌拘泥于某一种所谓流行的教学方法。第二，英语教学内容具有多样性。如以英语的内容为标准，可以把英语教学划分为两种：一种是语言知识的教学，包括语音、语法、词汇等内容，不同的语音、不同的语法项目、不同的词汇所具有的特点也是不同的；另一种是语言技能的教学，主要包括听、说、读、写四个方面。第三，从学习者自身来看，他们在个体方面都存在着很大的差异。因此，在英语教学中要综合学生、教学内容以及教师自身的特点，创造性地开展多种多样的教学活动，灵活运用教学方法和教学内容，保持英语课堂的新鲜度与趣味性，从而使学生学习英语的热情得到激发，学习的兴趣也得到培养，逐渐帮助学生探索与掌握英语语言学习的规律。

2. 语言使用应具有灵活性

英语教学中不应只是让学生认真听讲和做好笔记，因为英语学习的关键在于使用，因此应让学生参与到教学中，运用英语来实现目标、达成愿望、体验成功、感受快乐。作为教师来说，要想带动学生使用英语，可以通过自身灵活地使用英语来实现，为学生树立模仿学习的榜样，同时培养应用英语的氛围。比如教师适当地用英语组织教学，用英语讲解、提问与布置作业等，这样利于使学生感到他们所学的英语是活的语言。教师还可以布置灵活性的作业，让学生在课下也灵活地使用英语，作业的布置并不是随意性的，应侧重实践能力，如可以让学生用磁带录制口头作业，让学生轮流进行值日报告，陈述、评议时事、新闻等。

### （四）循序渐进原则

在英语课堂教学中，贯彻循序渐进原则时应注意以下几点。

1. 语言材料——从口语开始，逐渐过渡到书面语

口语和书面语是英语的两种形式，其中口语是第一性的，书面语是第二性的。从语言发展的历史来看，口语先于书面语。人类在几十万年前从学会劳动的时候起，就开始说话，但文字的出现要比口语晚得多。这就决定了英语学习要从口语开始，然后逐渐向书面语过渡。其次，口语里出现的词汇比较常用，而且大都是日常生活用语，句子结构也较为简单，较之书面语更容易学习，通过口语的学习，学生可以很快提高与日常生活相关的交际能力。

2. 语言技能培养——从听说技能到读写技能

英语课堂中的听说教学可以使学生学到正确的语音，掌握基本的词汇和基本的句子结构，进而为读写能力的培养奠定基础。而且，英语课堂教学从听开始，也符合中国英语课

堂教学的实际情况。英语作为一门外语课程，对于绝大多数中国学生来说，都缺少英语的语言环境。因此，“听”就成为他们学习英语的必经之路，也是他们学习纯正发音的唯一方法。同时，也要有一定的听力水平，方能听懂并理解他人所说的英语，让学生自信地使用英语与他人进行交流，保证英语课堂教学的顺利有效。因此，在整个英语教学过程中，尤其是初级教学阶段，教师在每节课中都要尽量为学生创造一个良好的语言环境，培养学生听的能力，并在此基础上，结合相应的听力内容，循序渐进地培养学生的口语表达能力。听说读写是英语的四项基本技能，是需要全面发展的，但在英语初级阶段的学习中，特别是起始阶段，教学应先从听、说入手，在提高学生学习英语兴趣的基础上，进一步培养学生的读写能力。

#### 3. 语言学习过程——语言知识与技能、使用语言的能力不断循环与深化

英语学习的过程是一个螺旋式发展的过程，要使学生一次性掌握一个语言项目是不可能的，它需要进行多次的循环，但这种循环并非单纯的重复，而是每一次的重复都是对前一次重复的深化和提高。例如，对于名词单复数的学习，在开始阶段只要求学生了解英语中的名词有单复数形式，随着学习的逐步深入，则要求学生明白不规则名词复数变化的规律，最后要求学生掌握不规则名词的复数形式。而且，在具体的教学过程中，循环往返意味着以旧带新，从已知到未知。因此，教师要注意从学生已有的知识出发，引导学生学习新的知识，培养学生新的技能，在教授新知识的同时复习前面的内容。

### （五）可持续发展原则

在完成基础阶段的学习之后，学生在大学还要继续进行英语学习，也就是说教学是一直在前进和发展的，因此这就需要教师具有一定的可持续发展意识，使学生能够顺利地达到更高的水平。而要实现这一目标，重要的就是要培养学生积极的情感态度，以及采取适当的学习策略。下面就对这两点进行讨论。

#### 1. 积极的情感态度

《英语课程标准》中明确提出，“情感态度是指在学习中逐步发展起来的兴趣，动机，自信，意志，合作精神等与其有关的各种因素，在此基础上逐步发展起来的国家意识和国际视野”。对于如何在英语教学中培养和发展积极的情感态度，我国学者陈琳、王蔷、程晓棠等提出了以下几条建议。

（1）建立情感态度的沟通渠道。情感态度的沟通和交流渠道可以通过教师在课堂教学中建立起来，例如建立融洽、民主、团结、相互尊重的课堂氛围等。有些情感态度可以集体讨论，有些问题则需要师生之间进行有针对性的单独探讨。但在沟通和讨论过程中，教师要注意尊重学生的感受，避免伤害学生的自尊心。同时，情感具有外在和内在的表现，在教学中，要注意对学生的感情和态度进行细致的观察，以便对他们的正面情绪进行培养，对负面情绪进行克服。

（2）建立良好的师生关系。师生关系属于内在的情感因素，它需要仔细的观察才能发

现。要想更好地理解学生的情感，并帮助他们形成正面的情绪，战胜负面情绪，就需要老师和学生之间建立起一种和谐的关系，只有这样才能真正地了解学生。

**2. 正确的学习策略**

学生在进行有效的学习与发展过程中所采取的行为与措施，被称为“学习策略”。在英语教学中，有四类策略：认知策略，调节策略，交际策略，资源策略。认知策略是一种被试用来解决某一特定问题的过程与方式；调节策略包括：计划学习、执行学习、反思学习、评价学习、调整学习等；交际策略指的是学习者在进行交际时所使用的多种方法，以获得更多的交际机会，提高交际的有效性。“资源策略”是指在英语教学中，学生在教学中如何合理、高效地使用各种多媒体手段的一种方法。学生的学习成绩受多方面的影响，如学生的心理特点，健康状况，学习基础，学习动机，学习策略，教师的水平，学习的环境，社会、集体的影响以及家长的影响等。在这些影响因素中，学习策略占据着重要的地位。学生如果在学习的过程中采用了科学、正确的学习策略，便可以有效节省时间，并能避免走弯路，使得学习的效果更佳。因此，在英语课堂教学中，通过对英语教学中的一些问题进行分析，得出了一些有益的结论。在英语教学实践中，指导学生运用学习策略，以达到科学的目的，提高英语的学习效果，培养他们的独立学习能力，为他们的终身学习打下坚实的基础。

## 四、英语课堂教学的评估

### （一）英语课堂教学评估的目的

课堂评估就是对所获得的各种信息进行收集、综合、分析，掌握学生各种能力的发展程度和发展潜能的过程。

《课标》明确了英语教学评估的目标：“通过评估，让学生在英语教学中感受到自己的成长和成功，让他们了解自己，树立信心，提高他们的综合语言应用能力；通过这些研究，我们可以了解到英语教学中存在的问题，能够及时地反映并做出相应的改进，推动我们的教学质量的提升；目的是为了让学校能够更好地掌握新课程的实施状况，更好地提高英语教育的质量。”

每个人的评估目标都不一样。主要有四个方面。

（1）学校的管理者要为学校的发展出力，就必须要有一个明确的方法，那就是要看一看他们的项目到底有没有进展。若评估的结果和预期有出入，则会对方案进行修正，使之在未来能做得更好。

（2）老师按照管理者的要求去执行，他们希望了解已经完成的工作和接下来要完成的工作；学生们已学会或能够做到的事情；要想让这个项目成功，主要取决于老师们是否能够完成这个项目。

（3）对于子女的学习情况，父母是最关心的。父母无法亲眼看到学生在班里的行为，他们只能根据老师和学校的反应来判断。

（4）学员希望了解自己在学习过程中所取得的成绩，了解自己未来应该如何去做，并从中得到资讯与满足感。

### （二）英语课堂教学评估的分类

英语课堂教学评估一般可以分为诊断性评估、形成性评估、起点评估、终结评估、教学评估、正式评估。

（1）诊断性评估。诊断性评估是进行教育鉴定与诊断的手段，它的目的及功能是通过收集有关信息来确定特殊教育的对象、培养目标和方案。在课堂学习的过程中，学生们不但会在学习上遇到诸如听不懂、注意力不集中等问题，还有情感、家庭或社交方面的问题，如当天的心情、对老师的喜爱程度、与同学是否发生了冲突等。因此，教师首先应该找到问题所在，然后记录其频率，最后从理解的角度选择解决方法。学生的学习情况不仅体现在测试的分数上，还包括学生对某一主题的项目完成记载以及教师与学生家长的交谈结果。通过诊断性评估，教师能够更好地了解学生的知识掌握情况和能力，也能够找出学生存在的问题及其性质、范围，能够为学生设计出符合他们需求的教学活动。评价的方法有很多种，例如：认真的小测验，课堂上的问答。

（2）形成性评估。形成性评估指的是对学习者的学习过程进行综合的评定，它是对学习者在课程中所取得的成绩进行阶段性的评价，也是对学习者学习目标进行阶段性的测验，它是课程考核的一个重要内容。教师的评估方法有很多种，例如，教师对学生的科研报告作评论、访谈、座谈，测验结果分析等。

（3）起点评估。起点评估一般在学期或学年刚开始时进行，目的是了解学生，为良好集体的建立打下基础。起点评估要求教师在短时间里对每个学生的性格有初步了解，促进课堂上的交流，同时发现有突出特点的部分学生，让他们在今后的教学中协助教师的工作，共同作出相关决定。

（4）终结性评估。终结性评估注重的是对教育干预措施的评价。这种有效性评价可以针对整个教育过程进行总体评价，也可在教育活动暂告一段落时，对前一阶段的教育成果进行回顾性评价。如一个学期的中间或期末，学生经过集中复习，在固定的时间内完成一套试题等。

（5）教学性评估。教室就像一个复杂的社交空间，师生就像一个小型的社交空间，在各种层次上相互影响。老师就像一个社会的领袖，他要引导学生去创造，去发现，才能形成一个好的社会、好的学习环境。要实现这一点，我们不仅需要有秩序，有纪律，有合作精神，还有积极的引导。老师的决策与引导，旨在营造与维护一个和谐、稳定、积极的课堂氛围。因此，教师的教学评估主要有以下几个方面：准备评价，授课内容、时间、教材；执行评价，掌握教学进程，及时对已制定的教学方案及已制定的教学活动进行适当的调整。

（6）正式评估。正式评估指要求教师完成上级教务部门交给的成绩评估任务的职责，如评分、评语、家长座谈等。

### （三）英语课堂教学评估的意义

课堂教学评估对课堂教学的有效开展有着很重要的作用，可以帮助师生有效监控课堂教学和课堂学习过程，它对于师生的意义都是积极的。

#### 1. 从学生的角度看课堂教学评估的意义

（1）使学习过程具有可视性，在这个过程中，学生能够清楚自己的长处和不足，有助于纠正学生的一些错误观念和错误假设。

（2）使学生意识到语言学习的过程性，从而更好地对自己的学习进行监控，有利于培养他们成为自主学习者。

（3）帮助学生调整学习策略。

（4）使学生能真正感受到教师对其学习的关注，加强了师生之间的交流。

#### 2. 从教师的角度看课堂教学评估的意义

（1）为日常的学习和课堂教学活动提供必要的反馈，使教师能及时根据反馈对自己的教学计划、教学方式进行调整。

（2）师生间的对话有利于师生间和谐关系的建立与维持，为更有效地开展教学奠定基础。

（3）教学是一个根据信息反馈而不断发展的形成性过程，评估可以帮助教师更清楚地认识到这一点。

（4）这种评估的一系列环节有助于教师成为有意识的教学研究者，从而为以后教学理论的研究奠定基础。

### （四）英语课堂教学评估的原则

英语课堂教学评估要求有特定的实施方式，究其原因，在于它自身有着特有的目的和特有的作用。根据英语课堂教学评估的目标和特点以及影响评估的因素等，我们可以总结出在进行课堂评估时应遵循的原则，其主要内容有以下几个方面。

#### 1. 效率原则

影响课堂教学评估有效开展的因素有学生的配合、评估的方式等因素，据此，为了保证课堂教学评估的有效进行，我们需要注意以下几点。

（1）课堂教学评估以学生自评为主，通过它可以培养学生的自我监控能力，有利于他们成为自主学习者；而且评估所侧重的地方在于目标的完成情况，然后从完成的现状中发现存在的问题。

（2）对于评估中所采用的方法应进行监控，因为这样可以对存在的问题进行及时的发现与处理，比如调整方法的选择和具体操作等，从而保证课堂教学评估的有效开展，把课堂教学评估的作用充分发挥出来。

（3）评估的整个过程都需要让学生理解，比如让学生理解所采用评估方法的作用和操作方式。另外，“反馈链”也需要引起教师的注意，尤其是链条中每一环节结束时所采用的处理方式，一定要在每个环节结束后使学生清楚课堂教学评估的作用和价值，而且最后要让他们看到课堂教学评估给他们带来的效益。只有让学生看到评估的实际效用，才有利于提高学生配合的积极性。

**2. 目的性原则**

（1）从教师的角度来看，不同评估方式的预期目标不同，适用的范围也不同，因此老师对于各种评估方法的目的和其预期的效果应有所了解，在此基础上，才有可能在诸多评估方式中做出正确的选择。另外，教师在选择时还应把自己班级和课堂的具体情况考虑进去，且注意各项方法技巧的作用。

（2）从学生的角度来看，对于课堂教学评估的诸多方面都要让他们了解，比如课堂教学评估的重要性、各种评估方式的操作和作用等，这样有利于学生积极配合，保证课堂教学评估的有效进行。

**3. 过程原则**

只有保证课堂教学评估经常进行，才有可能保证教学评估的良好效用。因为课堂教学评估是监控学习过程的一种手段，以形成性测验为主，并不是简单的单元测验，不是期中、期末考试，也不是总结性测验，必须要经常且有规律性，使其成为一种连续性的过程，才能使实施的效果得到保障。想要落实这一想法，我们可以采取的措施是将评估纳入正常的课堂教学之中，使其对学生的学习和教师的课堂教学真正起到实时监控的作用。

**4. 变化原则**

评估的方式有很多种，如口头、书面、自评、互评等。课堂教学评估中除了应该注意所选择的方式的适应性外，还应注意的是，如果学生的具体情况发生变化，方式也应该进行适时的变化，如采用小组活动或两人活动等。

（1）在课堂教学评估结束后，教师需要对评估中获取的信息进行分类综合，找到学生学习中共同存在的问题；然后在分析“双峰”现象、检查计划完成情况的基础上，制订下一步的教学或评估计划。

（2）及时把评估信息反馈给学生。通过评估反馈信息，学生可以对教师采用的这种评估方式的真正意义有一个整体性的了解，同时了解自己在学习方面的不足和差距，从而促使教师和学生采取相应的措施给予改进与提高。因此，应该将评估阶段获取的信息进行分析整理之后及时反馈给学生，最起码应将部分信息反馈给学牛，以避免学生对评估的不认同或反感。

（3）课堂教学评估可进行适当量化，以此作为反馈的一种手段。安吉洛和克罗斯曾建议不对课堂教学评估分等级，但也有研究发现分级形式的评估能起到更加有效的作用。但在分级评估时，需要清楚的是这样做只是为了更清晰地进行反馈，作为教师来说，不可以把它作为检验学生学习成绩的体系，而且也不能盲目采用分级量化的方式进行课堂评估，应该视具体情况而定。

### （五）英语课堂教学评估的策略

在施行课堂教学评估时需要有一定的策略，而在确定方法时除了遵循上述课堂教学评估的原则外，还要结合具体的英语课堂教学情况来选择适当的操作方式。下面我们就来研究英语课堂评估的几种策略。

#### 1. 自我评估

自我评估培养的是学生为自己的学习负责的能力，这一方法可以鼓励他们对于自己在学习方面的问题进行思考，使他们能够直观地看到自己取得的成绩以及需要提高的地方。教师通过与学生讨论他们的自评实施的过程与结果，可以使得他们对学生学习成果的态度有一个了解，也能使学生对自我的学习情况有清楚的认知。

#### 2. 同伴评估

在同伴评估中，沟通技能和合作技能对评估的结果影响很大。但这一评估方法需要教师采取一定的策略来落实，因为同学之间彼此信任和真诚的互相评估一般来说都需要通过长时间的培养。但是同伴评估也并不一定要操作得复杂，可以通过简单的活动来实施。例如，设计活动，让学生分组来完成一项任务，鼓励组中每个成员都积极参与其中，奉献自己的聪明才智，共同完成任务。而在活动结束后，作为组中的每个成员，都要对自己和他人的贡献做出评估。当然，这种评估并不是可以盲目进行的，有时也要遵循一定的规则，如大家根据事实谈自己的观点或发表评论，而非完全根据个人主观偏见或好恶来评论。

#### 3. 教师评估

无论是学生的自评还是同伴互评，都必须与教师的评估结合起来，才能使评估结果得到保证。在对学生的行为表现进行评估时，教师起着多方面的作用。例如，在评估过程中，老师要演示具体的操作方式，在实施过程中，可以引导或者协助学生进行自我评价，并对他们的学习进行管理；在学生建立并运用评价准则的同时，老师也要在评估准则的制订、运用、建立、整理等方面提供必要的支持；除此之外，还要注意到一件事，那就是老师要经常跟同学们讨论他们的学习目标，并定期对学生的进展情况进行评估，对学生的自评和互评展开经常性的抽查，认真地检查他们自己制定的改进目标，要把反馈意见及时提供给学生，以便学生在改进时参考。

教师在评估时一般都要写评语，这时需要注意所写的评估语言应该简短、具体并具有针对性，还要全面，应包括优点和缺点两个方面。教师评估的方式有很多种，比如可以把评语附在学生的作业本上，这样可以让学生获得简单的诊断性信息。还可以采用的方式有日常记录、评价量表、学生行为评估表以及座谈等。这样，教师、学生共同协作建立起一种评估方式，这种方式在某种程度上是比较合理的，它能够与学习目的、学生个人需要以及整个班集体需要达成一致。

### （六）英语课堂教学评估的发展趋势

#### 1. 教、学、评三位一体

课堂教学具有完整性，这一特点通常反映在教师的授课、学生的学习以及对课堂教学的评估中。我们都知道，在课堂上，如果老师的教学是一成不变的，对学生的需求置之不理，那么学生在学习过程中就不能接受到新的知识、理念和挑战，这样就会导致他们对学习兴趣的降低，影响学习效果。而课堂教学评估可以给教师和学生提供有关教与学及其效果方面系统的一手资料，这些资料无论对教师还是学生而言都是非常有利的，比如有利于教师反思自己的教学，有利于培养学生的自省意识、与他人积极交流以及解决问题的能力等。所以课堂教学评估应该是教师和学生教与学的重要组成部分，这样有利于对课堂教学效果起到保障作用。

当教师评估学生、学生间互评或学生本人自评时，无论成绩怎样，都能收到不错的效果。学生比较喜欢听老师和同学描述的是其优点和进步的过程，因为通过此种方式，学生能真正感到他们的价值，增强其自信心。而对于能力较差的学生，同学和老师在评估中应表示出对他们的信心，对于他们在学习中遇到的问题，应尽量帮助其进行分析并解决。老师、师生、学生之间的交往是一个相互认识，重新认识自己与别人的过程。在进行评估的过程中，学生可以学习到如何进行咨询，如何找到并改进自己的缺点，如何对自己的学习进行评价，并对自己的学习负责，最终达到学习中的自主与自理的目的。很显然，这种评估可以为学生今后的自主学习打下一个很好的基础。而在评估的过程中，老师可以对学生展开一定的引导，鼓励学生对过去的事情进行反思，对现在的情况进行审视，展望将来，让学生自己学习和进步，清楚地看到学习过程和结果间的关系。让学生对其有一个正确的了解与认识。课堂上，教师要努力营造和谐宽松的气氛，让学生感觉到他们本身的重要性，教师一定要清楚课堂活动的目的是帮助学生展现所学的知识和发展自己的能力，而不单纯是为了完成教学任务。

#### 2. 挑战与变化

现今，英语教师们面临着新的评估理念和方式所带来的挑战和变化。教师应该充分地意识到被评估者的个体差异。只有找到了这种差异，教师才会选择不同的适合个体发展的教学方法，最终有效地达到教学目的。良好的评估方式可以成为一次愉快的学习经历。当学生积极参与到任务、问题、项目、工作的情境中，评估则进入了最理想的状态和环境中。但是要设计出这样好的评估并不是一件容易的事。教师在评估时需要考虑以下因素。

（1）学生间的合作精神：了解语言学习的过程和技巧，努力学习语言，尽力交流——这些都需要学生的投入、承诺和责任心。

（2）没有标准化的标准：制定标准、交流标准、教学标准。这些标准来自两方面的信息。第一，各种要素之间的平衡，如自律意识、小组活动、课堂作业、家庭作业、个人学习，等等；第二，学生在英语方面的进步、对课本知识的掌握、语言发展、知识内容、学生个人特点、学生情感和行为以及认知发展等方面各占评估比例为多少。

（3）教师的活力与创造性：有抱负、有承诺、有使命感和创新精神的合格教师。课堂行为表现评估对学生学习结构的建立和重建、学习“标准”的创造、学习的参与以及学习的网络都有重大的影响，因为学习并不是一个人的活动，它与学校、家庭、社会以及学生自身发展有着紧密的联系，因此评估也就显得尤为重要。

**3. 英语课堂评估的多元化**

英语课堂评估的多元化趋势体现在以下三个方面。

（1）标准多元化。很大程度上，英语课堂教学评价标准的科学性对整个评价结果的精确度起着决定性的作用。在传统评价理念的导向下，国家对各区域的教育采取了统一的标准，各区域的教育行政部门对不同的学校也采取了统一的标准，在这样的条件下，学校对不同的学生也会采取同样的标准。最后导致学生的个性差异被抹杀的现象。但目前社会对学生的个性发展要求很强烈，因此课程评价标准必然要趋向多元化。而为了能够实现这一要求，可以采取多种措施，如宏观上，应该根据各地经济、教育发展水平制定不同的评价标准；各个地方学校应该根据自己的办学条件、培养目标等来制定和实施具体的评价标准。微观上，可以根据每个学生的具体情况，确立不同的评价标准。这些措施都有利于评价标准多元化的实施。

（2）主体多元化。英语课堂教学评价的主体也可以多元化，这意味着，在评价主体中，除了老师之外，也可以是专门的评估机构，教育政策制定机关，学校管理者，学生家长，学生团体和个人，学校内外的相关人士。在进行教学评价时，要将单纯的教师评价方式转变为教师评价、学生自评、互评、家长评价等多种方式相结合，在评估的过程中，还应注重评价主体间的沟通磋商，鼓励评价主体与被评价者之间进行互动与合作，这样的方式可以使得教学活动中的每个主体都能够参与其中。而且在参与的过程中，每个主体所处的角色与地位都发生了些许变化，例如，让学生从消极的受试者，转变为一个积极的参与者，让老师从一个评估的权威，转变为一个评估的组织者和参与者，让家长从一个评价的围观者，转变为一个促进者。

（3）形式多元化。英语课堂教学的评价形式有很多种，而我们在具体实施时，所选择的评价形式不应该只是单一的，这样不利于评价的全面性与客观性。我们所应该坚持的是形成性评价与终结性评价相结合，既关注结果，又关注过程，主要是以形成性评价为主要方式，并以质的评价和量的评价为主要方式；全面评估与个别评估有机地结合起来，并强调评价的重要性；他评与自评相结合，以自评为主。

教学评价的多元化与传统的评价方法有很大的不同，可以说，它摒弃了以往单一的纸笔测验和考试的评价方法，将丰富多样的观察记录、面谈采访、问卷调查、对话日志、模拟表演、项目活动和学习档案等评价形式引入到评价活动中来，这些对于英语课堂教学的有效开展起着很大的促进作用。

在日常课堂教学中，教师在选择评价方法、设计评价活动时还应当考虑学生的年龄特征、智能差异和学习风格，因为不适当的评价方法与活动容易对学生的情感、积极性等造成一定程度的打击。例如，对于英语基础差的学生，通常情况下，他们自我内省智能水平较低，其书面表达能力也较弱，这时教师可以采用的方法为日常观察记录加采访面谈或者成长记录袋等。而对于基础好的学生，他们的自我内省智能和书面表达能力一般都较好，这时教师采用的方法可以是日常观察记录加问卷调查或对话日志。

## 第四节　当代英语教学中媒体的应用

随着（市场化）经济的进一步深化和发展，全球范围内的经济一体化进程也在持续加速，各个国家、地区之间的交流越来越频繁，更多的人除了学习本国语言还学习外国的语言，以适应当今世界的政治、经济、文化、宗教、军事等生活环境的变迁。从而，人类所创造的多媒体与网络技术与外语教学结下了不解之缘，它们正以层出不穷的新姿态推动着人类外语教育事业的不断发展。

### 一、英语教学中多媒体的应用

#### （一）多媒体及英语教学

**1. 多媒体的概念**

在人类社会中，信息的表现形式是多种多样的，我们把这些表现形式叫作“媒体”。“多媒体”一词译成英语是 multimedia，而该词又由 multiple 和 media 复合而成，核心词是媒体。与多媒体对应的一词是单媒体，从字面上看，多媒体是由单媒体复合而成。

“多媒体”是一种将文字、图像、声音和视频等多种艺术手段相结合的一种信息传达手段。它是计算机技术、通信技术、图像处理技术、音频处理技术、视频处理技术等多种技术的综合应用，可以实现文字、图像、声音、视频等多种媒体信息的混合使用，达到更加生动、形象、直观、互动的表达效果。在教学领域中，多媒体技术已经广泛应用，可以为教学提供更加丰富多彩、生动有趣的视听效果，促进学生的积极参与和思考，提高教学效果。计算机和信息技术的飞速发展使多媒体具有更新、更多的含义。于是，人们从不同角度对其进行了定义。它们大致可以分成三类：①对于多媒体创作群体而言，它是可以开发创作多媒体产品的技术和软件技术系统；②对于多媒体用户而言，它是一种集成了多媒体的以计算机为控制的技术；③对于技术人员而言，它是一系列硬件和软件的集成。以下是大家对多媒体的定义认可的观点。

多媒体在英语教学中发挥着越来越重要的作用。以下是一些关于多媒体在英语教学中的优势和使用方法。

（1）增强学生学习兴趣：多媒体可以呈现各种形式的音频、视频、动画和图片等，从而提供更加生动、有趣的学习体验，帮助学生更好地理解和掌握英语知识。

（2）促进听力和口语能力的发展：多媒体可以提供丰富的听力材料，例如英语新闻、电影片段、英语歌曲等，通过听取这些材料，学生可以提高听力理解能力和口语表达能力。

（3）帮助学生更好地理解和记忆英语知识：多媒体可以通过图片、动画等形式呈现单词和语法知识，让学生更加直观地理解英语知识，并且可以通过反复观看和记忆，更好地掌握英语知识。

（4）提高教学效率：多媒体可以使教学更加高效和精准，教师可以在课堂上快速呈现各种学习材料，从而更好地引导学生学习。

使用多媒体的时候，教师需要注意以下几点。

（1）多媒体使用应与教学内容相结合，不能过多地使用多媒体，忽视课堂互动和学生的参与。

（2）多媒体使用应注意控制时间，避免过长、过于烦琐，影响学生的注意力和理解效果。

（3）多媒体使用应注意语言简洁明了，避免使用过多的专业术语和难懂的单词，以便学生更好地理解。

（4）多媒体使用应遵守版权规定，避免使用未经授权的音视频材料，确保合法使用。

总之，合理利用多媒体可以帮助教师更好地引导学生学习，提高教学效率和效果。

**2. 多媒体外语教学的特点**

从20世纪90年代开始，语言实验室逐步被计算机辅助教学技术所替代，它的发展也随之而起。与语言实验室比较，多媒体不但在教育技术上更加先进，还能更好地体现出以学生为主体的教育理念，在培养学生的语言交际能力和发展思维等方面，多媒体要比现在的其他外语教学手段有很大的优势。多媒体在英语教学中的应用具有如下特征。

（1）多媒体技术是一种新型的教育环境，它在很大程度上颠覆了对教育中各种因素的认识。在现代教育技术中，多媒体技术不仅是教育技术的重要手段，而且是教育信息的重要来源。信息源、受信者、信息载体三个因素构成了网络信息系统的要素。

（2）在传统英语教学中，教师与教材是“信息来源”，学生是“被信任”的对象，但在多媒体教学中，这些“被信任”的因素却是相互交叠的。在课堂教学的交互过程中，媒体和学生也可以作为信息的来源。在这一过程中，教师从一个传统的“权威”角色，变成了一个策划者，启蒙者，协作者，导师。另外，传统教学中的教学媒体主要是纸质媒体。而在多媒体技术的环境下，教育媒介是一种以人机互动为基础的，它可以同时对两种或更多的资讯进行处理、编辑、储存和呈现。多媒体的信息呈现形式多样，具有复用性、再现性、易控性和交互性等特点。

（3）它是一种教学方法，可以实现情境教学，个性化教学，以学生为中心。利用多媒体技术，提高了教学的针对性。我们可以针对学员的需求，为学员量身定做相应的课程。同时，学习者还可根据自己水平、兴趣、倾向，选择适合自己的学习软件。计算机可依据学生的学习特点为其安排学习过程和学习内容，并按照每个学生的学习风格和路线进行教学。另外，使用多媒体软件教学还可以打破时空限制，学员可根据自身情况，选择适当的进度及授课方法，进行相关课程的学习。

多媒体虚拟现实技术可以为学习者提供真正的语言学习信息，并且可以创造出一个更接近于现实的语言学习环境，让学习者可以通过执行任务来学习语言。学生可以在不同的具体情境下借助不同的工具和不同的伙伴合作，探索事物的多方面性质，从而加深对概念的理解，熟练操作。

（4）多媒体是一种以自我学习和探索为特点的教学手段。灵活多变的多媒体教学环境，激发了学生主动参与学习的积极性。在对学生进行可控学习的情况下，教师对学生是否存在问题要及时提出意见，并对学生进行指导。很明显，多媒体环境使学生对自己的学习有了更大的掌控力，也促使老师要做一个促进者，而不只是一个知识的传递者。在学生学习的过程中，教师的角色是引导，他要为学生提供与环境交互的策略，以经验丰富者的身份对学生进行指导，而学生则要负责学习和发现材料。

（5）作为一种教学手段，其主要特征是教学展示，仿真演示，人机交互，一体化。可以从三个方面来考虑。

第一，与传统的讲授方法相比，新讲授方法更具说服力，更能调动学生的学习积极性。它通过对图像，声音，音乐，动画，色彩等多种元素的结合和应用，使得课堂教学更加直观，形象。通过对交际情境的分析，可以使学生获得更多的信息，更好的促进学生的语言交际能力的发展。除此之外，将不同的媒介资讯融合在一起，将不同感官的处理能力发挥到了极致，让原本抽象、枯燥的资料与内容，变得生动、形象，更容易让学生了解与记住。多媒体在呈现量上具有信息容量大、传输量大、效率高和全开放的特点。因此，多媒体教学模式是信息输入的有效途径。

第二，多媒体互动，就是人们之间进行交流和传递信息。多媒体课件是一种有别于书面教学和视频电教片的新型教学方式，它是一种在教学过程中，通过与电脑的互动来实现师生之间的双向沟通，摆脱了外部环境的干扰。虽然，目前教学中的人机互动水平还不是很高，一般教学采用计算机提问，学生回答，计算机给出反馈，学生采取相应对策。但是有理由相信，多媒体网络技术的发展正在推动着人机交互向更高的水平发展。

第三，多媒体技术的集成件，就是以计算机为中心，对各种信息媒体进行综合处理，其中包含了对各种信息媒体的集成，以及对这些媒体设备进行处理的集成。此外，由于它可以处理的信息类型是多种多样的，所以它不仅在信息载体上具备了多样化和整体性，在媒体设备上也具备了这样的特性，它可以将电视机、录音机、录像机、扩音机等媒体设备的功能结合在一起，这样既节约了空间，又减少了成本，还可以使操作变得更加便利和可靠。

**3. 多媒体外语教学的原则**

（1）以学生为中心的原则。该原则强调学生是学习过程的主体。语言是一种很有实际意义的课程，因此，在英语教学中，要想提高英语的实际运用能力，就必须进行大量的练习。学生是主要的英语教学对象，而多媒体教学则是以学生为中心，为其提供良好的教学环境。在进行多媒体外语教学的过程中，应该让学生能够积极地参加到语言学习中，并主动地构建自己的知识与意识，根据自己的交际水平和特征，来选择需要的语言学习内容，并自我规划学习进度。如通过人机交互，学生自己动手操作，积极思维，进一步激发、增强学习的动机。

当代网络时代的特点是信息爆炸和信息共享。在学习过程中，学生可以通过互联网获取到大量的信息资源，如在线课程、电子书籍、学术论文等。此外，网络也为学生提供了与教师和同学交流的平台，使得学习变得更加互动和个性化。学生可以通过在线讨论、网络研讨、人机对话等方式与教师和同学进行交流和学习，这样，才能使“以老师为主体”向“以学生为主体”的学习方式转化。

例如，在班级建立论坛、QQ 群等在线平台，学生可以发布帖子并与其他同学进行讨论，它既拓宽了学生的思维和知识范围，又增强了他们的语言表达与沟通的能力。此外，学生还可以通过在线课程、学术论文等资源进行自主学习和研究，从而更好地适应信息时代的学习模式。

（2）情感与合作学习的原则。在语言学习过程中，学生的学习动机、态度、兴趣、注意力等都是影响语言学习的主要因素。积极情感对外语学习有很大的帮助。运用多媒体辅助教学，无论是从教学的内容还是教学的手段来看，它的确可以将学生的学习动机充分地激发起来，提高他们的学习兴趣，并吸引他们的注意力。与此同时，多媒体教学为我们提供了一种可以弥补传统教学缺陷的全新的教学方法，将原本抽象的、枯燥的学习内容转变成形象的、有趣的、可视的、可听的、动态的内容。但是，如果没有充分认识到它的重要性，仅仅依靠它，忽视了师生之间的感情，时间一长，就会使学生丧失学习的兴趣。教师与学生之间的沟通，学生与学生之间的合作，是一种有效的语言学习方式。由于多媒体的强大交互作用，使得跨时间和空间的合作得以实现。它将打破时空的局限，将客观世界带到课堂中，学生不仅可以听见，还可以看到，可以重现语言交际情景，使学生在学习语言的过程中，产生一种身临其境的感受。在多媒体教学中，一方面可以让学生对语言学习产生强烈的兴趣，另一方面也可以让他们对所学语言的理解和记忆得到进一步的加强，从而为他们的语言学习创造了一个更加真实的学习环境。

（3）情境主义和交际原则。情境是对语言新知识、新技能以及听说读写能力有一定影响的一系列的情境。语言的学习始终离不开特定的社会和文化环境。现实的情境能够刺激学生的联想思考，让他们能够运用自己原有的认知结构中的相关经验，对现有的新知识进行同化和探究，进而将新与老知识的关系构建起来，并对新知识赋予一定的含义。而学习一门外语的最终目标就是要提升一门语言交际能力。要想培养一门外语能力，就必须让学习者在现实或半现实的环境中，对所学到的语言知识及技巧进行持续地实践，并加以运用。为了更好地运用语言，我们必须不断地提高自己的听说读写翻译水平。当今，多媒体技术已深入到英语教学的每一个方面，并充分利用其自身的技术优势，为学生进行语言交流提供了便利。在英语教学中，应利用多媒体手段，创造出一种真正的英语情境，以提高学生的英语交流能力。因此，在英语教学中，多媒体是一种有效的手段，它可以为学生提供一种真正的、具有现实和指导意义的语言环境。

（4）目标原则。在英语课堂上，根据教学目标的不同，所采用的方法也不尽相同。所以，在英语课堂上使用多媒体技术应该有一个清晰的目标。实施多媒体教学，其根本目标是使教学流程达到最佳化。在宏观层面，教师要熟悉《英语》的总要求，并对其进行相应的理解，以确定其培养目标；在微观层面，要做到“目标导向”，要“选好”。这就是说，在进行英语教学的时候，英语老师要按照相关教学大纲的要求以及学生自身的状况，有目的地筛选、更新和补充教学内容和媒体资源，运用现代的教学方法，把大量的信息资源高效地传递到学生的耳中，将他们的各个感官系统都充分地激发起来，发挥他们的潜能，使他们能够顺利地掌握所要学习的内容，达到他们想要达到的教学目标。

（5）系统化和最优化的教法。语言的学习是一种自下而上、循序渐进的过程。英语教学应遵循“识记”“感知”“理解”“运用”“创新”的规律，并应遵循“系统”的原则，使学生在“记忆”和“理解”两条主线上不断演进的规律。目前已有的CD-ROM、多媒体教室、网络系统等，能为师生提供循序渐进、系统化的学习资料。在整理教学材料时，教师应根据学生目前的水平和需要，教学难度应是一个不断提高的过程，并能自动跟踪学生的学习进度，发现他们的学习难点，及时地帮助与指导。系统化的目的在于获得最好的教学效果。在某一学科的知识点具有多个教学媒体的情况下，应从其中选取最优的媒体。

### （二）多媒体在英语教学中的应用

随着科学技术的不断发展，在英语教学中，越来越多的电脑和多媒体设备进入了教室，并在教室中发挥了重要的作用。这不仅大大丰富了英语的教学手段，而且促进了英语的发展，也为广大教师所接受，深受他们的喜爱。下面我们就来研究多媒体语言实验室在英语课程中的应用。

#### 1. 语音课

语音课是一门实践性很强的课程，这门课旨在教授学生正确的发音和语调。要想在日常生活中顺利地进行交流，必须要有正确的发音和语调，而没有模仿是根本无法学会的。在语音教学中，主要通过发音训练、辨音训练、语音技巧训练、正音训练、语调训练、朗读训练等方式，使学生对语音语调有较好的把握。所有的培训都可以在语音教室里完成。

“语音实验室”可以营造出一个近乎无人干扰的纯粹的语言环境，它可以提高学习者的语感，纠正发音，积累语境经验，提高学习者在口语环境下的适应能力。透过语音室，同学们可以听到由语音器模仿出来的纯净的音质。

在语音室里，同学们可以在耳机里聆听老师和外教的口音。此外，通过幻灯，投影，电脑课件，将各个音素的发声位置和发声时的气流图生动地展示在屏幕上，使学生能够更好地理解发音的要点。在需要的时候，还可以将学生的发音过程拍摄下来，然后播放给学生们看，让学生们进行观察和分析，在老师的指导下，对自己的错误发音进行纠正，并跟着电脑光盘、课件中外国老师的示范发音，反复跟读、模仿，直到可以准确发音。

**2. 视听说课**

英语视听说课是一门注重培养学生英语实用能力的实践性很强的课程。其目的是使学生能够在外语场合中与外国人进行正确和流利的交流。比如，在迎送，宴会，导游，购物，产品介绍，商业谈判等场合，能轻松地和老外进行交流。

在多媒体实验室中，以电影，录像，录音为媒介，以声音，图像，文字相结合的三维教学方式，对英语进行了声像结合的三维教学，同时，将英语的视觉和听觉分成了精细的视觉和听觉两个部分。这种既有精又有泛，以精带泛，精泛结合，相互补充，巧妙地吸引并激发了学生的学习兴趣，让他们在学习的全过程中始终保持着一种亢奋的情绪，从而将他们的学习热情发挥到了极致，将形象与语言有机地结合在一起。视、听、说三者的统一是人类认知的基本规律，也是语言学习的基本规律。

视听说课程的教学目标，是在语言实验室教学设备的帮助下，使用电影、录像、录音教学片中所提供的选择材料，反复地看、听、说，对其进行透彻地理解，经过一系列的实践，对学生的听说能力和语言交际能力进行了训练和培养。

普通电视、听力课程运用多而杂，强调一个“泛”，让学生对英语的原生态文化有更多更广的了解，拓宽他们的眼界和知识面。可以给学生们播放一些英文版的电影、录像。这种文体、题材广泛的客观性节目，既能听到人物对话，又能看到人物对话的自然表情姿态，易模仿，便记忆，使学生身临其境，达到事半功倍的效果。

**3. 精读课**

当今网络时代，多媒体教室已经成为现代化教学的基础设施之一。除了传统的幻灯片、投影和录像等外，现在还可以通过互联网和电子设备来实现更加丰富和多样化的教学内容呈现和交互方式。例如，教师可以在教学平台上上传课件、视频和音频等多媒体素材，让学生在课堂上观看和听取，以增强学生对知识的理解和掌握。

同时，学生也可以通过网络平台上的讨论区、在线问答等方式积极参与到教学活动中来，与教师和同学进行交流和互动，共同探讨问题、解决难点。这样一种互动式的教学方法，可以让学生的学习更加独立、灵活和有效，同时还可以帮助他们提高学习的积极性。提高教学效果和学生综合素质。因此，在网络时代，多媒体教室成为现代化教学的必不可少的一部分，对于提高教学质量和效果有着重要的意义。

在英语教学中，一般都是先听录音，再由教师讲解课文，最后再通过练习来巩固所学。这一课程侧重于对学生进行语言知识的灌输，却忽视了对学生英语实际运用能力的训练。在多媒体课堂中开展的英语精读教学，也能培养学生的多种语言运用技能。例如，课堂上可以通过放映幻灯片，让同学们做口头表达，复述课文，回答问题，等等；也可以使用录音机、电脑等将语音图像反映到荧幕上，让同学们同时进行翻译；也可以让同学们观看英语默片，电视连续剧，训练同学们的口译技能。这种方法可以使学生的主动性得到最大程度的提高，同时也有助于提高他们的语言应用能力。

#### 4. 写作课

英语作文课往往是一种相对单调的课程，尤其是在教学过程中，作文教学往往与实际操作相脱离，难以激发学生学习的兴趣。运用多媒体课堂，能有效地激发学生的学习兴趣，促进学生的学习。比如，在进行应用文章的写作时，老师可以向学生讲解诸如书信、感谢信、个人简历、广告、合同等应用文章的写作要求和需要注意的问题，再利用多媒体教室里的设备，将相关的应用文章展示在荧幕上，并提供相关的写作材料，这样学生就能相对轻松地掌握相关应用文章的写作方法。

#### 5. 翻译课

以往的翻译课程都是以文字为主，这就造成了对环境、人物情感、身体语言等方面的理解不足，所以在课上学生由于怕出错而不敢开口翻译。但是，当翻译课搬到多媒体教室之后，很快地解决了这一问题。例如，练习英译汉时，同学们能把故事、声音等，从荧幕上或监视器上转译出来。通过这种方式，我们不仅可以理解语言的使用情况，还可以理解语言使用者的表情和动作，学习生活中的真实语言。也可以有选择性的播放一些外国的影视作品，并让他们进行翻译。

#### 6. 开展课外活动

多媒体教室为学生提供了课外活动的便利条件。例如，通过观看课外影视作品，学习外国的人文，地理，民情，风俗，提高对外国语言的认识。通过收听电视上的英语教学节目，增强英语听力。在老师的引导下，使用计算机或多媒体光盘等进行英语经典的阅读，从而达到提高英语阅读水平及文学鉴赏能力的目的。观看外国影片、电影、电视剧等，并撰写评论。在老师的引导下，要学会如何制作一门外语的课程，还要学会如何操作电脑、投影机、幻灯机、录音机、电影集等现代化的教学媒介，让现代化的教育技术得到更好的发展。

## 二、英语教学中网络的应用

随着互联网的迅猛发展和普及，英语教学已由依靠传统的纸本教科书向依靠多媒体资料的方向发展。在网络技术的冲击下，“资源型学习”以其独特的资源全球化、教学个性化、学习自主化、任务合作化、教材多样化、环境模拟化及管理自动化等特点，已成为信息化时代的教学发展趋势。

### （一）网络资源及英语教学

网络是一个虚拟的信息传递、接收和共享的平台，将所有的点、面、体信息连接起来，使所有的信息都可以共享。这是一种用来交换信息的工具。互联网利用文字阅读、图片查看、影音播放、下载传输、游戏聊天等软件工具，从文字、图片、声音、视频等方面为人们提供了极为丰富和美好的应用享受。

#### 1. 网络辅助英语教学的特点

网络英语辅助教学是指利用超媒体技术对英语进行教育的一种新方法。网络课堂是一种崭新的课堂教学模式，有其自身的特色。

（1）多元的教育目的。从因材施教的观点来看，每个人都有自己的不同之处，例如，他们的学习风格、学习方法、学习兴趣等，这就导致了他们的教学目标的多样性。在英语课程中，采用传统的教学方法难以达到多水平的教学目的，而利用网络技术来帮助课堂教学则能有效地解决这个问题。

在网络上进行英语教学，能从学生自身的特点出发，设定教学的出发点和目标，并能使学生的学习环境具有一定的个性化。学员可以根据自己的兴趣，理解能力，以及课程进展情况来挑选课程。从认知的观点来看，教学信息的多媒体表现以及它的超文本结构，可以很容易地实现教育心理学界所提出的知识、理解、分析、运用、综合、评价等各种学习目标。

（2）互动式的课堂教学。互动是网络英语教学的一个重要特征。互动的形式有师生互动、生生互动和人机互动三种。在英语网络教学中，能把学生带入现实生活中，如网上聊天、电子邮件等，这些都是一种真实而又自然的交流情境。通过这种方式，不仅能让学生及时地获得反馈信息，提升他们的学习效率，还能让他们在与机交流、与网友交流的过程中，增强学习兴趣，有更强的学习紧迫感。

（3）在教学方法上具有一定的前瞻性。基于建构主义理论，网络辅助教学将学生作为核心，视学生为认知的主体，并将其视为知识意义的主动建构者。在此过程中，教师仅对学生的知识意义建构起到组织、调控、任务评价等作用。它将传统的以教师为中心的课堂教学模式完全转变，让教学不再是满堂灌。多媒体教学环境包含了动作、图示和符号等信息，它既能为学生提供真实的情境图片，又能为学生提供语音语调等言语符号信息。在网络教学中，存在着许多不同的模式，例如小组式的模式、由学生自己掌控的个体化的模式、多水平的模式等。情境化的教学，不仅有助于对学生形象的发展，而且有助于对其进行抽象思维的发展。多元化的教学方法、丰富的教材、图片、音频、视频等辅助手段，激发了学生对英语的兴趣。引领教育改革的新潮流。由于在线英语课堂具有资源丰富、信息技术发达等特点，使得其具有与传统教学不同的针对性、灵活性、适时性、自主性等个性特点。

“无师化”的教育方式，使教师紧缺的问题得到了解决。随着学生数量的增加，英语教学中出现了学生多而师资短缺的矛盾。而将网络引入英语课堂，则极大地解决了这个问题。“无师化”的教学，就是指在网络上，通过有声和有形的多媒体课程，在老师的催促和指导下，达到不需要老师的自我学习的目的。这些多媒体课件都是针对所学的课本，包含了老师授课的文字、声音和图像，并且解释详尽，练习有详细的答案，方便学生学习。

（4）方便教学管理。网络英语课堂的开通，使得只要连上校内网络的计算机，就能完成语音教室的大部分功能，而且不受时间和地点的限制，学生们可以在任何地方进行语音、听力练习和电影欣赏。

同时，在实践中，也可以使英语课堂上的优秀教师更好地发挥其潜能。优秀的老师很受学生的喜爱，但是由于他们所能接触到的学生数量有限，所以即便在满负荷运转的情况下，也不能最大限度地发挥出他们的潜能。网络英语课堂，可以将优秀老师的教学计划上传到网络上，惠及更多的老师和同学。通过这种方式，不仅能有效地解决目前高校师资紧缺的问题，而且还能使高校优秀教师的潜能和作用得到最大程度地发挥。

**2. 网络在英语教学中的优势**

网络英语教学资源与实体英语教学资源相比，具有以下优点。

（1）为学生提供了一个非常好的学习环境和学习平台。因为基于互联网的英语教学是将网络多媒体技术和虚拟现实技术结合起来的，所以可以很容易地在互联网上创建虚拟实验室、虚拟图书馆、虚拟教室、虚拟课堂等。这种虚拟的在线教学空间，可以为同学们提供多层次、全面的教学资源，以及一个立体、动态的学习环境。学生不再被有限的教学资源和固定的学习场所所限制，从而真正让学生从被动学习转向主动学习。

（2）提供强大的交互功能和交互空间。在基于互联网的远程外语教学中，教学平台提供了强大的交互功能和交互空间，使学生可以与教师和其他学生进行实时交流和互动。通过网络视频会议、在线聊天、共享白板等工具，学生可以与授课教师或其他学生直接交流，与同学们一起讨论学习中遇到的问题，寻找解决办法。与此同时，网络平台还为学生们提供了大量的教学资源和学习工具，比如视频、音频、图像、互动课件等。学生们可以按照自己的兴趣和需求，来自主地选择学习的内容和方式，进而实现个性化的学习体验。此外，基于互联网的远程外语教学还具有时空上的灵活性，学生可以随时随地通过网络学习外语知识，不受时间和地点的限制。这些特点使得基于互联网的远程外语教学成为了一种更加便捷、高效、灵活的教学模式。

（3）同步或异步开展教与学的活动。通过互联网进行外语教学，可以使教学活动开展的步伐更加协调。一方面，老师可以利用传播媒介上对学员进行直接的教学，同时，学员也可以在网上随时得到老师的授课和指导。另外，老师还可以提前将课程的内容编入电子教案，将课程的全过程记录下来，并保存在网上。使学生能够随时随地，按照自己的具体条件，选择喜欢的方法。在此过程中，学员可以自行掌握课程的进展情况，如有不懂的地方，也可以在网上向老师、同学或其他专业人士咨询。

（4）提供便捷的教师评价与自我评价。在传统的外语教学中，教师对学生学习效果进行评价是一件非常费时、费力与费财的苦差事，因此，学生进行自我评价就显得更加困难了。而通过网上的电子授课系统、电子题库、电子考试系统、电子管理系统以及电子评估系统，就可以解决这些问题。一方面，教师可轻松地对学生的学习活动和学习过程进行监督，对学生的学习效果进行及时快捷的评价。另一方面，学生也可以及时得到与自己学习相关的反馈信息，及时对自己的学习过程、学习内容、学习方法以及所取得的学习效果进行评价。这样，学生就可以适时调整自己的学习方式、学习内容与学习进度，并及时地与其他学习者进行必要的交流。

### （二）网络在英语教学中的应用

随着信息技术在外语教育中的成熟应用，网络数字化的教学日益受到人们的青睐。网络起初依赖于文字符号传播信息，但随着数字技术与宽带技术的发展，人们很快掌握了对图形图像的编码、复制、修改与传播，使得网络成为无限丰富的语言与影像相结合的信息源。网络的交互性和传播性，体现在人机互动与人人互动传播上。网络为教育，尤其是外语教育提供了难得的资源与平台。

#### 1. 建立课程网站，有利于丰富课程与学习资源

网络课程建设是现今教育信息化进程中的一个重要内容。网络课程是指在互联网上表现的关于某一门学科的教学内容、目标体系及其网络教学的各种活动的总体规划和进程。

下面我们通过双语教学网站的建设来展示怎样建设课程网络资源。

高校的双语教学是指在非语言类课程中使用外文教材，一种以英语或者英汉语为基础的语言来传授专门知识的一种教学风格。旨在提高同学们运用英语的能力，使同学们能够更多地阅读英文的文献与材料，深化对外国的知识体系、思维方式和最新的学术理论的认识，让他们能够主动而又完整地掌握自己的知识与技术，努力提高国际意识、国际交流与国际竞争力，同时也为将来所从事的学科的学习奠定坚实的基础。就专业教育而言，双语教学使学科教学的媒介发生了变化，它把专业学科教学与外语学习高度融合，既注重专业知识的教学，又关注学生第二语言的习得，培养学生利用外语学习专业知识、进行技术交流的能力。针对双语教学的特点，我们在设计授课、学习、作业、答疑、测试等诸多教学环节时，应采用专用的网络教学模块，以便高效地处理教学模式、授课方式、学习策略、教学评价等方面的问题。平台采用开放的技术，力图架构一个自主、可控、丰富、灵活、开放、交互的教学支撑环境。

构建课程网站不仅能够让教学资源变得更加丰富，还能为学生们提供一个进行自主探索与合作学习的机会和平台，在网络上进行互动学习、交流，提高学生对知识的感性认知。加强对课堂教学内容的理解，促进探究和解决具体的学习问题的能力。但是网络资源

的建设和开发有其自身的局限性，需要一定的外部条件和技术支持，所以英语教学应当整合学校人力、物力实现资源共建共享。

**2. 通过在线教学平台进行交流**

随着在线教学平台的普及，教师和学生可以在平台上开设讨论区、课程论坛等功能，进行即时交流和讨论。学生可以在这些交流渠道中发表自己的想法和看法，获得教师和其他学生的回复和建议，从而增强师生互动，促进课程学习。

利用在线会议工具进行实时交流：在某些情况下，教师和学生需要进行实时的交流和讨论，例如在线辅导、作业答疑等。这时可以使用在线会议工具，如钉钉、云班课、雨课堂等，进行实时交流，教师和学生可以在视频会议中直接进行语言交流和问题解答，加强师生互动，提高教学效果。

通过社交媒体进行交流：学生普遍使用社交媒体，如微信、QQ 等，这些平台可以成为学生之间交流的便捷渠道。教师可以利用这些平台与学生建立联系，开展课外拓展活动、答疑解惑等，增强师生之间的交流。

慕课平台和钉钉等在线工具为教师提供了更加便捷和多样化的教学交流方式，具有以下优势。

（1）灵活性和便捷性：教师可以在任何时间和地点创建和管理课程，上传学习资源，设置作业和考试，与学生进行交流和讨论。学生也可以随时随地使用在线平台进行学习，节约了时间和精力。

（2）交互性和互动性：在这个网络平台中，可以向学生们提供一个具有交互式学习功能的平台，可以通过观看视频、文档、练习题等各种形式的学习资源来进行学习。并与教师和其他学生进行交流和讨论，提高了学习的互动性。

（3）数据分析和评估功能：慕课平台和钉钉等在线工具提供了数据分析和评估功能，教师可以及时了解学生的学习情况和反馈，调整教学策略和提高教学效果。

（4）多媒体和互联网资源丰富：在线平台提供了大量的多媒体和互联网资源，如视频、音频、图片、动画等，可以更好地满足学生的学习需求和兴趣。

总之，慕课平台和钉钉等在线工具为教学交流提供了更加灵活、便捷、多样化和互动化的方式，有利于提高学生的学习效果和教学质量。

# 第三章　中国传统文化与大学英语教学融合概述

## 第一节　中国传统文化与大学英语教学融合的相关问题

### 一、中国传统文化与大学英语教学融合的必要性

在大学英语教学中融入中国传统文化知识是非常必要的，这是时代发展的要求，也是传播中国文化的需要，更是学生综合素质培养的需要。

**（一）适应全球化多元文化发展的时代要求**

在世界范围内，文化的一个显著特点就是不同文化之间存在着不同的融合与多元。世界正逐步连成一片，形成一个“地球村”。如今，随着世界经济全球化的不断发展，高科技尤其是信息技术及其产业的快速发展，人类的交往已经扩展到了全球范围，构成了世界性的普遍交往。二者之间的矛盾、交流与融合，呈现出一种新的发展趋势，即“多元化”。在全球一体化的大背景下，随着经济技术交流、物资资本流动、信息高速传播、人员跨国流动、大众传媒与互联网的普及，各个民族的文化都脱离了其独特的地理位置与社会情境，成为一个“流动的符号”，并与其融合在一起，形成了一个全球性的交互文化网络，不同文化形态与民族文化之间的共存、对比与相互渗透，让原本以自己为中心的文化能够更直观的感知到“他者文化”，对“他者”有了更多的敬畏与合理的认识，这将有助于降低文化之间的矛盾与冲突。可以说，在全球化的背景下，不同文化之间的差异正逐渐形成一种文化的基本模式。

但中国在被西方势力“逼宫”以后，其近代化进程就完全走向了一条“完全颠覆”的道路。洋务运动中，从洋人那里学来了船和枪，学去了西式的体制，把西式的思想当作了世界上最先进的东西，然后又把中国的文化完全否认，觉得自己什么都比别人差，并且带上了一种文化上的自卑情绪。即使是到了二十一世纪，中国的情况也没有得到太大的改善，在中国这个与世隔绝了这么多年的国家，突然之间，西方的物质文化、精神文化、经济、技术等方面都有了巨大的进步，这让中国人产生了一种错觉，觉得外国的一切都是世界上最好的，甚至开始贬低自己。当代中国人对自己的民族文化身份的认识存在着很大的

问题，这对于中国人实现民族复兴和独立自主，将会造成很大的阻碍。我们可以照搬西方的体制，建筑，思想，但是我们却照搬不了他们的文化，永远在照搬中跌跌撞撞。盲目的西化，失去了我们与自己的民族文化和民族精神之间有生命力的联系，我们在精神上和文化上将会变成无源之水，无本之木，一个没有文化之根的民族就会成为没有母亲的无家之人。作为一个新时代的青年，他们将担负起一个新的历史使命。但是，他们对于中国文化的认同感却是值得关注的。由于一直生活在西方的卡通世界，麦当劳和可口可乐的氛围中，对自己国家的历史，民族的苦难，民族的文化，缺乏足够的知识，加之现在社会上的崇洋媚外，以及我们对教育的偏重，这些都导致了他们对自己国家的文化的理解不够深刻。将来之争，即为民族之争，亦为文化之争。如果一个国家没有自己的文化认同，没有自己的文化地位，那么这个国家就无法在这个世界上生存下去。这就要求我们必须深刻地意识到中国文化认同在当代大学生心目中的重要地位。这一事实让我们的外语教育者必须重视，不能放弃教育这个对中国文化认同的主要阵地。

**（二）培养大学生民族感情的需要**

在高校英语课堂上，把中国文化融入到学生的民族情感教育中，是对学生进行教育的必然要求。我们国家的传统文化源远流长，在数千年的历史长河中，“水墨”不仅是中国人的精神寄托，更是中国人的文化生命之源。中国传统文化是中国人在漫长的发展历程中所创造出来的，它的产生与发展具有一定的历史必然性与内部规律。在当前的文化全球化进程中，在西方文化占绝对优势的情况下，对自己国家的优秀文化传统进行传承和发扬，这是一种能够有效抵抗外来文化入侵的重要方法，在民族进步和历史发展的进程中，发挥着多个方面的重要作用。从中华民族的发展历程可以看出，中华民族的传统文化，尤其是其优良的部分，始终是我们的民族之魂，是使我们的民族永无止境的精神力量，始终在中华民族的历史发展与社会进步中发挥着积极的推动作用。但是，因为各种因素，目前我国高校学生中仍存在着“非古讽今”和“西化”等现象。英语的需求给大学生提供了更多的机会去接纳外国的文化，不经过深思熟虑和分析就一概接纳，不分场合地盲目效仿，不分青红皂白地否认自己的文化，这并非我们的教育目的。的确，东西两种文化没有什么高下之别，但我们有自己的文化传统，有自己的文化精髓，这些东西滋养了中华 5000 年的文明，是其他文明所不能取代和超越的。为此，我们要重视“文化自觉”、提高国家意识、培养民族精神，并根据实际需求，对中国传统文化的优良内容进行提炼、吸纳。民族精神是一个国家存在与发展的根本动力，一个国家如果没有昂扬的斗志与崇高的人格，就无法立足于世界各民族之林。

无论在学校或社会上，都应加大对中国传统文化的教育与指导力度，使年轻人在传承优良的文化传统的同时，不断地发扬与培养民族精神。在英语课堂上进行中国文化认同感教育，既能提供相关的文化知识，又能用历史事件来唤起学生的国家荣誉感，激起他们的爱国激情，培育他们的爱国情怀，建立他们的国家尊严和责任感。

### （三）培养大学生人文素质和思想道德修养的需要

中国文化对高校学生的人文素养、思想品德的提高具有重要意义。大学生在小学、中学阶段，曾经接受过较为系统的母语教育，并在此过程中不断受到母语文化的影响。然而，其本族语言的文化根基却是一种潜意识的、支离破碎的、不成体系的文化根基。尤其是《论语》、《道德经》、“四大名著”之类的哲学书籍，根本就没有仔细看过。进入大学后，学生的注意力大部分集中在英语方面，他们所接触的内容也以外国语言为主。同时，浓厚的英语文化氛围也使得他们对自己的本族语言知识与文化有所淡化。他们一般都没有中国文化的根基，没有中国文化的修养，因而造成了综合素质的降低，对道德的制约作用削弱，对礼仪的概念和行动的缺失，对“诚实”的遗弃。由此产生的是人类社会中的人文精神的丧失与价值观念的困惑。一个人的思想品质是一个人综合素质的主要指标。一个人的才干，没有一定的心性，即使他的才干很好，那也是不全面的，而且很危险。目前，许多高校学生因为对自己的民族传统文化知之甚少，又受国外思潮的影响，而对自己的民族传统文化嗤之以鼻。可以想象，如果一个人不爱国，他的思想道德建设就成了一种空谈。

### （四）有利于大学生理解和弘扬中国文化

一个国家的文化，是这个国家站在世界之林中所独有的特质。中国是个古老的国家，有 5000 多年的历史。前人留给我们的是博大精深、灿烂辉煌的历史文化。例如，中国古代的哲学思想，古代的教育科学技术；汉的辞赋，唐的诗词，宋元的词曲，明清的小说，戏曲，以及前人的医学，农业，天文，地理，等等，都闪耀着智慧的光辉。中华文明的传承，不但滋养着华夏人一代又一代的精神，同时，中华文明的巨大功能，也被全世界的其他文明所承认与接纳。很多学者通过对中国文化的调查，认为它在 21 世纪将会起到越来越大的作用。以英国汤因比为例，他的著作《展望 21 世纪》，中国的传统文化，特别是儒墨两家关于“仁爱”与“兼爱”的思想，就是一剂“解现代社会的文明症”的灵丹妙药。他认为，孔夫子的“仁”是当今社会所需要的。在讨论中国传统文化对当代世界的影响时，季羡林也曾提出过“东学西渐”这一观点。在当今世界，文化的全球化已经蔓延到了世界各地，在与西方国家的交往日益密切的情况下，我们对语言的运用和中国文化的传播，要求我们有更多的语言能力。在我们国家，发展和发扬自己的民族文化，已成为一项刻不容缓的任务。但是，我们经常会发现，我们的学生并不能用英语来表达他们所熟悉的国家的风土人情和文化。英语其本质是一门外语。如果仅仅是单纯的吸纳外国的文化，而不能将自己的优秀的传统文化向世界的其他地方推广，那么，这样的交流本身就是不公平的。要使中国成为一个真正的民族，必须使自己的文化为世人所认识，并受到世人的尊敬。

作为年轻一代的大学生，他们不仅是西方“文化渗透”的目标，也是我们民族文化对外交流的重要载体，他们应该在英语的学习过程中，不断地积累自己的语言文化，并肩负着将中国文化发扬光大、与全世界人民共同分享这一珍贵的精神财富的重任。特别是英语专业的大学生，除了要学习英语的语言和文化外，还要通过系统的学习，加强对中国文化的学习，使之能够熟练、正确地运用英语来表述中国文化，将中国的优良文化传播到全世界，为促进人类的健康发展，为创建一个和谐的世界做出贡献。

### （五）促进中西方文化共同发展的需要

在文化方面，全球化是一种丰富多彩、各有特色的多元文化，而人类文化的多样性又反映出各个国家的区域文化的特点。人类的历史证明，正是各种各样不同体系的文化，组成了一个巨大的世界文化宝库，也正是由于这些不同的文化所展现出的个性特点，才形成了人类文化的灵魂，使世界文化宝库的组成丰富多彩。因此，在面对全球化的挑战时，无论是提倡“全盘西化”，还是提倡“本土主义”“民族主义”，都明显地不适宜。文化自身并无高下之分，它们在特定的社会和历史环境中都有各自的功能。中西文化在各自的地域背景下，都处在一个不断演化的动态过程之中，各有其长处，也各有不足。因此，中西文化在交往中应当拥有同等的地位与权利。在目前阶段，在文化教育中，要注意母语文化与目标语文化之间的平衡，要克服两种偏激的心态：一是民族自卑感，二是民族中心论。在高校英语课堂上，对学生进行中国文化意识的培养，实质上就是利用英语，实现两种不同的文化交流。而这，就是新一代的大学生所肩负的责任。在英语教学中，既要设置“西方文化”，又要设置“中国文化”，这是一种“双管齐下”的做法。无论是在语言的学习还是在跨文化的交流中，人们都抱着具有两种文化的心态。通过构建一个相对系统的目标语言文化的知识体系，可以更深入地理解西方国家的思想渊源、风俗习惯、语言及其所反映的思维模式，以及这些思维模式对语言运用的限制；而在构建好自己的母语文化的坚实基础之后，就可以从另一角度去认识自己，也可以去认识他人，让自己的文化知识的储备量得到扩展，推动知识的均衡发展，知识的结构得到完善。中国文化观念的培育是英语教学的一个重要环节，将中国文化因素融入到课堂教学中，能使学生树立起强烈的国家荣誉感和与世界其他国家平等对话的观念，使其成为一种积极的、健康的、有意义的文化交际。与此同时，还可以帮助学生认识到自己的文化具有的普遍性，让他们学会生存，学会学习和合作，学会理解和关爱他人。在一定程度上，通过对中西文化的系统了解，可以让学生体会到中西文化之间的相似性与差异性，让他们在学习与练习过程中，自觉地进行对比与区别，提高自己对文化的敏感性与判断力，降低自己的文化失误与文化碰撞，实现双方的文化交流。

### （六）有利于学生提高语言综合运用能力和交际能力

将中国文化知识有机地渗透到高校英语教学中，可以有效地促进学生的综合语言技能和交流技能的提升。在2020年版《大学英语教学指南》中，明确提出“大学英语课程的目标为：提高学生的听、说、写、译水平，并能运用英语进行信息沟通”。英语教育要使学生具备较强的语文能力，能更好地适应社会的发展，更好地为国家的发展服务。《大学英语教学指南》还对培养大学生的文化素质作了更具体的规定：“英语专业的毕业生必须熟知中国文化传统，有较高的文化素养，了解英语国家的地理，历史，发展状况，文化传统，风俗习惯等。”所谓“以英语交换信息”，并不是以英语为手段来学习和了解国外的先进科技和文化，而是一种中美两国之间的信息交换，其中就包括以英语有效地输出自己的语言和文化。在外语教学中，“文化素质的提升”在很大程度上要通过文化教学来达到。在高校开展英语教学，可以帮助学生拓宽眼界、、增强对世界的认识、汲取异域文化的精髓、提升自身的综合素质。同时，在英语教学中，要更好地理解母语的文化精髓，更好地运用这些语言来表达。

## 二、中国传统文化与大学英语教学融合的原则

目前，对于如何将中国传统文化融入高校英语的培养原则，我国学者尚未形成一套完整的、具有权威性的、详尽的理论，而只是从“文化引入”这一角度出发，进行了一系列的研究。如束定芳、庄智象等人认为，在英语初级阶段，应遵循“实用性”“阶段性”和“适切性”三个基本原则，并在此基础上进行了比较。与束定芳、庄智象三条原理相比，赵厚宪、赵霞等人所提出的“认知”“吸收”“对比”“容忍”等四条原则，更能为高中英语教育的“母语文化”提供借鉴。其中，“认识”是指学习者能够理解目标语文化的有关知识，“吸纳”是指从目标语文化中汲取精华，“对比”是指使目标语文化与本国文化进行比较，“容忍”是指消除“文化歧视”。在此基础上，笔者根据以上作者的论述，并结合高校英语教学实践，提出了在高校英语课堂上开展中国传统文化课程的一些基本要求。

### （一）平等原则

任何一个民族的文化，都有其特定的生活背景，并经过漫长岁月的洗礼与发展，最终形成了一个民族特有的标志。因此，无论是在教科书内容还是在英语课堂上，都不能仅仅是引入目标语的文化，忽略对本国语言的渗透，而是要将中国文化渗透到课堂上，使学生既能理解并吸收目标语的文化，又能用目标语来介绍并传播本国的文化。但也不能排除对目标语文化的敌意，因为在两种不同的文化之间，只有相互理解，相互包容，相互接受。刘润清认为，接受一种语言文化，是一种心胸开阔的表现，但抛弃一种语言文化，并不是一种聪明的行为，只会显得肤浅和愚昧。

### （二）适度原则

“适度”就是对课程内容与方式的适当选择。在英语教学过程中，强调对母语文化的渗透，但这并不意味着把英语语言与文化作为主体，而应该通过适当地把母语文化与目标语相结合，使学生更好地了解目标语，培养学生的跨文化意识。因此，在选择母语文化内

容的时候，要掌握好一个度，尽可能地选择一些能够让学习者容易理解和吸收的文化项目，“属于主流文化的内容就要对其进行细致地讲解，反复地练习，并举一反三”。就课程的侧重点而言，英语基础仍是主要的，老师们不能把大量的文化知识引进到课堂中去，要把老师的讲解和学生的学习相结合。因为文化是一门博大精深的学科，大学里的课程很少，所以他们不可能完全忽略了英语的基础知识，比如词汇、语法、听说、阅读和写作。

### （三）阶段性原则

任何一种教育方法，都必须遵循一定的教育规律和教育原则。所以，教师要了解并能区别学生的年龄特征和认知能力，逐步地在文化知识的内容和范围上，母语文化引入的目标是扩大学生的眼界，在与目标语言文化接触的过程中，培养他们对中国与西方文化差异的敏感度与鉴别能力。因此，在进行文化教学时，要从浅到深，从简单到复杂，从现象到本质。

## 三、大学英语教学中中国传统文化缺失的原因剖析

### （一）教材内容偏于西方化

高校英语教学以大学生英语课本为主，但就目前高校英语课本而言，其内容呈现出明显的西方化趋势，大量涉及西方文化，而很少涉及中国传统文化。在大学英语教育中，尽管要把英语知识、英语文化等信息传授给学生，这样的教育才能满足英语教学知识、技巧等方面的要求，但是，由于中国传统文化的缺乏，大学英语教育中的情感、态度、价值等方面的教育目的被忽略了，受到了很大的冲击。

### （二）教学方式较为应试化

由于受到传统教育的制约，当前的大学英语教学中还残留着应试的痕迹，许多大学生对大学英语还抱着一种“拿到好成绩”的心态，把考试、拿到各种证书作为自己的学习目的，对自己的文化素质并没有太多的关注。目前，我国高校英语教学存在着严重的应试倾向，按照课本上的要求，使学生一味地追求成绩，从而使老师和学生都瞧不起中国的传统文化。

### （三）教师对跨文化教学认知不足

由于受专业背景、学科知识结构等方面的限制，许多高校英语老师为提高自身的学科素质和知识水平，对英语有较深的认识，但对中国的传统文化却知之甚少，并且在组织教学时，也不能充分利用中西两种文化的对比。以大学英语为载体，以英美文化为载体，却忽视了将中国传统文化渗透到这一领域，对学生将来的跨文化交际能力认识不够，其根本原因是大学英语老师缺乏对这一领域的认识。

## 第二节　大学英语教学中的“中国文化失语”现象

高校英语教育是以英语为目标的一门学科。目的是提高学生的英语综合能力，培养学生的跨文化交际能力，因此英语语言知识、英美文化知识等成了大学英语教学的重要内容，而母语文化常常被忽视，从而导致大学英语教学中“中国文化失语”现象的产生。在英语学习过程中，母语文化的负迁移作用是显而易见的，但是母语文化也有其不可否认的正迁移作用，因此在大学英语教学中要做到目的语文化与母语文化兼收并蓄，同时要认识到“中国文化失语”的现状与原因，最终加强母语文化的渗透。

### 一、什么是“中国文化失语”

#### （一）“中国文化失语”的内涵

南京大学一位名为从丛的学者提出了中国文化的“失语症”。他于2000年首次提出中国文化失语这一概念，并在《光明日报》上刊载了《“中国文化失语”：我国英语教学的缺陷》。本文将其主要观点概括如下。

（1）提出“中国文化失语”是当前我国英语基本教学中存在的一个严重问题，提出“将中国文化英语表述训练融入各级英语教学”，以“系统性地引进并强化中国文化”，这不仅是国际间顺利进行国际交流的必要条件，更是在全球化背景下，文化互补性的时代要求。

（2）“过去的英语教育因为缺少西方的文化内涵，造成了我们在与其他国家的交流中存在着多个方面的障碍，而中国的文化内涵在英语教育中几乎是一片空白，这给我们的对外交流造成了很大的不利影响。”

（3）沟通活动是双向的，跨文化沟通不仅限于了解所指，还包括与目标的文化分享和对目标的文化影响，在某种程度上，后两个因素对沟通的成功更具决定性意义。

#### （二）“中国文化失语”之母语迁移

##### 1. 母语迁移的表现形式

“迁移”（transfer）实际上是一种认知活动，属于心理学范畴，具体是指学习者在学习过程中自身已有的知识或技能对新知识和新技能的获取所产生影响的现象，体现了学习者的心理加工过程。语言迁移理论在20世纪50年代被提出，其是一种心理过程，具体是指学习者在外语学习的过程中用目的语进行交际时由于不能很好地运用目标语言的规则，从而有意识地或无意识地使用母语语言规则。

母语迁移源于不同语言之间的相同或差异，具体包含两种形式。

（1）正迁移。当母语与目的语相同或相似时，会出现正迁移（positive transfer），正迁移会促进外语的学习。例如，当表达相同含义的汉语语序与英语语序相同时，就利于汉语学习者学习英语，如“He comes from Beijing.”与“他来自北京”。通常，在外语学习的早期母语的促进作用比较明显。

（2）负迁移。如果两种语言之间存在着很大的差别，那么，在使用目标语言时，就会使用到母语中的一些语言规则，从而导致了负迁移（negative transfer），负迁移会阻碍外语学习。研究表明，母语负迁移是外语学习中普遍存在的现象。

**2. 母语文化在外语学习中的负迁移作用**

母语文化在外语学习中的负迁移作用不仅体现在语音、词汇、句法等语言系统上，还体现在文化语用层面上。

（1）语音负迁移。在语言迁移现象中，语音迁移是十分重要的一个方面，且常见于中国学生的语际交往中。对语言的语音系统分析可以发现，英汉语言属于不同的语系，语言类型并不相同。汉语属于“声调语言”（tone language），主要依靠声调区别字义，这两种语言有着完全不同的音位数量和组合方式。而造成中国学生语音迁移的主要原因往往就是这些音位系统上的差异。

这种根深蒂固的汉语发音习惯造成的母语负迁移是不利于英语语音学习的一个重要因素，而且其顽固性使得学生基本无法达到英美人的水平。因此，外语教学不必过分强调纯正的语音，应以满足交际为目的。不必过分要求一些非音位的不区别意义的语音差异，但必须要重视那些区别意义的音位。

（2）词汇负迁移。中国学生在词汇上的负迁移方面表现得非常明显，而且较为复杂，具体体现在以下两个方面。

其一，内涵意义不对等。英汉民族的文化差异使得英汉词汇的内涵意义也有所不同。以颜色词汇为例，在汉语中“红色”是一种吉祥色，象征着顺利和成功，深受中国人的喜爱，但在英语中 red 没有这一内涵意义；在英语中 blue 有“沮丧、忧郁”之意，而“蓝色”在汉语中却不具有这样的隐含含义。又比如，在英语中，“狗”与汉语中，所指的意义是一样的，内涵意义却相去甚远。在汉语中，“狗”常有“令人讨厌，卑鄙”等不好的含义，与之相关的词语也多贬义，如“走狗”“狼心狗肺”“狐朋狗友”等；但英语中的 dog 并没有不好的意思，反而多表示“忠实”“可爱”“友好”等褒义意义。

其二，词与词的搭配不一致。词语搭配是一种词语在水平方向上相互结合的关系。词语的搭配语义指的是一个词语从与之相关的词语产生的多种联想所形成的语义，必然有别于同其他词义搭配所产生的意义。英汉语言中存在很多词汇搭配不对应的情况。例如：

| 汉语组合 | 英语组合 | 英语组合的真正意义 |
| --- | --- | --- |
| 黑茶 | black tea | 红茶 |
| 食言 | eat one’s words | 收回前言 |
| 体育房 | sporting house | 妓院 |

| | | |
|---|---|---|
| 个人评论 | personal remark | 人身攻击 |
| 拖后腿 | pull sb. 's leg | 开玩笑 |
| 红色带子 | red tape | 官僚习气 |

(3) 句法的负面迁移。当学生对目标语句法还没有完全掌握时，他们在表达某些新的含义时，往往需要借助母语的句法知识。当表达同一含义的母语与目的语在句法形式上有所差异时，句法负迁移就会产生。具体而言，母语的句法负迁移表现为以下几个方面。

其一，英语句子不完整。无论在英语或汉语中，“谓语+主语”都是最基本的句法，并且英语与汉语的句法特征相吻合，两者之间存在着一定的联系。而汉语中的“主语”和“谓语”往往是可以被省去的。受母语负迁移的影响，有些学生常会造出结构不完整的英语句子。例如：

If the entry fee is charged, it will harm the view of the city.

受母语负迁移的影响，中国学生在用英语表达句子中常丢失主语。汉语是代词省略型语言，句子中可以不出现主语，而在英语中，每个句子都要有一个明确的主语，如果没有实质的主语，也要有一个形式的主语。

So the park will more beautiful.

在英语中，形容词不能独立做谓语，而要与主语、助语等共同组成谓语，其原因就在于：其一，总体而言，英语句子成分残缺主要源于两点：一是没有掌握正确的英语句型结构，二是受母语的干扰。

其二，时态误用。在时态上，英汉语言各具特色。英语中的时态有很多不同的形式。比如，英语中的动词是随着时间的推移而改变的，但汉语动词在形式上不发生改变，在表示动作发生的不同时间时，常会借助表示时间的副词或者一些后缀来表达。受汉语时态的影响，学生在表达英语语法时常会用到汉语语法模式，这样就会产生语法错误。比如：

他爸爸死了两年了。

**误**：His father has died for two years.

**正**：His father has been dead for two years.

他已经做了两个钟头的功课。

**误**：He has finished his homework for two hours.

**正**：He finished his homework two hours ago.

其三，语序排列不对应。在句子分类方面，汉语句子种类较少，而英语句型则多种多样。由于英汉语言句法结构中句子成分的不对应，很容易产生汉语句法规则对英语的负迁移。比如：

这件事我是见证人。

那件事是他经手办的。

上述两个汉语句子中有大主语和小主语之分，大主语是“这件事”和“那件事”，表示受事，小主语是“我”和“他”，表示施事。但英语中并没有这类结构，因此这类句型常会对学生的英语学习产生负迁移作用。例如：

I am a witness to this incident.

He did/took care of the matter himself.

在英语中，恰当的表述应该是主系表与主谓宾结构：

I am the witness of this event.

He is the one who handled the matter.

其四，关联词语不对应。在关联词方面，“因果”“让步”等关联词在英汉语言中都存在。

汉语中，“因为……所以”“由于……因此”等是表示“因果”的关联词语，“尽管……但是”“虽然……但是”等是表示“让步”的关联词语，而且这些关联词汇是连词并用。

英语中没有这一句式，英语中表达“因果”的句子中，“because”和“so”不能同用，表达“让步”的句子中，“although”和“but”也不能同用，仅使用这两种句子中的一种即可表达“因果”“让步”。

由于汉语语言的负面迁移，学习者在英语中经常会出现一些语法上的失误，如连接词并置等。比如：

Because I was so tired, I went to sleep as soon as I laid my head on the pillow.

I used to watch TV a lot, but now I hate it.

（4）文化语用层面的负迁移。每一个民族都拥有着本民族独特的文化，成长在同一民族环境中的人可以自然地吸收本民族文化，一般不需要加以详细解释。我国的外语学习是在汉语环境下进行的，受汉语文化习惯的影响，中国学生在学习外语时常将母语文化模式套用到外语学习中，这就造成了文化上的干涉。因此，本文提出了一种新的研究方法。

第一，词语所蕴含的文化意蕴是不一样的。词汇特别是基本词义还具有一定的文化意义，会导致不同的社会理念，因此，人们在对待相同的事情时，会产生不同的看法。如果不对此进行详细对比，想当然地套用母语文化模式，就很容易产生误解。例如，对于“健壮如牛”这一词语，中国学生常会受母语文化模式的影响而用 as strong as a cow 来表达，实际上 as strong as a horse 或 as strong as an ox 才是地道的表达。即便是同时存在于英汉文化中的现象或事物，也会因文化背景的不同而使人们产生不同的联想，有些虽然字面意义相似，但实际意义相去甚远。

可以看出，母语文化在英语词汇学习中的负迁移作用十分明显。这就对外语教学提出了一定的要求，即要将词汇教学与文化教学相融合，丰富学生的文化知识，培养学生的文化素养，让学生了解英汉词汇文化的差异。

第二，文化习俗不同。因文化背景的不同，不同民族间有着不同的文化习俗。日常生活中的问候、寒暄、致谢礼让等，都是由文化所决定的。举个例子，一个人想和他的老师说话，他就会说：“I was wondering if l could talk to you.” 而中国人往往会说：“I want to talk to you.” 即使这个人并不想冒犯他，他也会说：“I want to you.” 英汉两种语言在使用上存在着一定的差别，如果汉语向英语转化得不恰当，就可能导致一种语用错误。

第三，价值观的差异。中国在长期的发展过程中，形成了一套有自己特色的价值观。谈到中国文化，就不能不谈到孔子。他的思想在中国和东方诸国都有很大的影响，涉及文化、教育、政治、思想等各个领域。根据孔子的学说，人与人之间的等级差别保证了社会的稳定。在西方统一时期所形成的文化显得更加民主，认为人与人之间平等的关系是社会的基础。中国文化强调群体意识，人是群体中的一分子而不是一个独立的个体，群体的和睦需要每个个体来维护，个性往往会受到限制，面子与尊严的保存是一种和谐的表现。在西方文化中，人们更注重个人魅力，自尊并不是为了群体和谐，而是为了保证个人的尊严。

可以看出，英汉民族价值观有着鲜明的差异，学生在学习英语的过程中必然会受到其本身价值观的渗透和影响。

### 3. 母语学习在外语学习中的重要性

关于母语对外语学习的影响，有学者指出，母语和目的语之间的差别和相似性决定了学习中的困难，母语和目的语之间差别越大，越容易出现错误。不可否认，外语学习直接受母语的影响，学习者的外语学习实际上就是母语与外语之间的差异。只有对自己的母语有了更深层次的理解，在进行比较分析时，你才能发现自己的母语和目标语的不同之处。从而据此来避免母语负迁移，并纠正由母语负迁移产生的错误。

在外语的学习过程中，母语也起着较大的辅助作用。例如，学习者在学习母语词汇时，不仅会掌握某一词语的含义，还会了解与这一词语相关的事物，在学习外语中的这一词语时，由于已经熟悉了这一词语的相关概念和事物，就不必再对此进行重新认识，显然这对加快外语学习进程十分有利。可以说，如果没有母语知识和通过母语知识获得的经验，外语学习也是不可能完成的。

中国传统的外语教学一直都是使用母语教学的，20 世纪中期流行的听说法和 20 世纪 80 年代兴起的交际法都对母语教学十分排斥，主张授课的语言要采用外语。之后人们逐渐发现，母语可以不在课堂中出现，但无法不在学习者的头脑中出现。实际上，无论教师是否采用母语授课，无论学生在教室里是否使用自己的语言，都免不了受到自己母语的影响。然而，这并不意味着老师在课堂上可以随意运用自己的语言，因为在课堂上，学生的语言学习离不开老师的外语输入。

但是，外语的学习是要有可理解的语言输入的，否则就无法发挥效果。假如在教学中的某种知识难度，用母语来解释，更有助于学生的理解和掌握，就可以使用母语。总的来说，在英语学习中应尽可能地采用外国语言进行教学，并在有需要的情况下采用母语来进行更好的教育。

要使学习者具备对文化差异的敏感性，就要培养学习者对深层文化差异的敏感性。对文化差异的敏感性不同于对目的语国家文化的了解，而是一种识别不同文化差异的能力。对不同文化的敏感度能够超过不同的民族和不同的国家，有了这样的敏感度，不论交际双方具有何种文化背景，交际者都可以更加容易地发现交际双方在深层文化上的差异。

对另一个国家的文化了解得越透彻，对它的理解、容忍和尊重就越容易。一是在不同的文化背景下，交际者可以灵活地改变自己的语言习惯，以保证语言交流的顺利进行。二是交际双方在不同的文化背景下，灵活处理由此引起的交际冲突。可见，学习者处理文化差异能力的培养，不能仅仅依靠对目的语文化的了解，还有赖于对母语文化的深刻认识和掌握。

鉴于母语文化对外语学习的负迁移作用，在英语教学中，越来越多的人开始关注文化的引入，通过教学实践，我们可以帮助学习者更好地理解和掌握目标语言，从而提升他们的语言水平，降低他们在学习过程中受到的负面影响。因此，外语教学不仅要丰富学生的目的语文化，开阔学生视野，还要帮助学生深刻认识母语文化的精华，并学会如何用外语进行表达。

## 二、大学英语教学中“中国文化失语”的现状

随着我国改革开放的不断深入及跨文化交际的日益频繁，大学英语教学开始注重英美文化知识的导入，以提高学生的文化素养。但在大学英语教学中，母语文化处于被忽略的状态。总体来看，大学英语教学呈现重视英语文化、轻视中国传统文化的特点，教师和学生都将关注的焦点放在了英语文化的输入上，对英语文化的了解日益增多，而与中国传统文化渐行渐远，一遇到具有中国特色的文化，就会感到一筹莫展，不知道该怎么用英语来精确地表述，从而得了“中国文化失语”。大学英语教学在努力让学生了解英语文化的同时，也应让学生深刻领悟优秀的中国文化，从而让学生在将来的跨文化交际中能顺利传播中国文化，让世界了解中国。

大学英语教学目的是培养学生用语言进行沟通的能力，但很多中国学生无法用英语表达中国常见的文化事物，从而形成了中国文化失语现象。这种文化知识储备的欠缺，从长远看会影响日后语言的交际与文化的沟通。总体而言，大学英语教学中“中国文化失语”现象主要表现在以下两个方面。

### （一）母语文化知识的失语

母语文化知识的失语是“中国文化失语”的主要表现之一，也从本质上反映了学习者对母语文化的无知。由于缺乏深厚的中国文化底蕴，学习者在进行跨文化交际时无法准确表达中国文化事物，可以说是心有余而力不足。

就民俗文化而言，其具有民族性、朴素性和内生性，对本族人民有着基本和广泛的影响作用，是民族归属感和凝聚力的综合体现。与人们生活息息相关的民俗文化可以说是常

见的文化现象，但在跨文化交际中，很多人因对民俗文化不了解而无法对中国文化进行有效介绍。

### （二）母语文化英语表达的失语

母语文化英语表达的失语，即不能用英语解释母语文化，是中国文化缺失的另一表现。很多学习者因不了解本国的基本文化，从而不能用英语正确表达汉语文化。这种现象除了体现学习者母语文化不足，还表现了学习者对英语基础知识掌握不牢固。

对于中国文化中常见的表达，很多学习者都不知如何用英语表达。例如，在交际过程中论及太极、八卦、清明节、重阳节等中国文化表达时，很多学习者都会不知所措，无法有效加以解释。

## 三、大学英语教学中“中国文化失语”现象产生的原因

在英语课堂上，中国文化的“失语”是由多种因素造成的，错综复杂，但总体而言，其原因突出体现在以下几个方面。

### （一）片面理解跨文化交际

在高校英语教学中，由于学生已有了一些基本英语知识，因此，本课程的目标已不单单局限于语言技能的训练，更多地着眼于从文化的视角出发，对其进行跨文化交流的训练。当前，我国高校英语教育越来越注重跨文化交流，但许多人对其内涵进行了错误的解读，将其理解为对英语文化的理解与运用，而忽略了自己国家的文化，造成了“中国文化失语”的现象。

其实，跨文化的交际就是两个主体之间的互动，而这种互动的进行就是吸收与传播，两者缺一不可。吸收就是对目标语言的了解、包容、吸收，而传播就是将自己的民族文化输出到目标语言国家。真正意义上的跨文化交流，不是一种相互倾轧的交流方式，而应该是一种文化的交流，并将自己的民族文化输出给对方。

### （二）片面理解文化教学

对大学英语文化教学的片面理解，也是导致“中国文化失语”现象的重要原因。很多人都片面地认为文化教学就是在教学中单纯地导入英语文化知识，而忽视了本土文化的输入。社会对人与人才的需要不仅仅是需要具备英语语言文化能力的人才，同时，也要求英语专业的人员了解中国的文化，但是目前的高校英语教学对中国的英语的文化教学并没有给予足够的关注，目前的教师、教材和教学方式也没有考虑到这一点，最终导致了“中国文化失语”现象。

目前，关于如何在英语教学中导入英语文化的研究有很多，但关于中国文化在英语教学中发挥的作用与影响的论述甚少，这样的“逆差”，会造成学生对中国文化价值观、美学观念的丧失和基础知识的匮乏，只追求英语，不重视中国文化，造成中国文化的缺失。

在高校英语课堂上，强调英语的文化性是十分重要的，这一点不容置疑。因为英语文化的导入是一个必要的环节。但是，只在大学英语教学中融入英语文化并不是成功的文化教学，真正意义上的文化教学应遵循对比原则，在必要的时候应融入母语文化。

## （三）单向英语文化教学

英语教学中，很多教学者为了使学习者更好地理解和运用英语，十分强调英语语言文化。他们在教学中十分关注对学习者英语思维的培养，进行英语文化的灌输。学习者在这样的教学环境下，总是试图遵守英美国家的语言语用规则，忽视了本土文化在跨文化交际中的重要影响。为了达到更好的教学效果，很多地方的英语教学只从模仿的角度出发，进行脱离中国社会现实下的英语教育。这种教学方式主要体现在以下几个方面。

（1）教学目标中过分强调目标语文化的导入。对中国众多英语教学目标进行分析，可以发现几乎所有的教学大纲中都提及了目标语文化的导入。这种单方面的导入忽视了中国文化在交际中的影响作用，同时没有认识到跨文化交际中中国文化导出的意义。

（2）完全引入英美原版教材，中国文化几乎没有。现如今，为了提高英语学习者语言使用的地道性，很多学校开始引进英美原版教材，这种做法虽然在一定程度上能够提高学习者的语言使用能力。但是在真实的跨文化交际过程中，尤其是发生在中国的文化交流中，很多学习者会由于不了解汉语文化的地道英文表达而出现文化失语的现象，而这在一定程度上与英语教学的目标背道而驰。

（3）在具体的教学中，很多教师只顾着讲解课本中的文化知识，很少有教师具有全局意识和长远意识，可以将汉语文化融入到英语的课堂中去。

本文认为，在高校英语课堂上，单一的英语文化知识传授是造成“文化失语”的最主要因素，这种厚此薄彼的教学方式是日后交际顺利进行的重要障碍。

## （四）汉语文化输入不足

跨文化交际意识的培养是英语教学的重要目的之一。但是在长期的英语教学中，教学者过分关注跨文化交际中英语文化对汉语文化的输入，而忽视了母语文化的输出作用。因此，汉语文化输入不足，对中国民族语言交流过程中汉人的语言功能的忽略，也是造成这种“语言失语”的一个主要原因。

跨文化交际的进行是双向乃至多向的文化交流活动，其是建立在交际者了解目的语文化的基础之上，同时在交际过程中能体现出本民族的文化特点。成功的跨文化交际活动是在交际者地位平等的基础上进行的文化吸收与交流。交流代表着不仅需要交际者了解对方的文化，同时能适当表达自身文化。

然而在现在的大学英语教学中，很多学习者在跨文化交际的过程中缺乏表现本族文化的自信心，只顾顺应目的语文化，意识不到跨文化交际的多向性，这必然会引起中国文化的失语现象。需要提及的是，在英语教学中，很多教学者过分夸大了母语文化对英语教学的负迁移作用，忽视了在跨文化交际中母语文化的正迁移效应。这也导致了大学英语教学中单向英语文化教学盛行，汉语文化输入不足。

### （五）文化自卑与文化霸权

文化失语现象的产生还和一定的历史条件相关。纵观我国的近代历史，一直都在大力提倡学习西方现代文明，我国瑰丽的民族文化成为促成我国近代民族危机的重要影响因素。在这种背景下，西方强势的文化必然会凌驾于弱势文化之上，而这种文化的霸权性也体现在跨文化交际的过程中。众多英语学习者过分推崇西方文化，对本民族文化不自信，因此在英语学习过程中也会潜意识地吸收外来文化，忽视本国文化。文化的自卑性与文化霸权成为现如今大学英语教学中中国文化失语现象产生的重要原因。

众所周知，文化是体现一个国家实力的重要标准，也就是我们常说的“文化软实力”。近代西方国家在其强大的经济、政治、军事霸权的带动下，取得了世界文化中的话语权，大肆宣扬自己的民族文化与意识形态。意识形态体现出一个民族的思维定式和价值取向，因此在与西方进行沟通与融合的过程中，这种意识形态极大地影响着我国的人民。很多人对西方文化极度推崇，对民族文化过分鞭笞。如此说来，本土文化的失语与缺失也就成为必然结果。

## 第三节　中国传统文化与大学英语教学融合的方法

在大学英语课堂强化中国文化教学，加强中国文化课的课堂讲授是一种长效的、系统性的教学，也是一种将中国文化融入到高校英语课堂的一个重要环节。按照现行教科书对中国文化课的内容进行了系统化的安排。尽量为同学们提供现实生活中的情境，并充分运用现代教育手段，在教室中创设活跃的氛围，调动同学们的积极性，使同学们的英语学习成绩得到有效的提升，并在此基础上进行交流。

### 一、合理设计教学目标，进一步规范教学环节

高校英语教学人员应该对“融合”这个词语有深刻的认识，不要把二者简单地按照“拼盘”的方式组合起来，而要根据自身的“需要”来进行二者的结合。将中国传统文化引入到大学英语中，是为了提高大学英语的效果，所以，要对其进行科学的设置，根据《大学英语》课程的要求，从中国传统文化的角度出发，根据学生自身发展需求和就业需求等方面，来确立将中国传统文化纳入大学英语中的特定的教育目标。在确立了清晰的教学目标的前提下，通过对英语教学内容的改进，教学环节的调整和优化，英语教学方法的创新，保证教学中的每一个环节都能为达到教学目标而努力。

## 二、勇于革新教材内容，适当调整教学内容

针对目前我国高校英语课程缺乏中国传统文化这一现状，我们必须在课程设置上进行改革，引入适当的传统文化，以促进中国传统文化在课堂上的融合和渗入。作为一名英语教学人员，应该从英语教科书的内容出发，提炼出中国传统的民族文化元素。在教学过程中，对中国传统的思想内容进行深度的发掘，使我们对中国的思想产生深刻的影响。在课程改革方面，应把握两个主要的发展趋势：一是课程改革要有一个清晰的方向，即把“一带一路”建设作为一个重大的指导思想，把中国传统和英美两种不同的教育理念融合到英语课程当中，既能让学生更好地了解英美两种不同的教育理念，又能提高中国的文化在世界上的影响。二是不仅要让课程变得更加精彩，而且还要兼顾实用性，将中国的传统文化以简单、容易理解的英语形式传播出去。

## 三、充分运用信息技术，不断丰富教学方法

大学英语作为一种应用性极高的课程，许多东西看似与实际的应用格格不入，其实并不如此，因为《大学英语》作为一个学习英语语言、西方文化的关键窗户，它在日常的工作中有着许多有用的东西，只不过我们要不断地去发掘和开发罢了。高校英语老师要在英语课上树立“应用”的观念，把英语和中国的传统文化有机地结合起来，从日常的生活中找出中国的特定主题，使同学们认识到中国的传统文化对于他们的人生具有重要的指导意义。因此，要提高高校英语教育与信息化的结合程度，就必须改变高校英语教育的理念，使其具有较强的应用信息化的水平，并在此基础上，使其在高校英语教育与中国传统教育相结合的过程中得到充分的利用。首先，老师要擅长使用信息技术，以此来充实自己的教育方式，比如，可以把中国的传统知识，以英语的形式表现出来，并把影像、音频、图片等融入到课程当中。其次，将二者相结合的思想融入到英语教学中，逐步提升科技手段使用的科学性和合理性。将多媒体技术运用到高校英语课堂上，可以提高学生对中国传统文化的认识。

## 四、积极开展教师培训，提高师资素养

随着计算机技术与高校英语教学的结合，其优越性日益显现，国内外学者对其进行了大量的探讨，运用计算机技术促进高校英语教学与中国传统文化的结合，是十分有实际意义的。高校英语老师要敢于改进和创新现有的教学方法和内容，运用计算机技术的相关理论，引导高校英语教学，进一步加深计算机技术在高校英语教学中的运用，充分发挥计算机技术在二者结合中的作用。同时，要强化师资队伍建设，持续激发师资队伍对中国传统文化的热情，并通过各种形式的讲座和训练，使师资队伍对中国传统文化有更深刻的认识。通过组织老师们多角度地观赏反映中国传统文化特色的录像，加强训练理论与实际体

验的应用，结合学员们的需要，就“融会贯通”的教学问题进行深入的研究，加强实习体验的交流，使老师们能够更好地了解如何将中国传统文化融入到高校英语的课堂中，逐步提高自己的授课水平。

首先，加强各个院校之间的协作，项目小组与各个院校之间要及时交流学员的训练状况，跟进学员的后续教育实践，做好学员的反馈。参加训练的老师要对这一次的训练进行自我评估，而老师们也要对后续的教育实践进行评估，保证训练的成效。其次，要注重形式的多样化，通过各种形式的线上、线下的形式来进行，按照“531”的“学习与共享原则”，通过微课、观摩课、课例评论等形式来进行。最后，通过对考核的鼓励，将考核的成果公开。培养和评价的准则应该是一个公开和透明的过程，根据评分制度，对参加培训的老师进行适当的评价，然后根据评价的结果，把那些有突出成绩的老师展示出来，以此来激发其他老师的积极性，逐步地提升英语老师们的综合素质。

从这一点可以看出，中国传统的文化在大学英语教学中起到了很好的作用，即通过中国传统文化的渗入，拓宽了英语的知识范围，同时也使学生通过认识中国传统的文化，提高了他们的综合素质。

# 第四章　中国传统文化与大学英语听力教学的融合与渗透研究

## 第一节　大学英语听力教学的内容与目标

### 一、大学英语听力教学的内容

教学内容是英语听力教学的基础，是学生学习的重点，也是教师开展教学的基础。大学英语听力教学的内容主要包含以下几个方面。

#### （一）听力知识

听力知识包括很多方面，如语音知识、语用知识、策略知识、文化知识等。

语音知识不仅是语音教学的内容，还是听力教学的内容。熟练掌握英语的发音、重读、连读、意群和语调等语音知识有助于提高学生的语音识别能力和对语音的反应能力。因此，教师在听力教学中还要加强对学生的语音训练，如对听音、意群、重读的训练等，以使学生熟悉英语的表达习惯、节奏，适应英语语流，从而为学生的听力奠定基础。

听力材料中常涉及一些有关言谈交际的话题，并且会话含义在交际中是一种普遍的现象，要理解这方面的听力材料，就需要借助相应的语用知识，因此，在英语的听力课中，语用知识也是必不可少的。

在学习策略的过程中，对于学生来说，可以帮助他们按照听力资料和听力任务的要求，去选择适合自己的学习方法。提高听的效果，所以听力策略也是听力教学的重要内容。

因缺乏相应的文化背景知识，学生的听力活动常会受阻，因此文化知识也应成为英语听力教学的重要内容。

#### （二）听力技能

听力技能是英语听力过程中必须具备的一项内容，因此是听力教学重要的一项内容。具体来说，在听力教学中，教师要向学生传授以下听力技巧。

（1）辨音能力。在听力理解的过程中，学生需要具备基本的辨音能力。例如，辨别音位、语调、重读音节等。

（2）交际信息辨别能力。听力材料呈现出明显的交际性，因为听力材料大多是由交际性语言组成的，因此学生需要掌握基本的交际信息辨别能力，如话题起始语、话题转折语、话题终止语等。

（3）大意理解能力。这项听力技能的教学内容主要是要求学生能够及时抓住交际者的意图等。

（4）对细节的把控能力。听力活动不仅需要学生掌握主旨大意，也需要学生掌握足量的细节信息，这些细节信息是听力理解的基础。所以，对细节的把控能力也是学生应掌握的技能。

（5）推理判断能力。推理判断能力也是学生必备的技能之一，因为听力材料中的交际者是根据一定的目的进行交际的，学生需要依据推理判断能力去揣摩说话人的意图，进而保障听力活动的顺利进行。

（6）词义猜测能力。具备词义猜测能力是一个合格的听者的必要条件，常用的词义猜测方式有根据上下文判断、借助整体语境、搜寻已有信息等。

（7）预测能力。预测能力指的是根据一定的语境信息以及已有知识，来预测下文语言话题的发展与转向。

（8）记笔记的能力。听力活动具有时间短、不可重复的特点，而且学生的记忆能力是有限的，不可能在短时间内记住所有的内容，这就需要学生具备一定的快速记笔记的能力，以辅助记忆更好地完成听力任务。

### （三）听力理解

在英语学习中，听力也是一个非常关键的部分。提高学生的英语听说读写水平，这其实就是要提高学生对句子和篇章的理解能力。使学生的理解由“字面”到“隐含”再到“应用”。听力理解是一个循序渐进的过程，必须要经历四个环节，即辨认、转换、重组、评价与应用，通过这一过程，学生的听力能力才能逐步提高。

（1）辨认。在听力理解中，辨认是其前提，同时也是听力活动发展的基础。语音辨认、信息辨认与意图辨认是辨认的主要内容。其中，语音辨认是最简单的，只要学生掌握了一定的英语知识即可，最困难的为意图辨认，不仅需要听者以语音、信息辨认为前提，还需要积极发挥自己的交际能力和文化能力。进行辨认能力训练，教师可以采用乱序训练法。将一个完整的听力材料打乱顺序，要求学生进行重新排列，并指出每一部分所对应的辨认方面。

（2）转换。听力理解中的转换指的是将所听材料中的内容转换为图表的能力。这种转换不仅需要听者辨别听力材料中的短句与句型，同时需要分析已知信息进行适当转换，是对听者能力的考验，也是听力理解的第二个层次。

（3）重组与再现。听力理解的第三个层次是重组与再现，这需要教师提高学生的口、笔能力。

（4）评价与应用。对听力语言进行评价、应用是听力理解的最后层次，也是难度最大的内容。听力理解具有目的性、交际性，需要听者明确交际意图，并进行语言回应与沟通。因此，在听力教学过程中，教师需要锻炼学生在不同的听力理解层次进行灵活的听力行为应对。此外，为了提高学生的评价与应用能力，教师可以在教学中增加听力讨论与交际的练习。

**（四）语感**

英语语言学习讲究良好的语感，也就是对英语的直接感知能力。良好的语感有助于学生即使在语法有所欠缺的条件下依然能够快速而正确地做出判断，所以大学英语听力教学中也应有意识地培养学生的语感。

### 二、大学英语听力教学的目标

英语听力课以提高学生的听力水平为首要目标，并以此为基础，在实际生活中运用所学知识，以达到实际交流的目的。同时，《大学英语教学指南》在2020年版中对大学英语听力课程的教学目的进行了阐述，并将其划分为三个层面。

基本条件：

（1）能够用英语进行教学。

（2）能够理解普通英语对话及一般主题演讲。

（3）能够理解以低速英语播放的电台内容，能够把握其中心思想，把握重点。

（4）具备一定的听力能力。

较高的条件：

（1）能够理解英语演讲及内容。

（2）对主题熟悉且长度不短的英语广播、电视节目有一定的理解能力，并能把握其主旨，把握重点及有关的具体内容。

（3）对以英语授课之专题内容，有一定之理解能力。

更高的条件：

（1）能够理解英语世界电台的一些内容，把握它们的中心思想和主要内容。

（2）能够理解英语国家的人以一般的速度进行交谈。

（3）能够理解以英语授课的专题课及英语演讲。

## 第二节　大学英语听力教学的现状、原则与方法

### 一、大学英语听力教学的现状

目前，英语听力已经受到了教师和学生的重视，但大学英语听力教学中仍存在诸多问

题，使得英语听力教学的现状不佳。具体而言，大学英语听力教学的现状集中体现在以下几个方面。

### （一）教师教学的现状

#### 1. 教学目标定位不当

在当前的大学英语听力教学中，教学目标定位不当是一个非常显著的问题。在大学英语听力教学中，不少教师由于缺乏分析、把握教材目标的能力，而只把完成教材的听力练习作为听力技能教学的重点。有些情况下，如果教材上的听力材料太难，教师就会对听力练习进行调整，降低其难度，如将听力任务中需用完整句子回答的问题改为单词填空，并且填空的内容多为学生很容易听出来的信息。这样做不仅与听力教学目标相违背，也阻碍听力教学的有效进行。因为用完整句子完成听力材料的练习旨在培养学生获取、理解并处理听力材料整体信息的能力以及用语言概括表述信息的能力，将这一练习改为单词填空则达不到训练目的，也就违背了教材设定的听力教学目标。

#### 2. 教学模式单一

教学模式单一是现在大学英语听力教学的一个重要问题。在现代大学英语听力教学中，教师将大部分精力放在教学任务的完成情况上，忽视了对教学材料的整体把握，缺乏对学生有效的指导和监督，甚至毫无目标地、机械地播放录音，一遍不行就放第二遍，学生只会盲目地听，使听力课拘泥于“听听录音、对对答案，教师解释”的单一模式。在这种教学模式下，学生听力水平的提高是不可能实现的。

#### 3. 听前引导不当

在开展每一个听力活动之前，教师都有必要对学生进行一定的引导。但现实情况是，很多教师都存在听前引导不当的情况，具体表现在两个方面。一是教师的引导不足，有些教师将听力教学当作考试训练，在播放听力材料之前不向学生提供任何帮助听力的内容，对于听力中的生词也不做解释。没有任何引导的听力活动会增加学生听的难度，很容易使学生产生心理上的挫败感，进而影响学生学习听力的积极性。二是有些教师在英语听力材料播放前给学生提供过多的背景资料，在组织学生做听力练习时，对一些知识背景、逻辑顺序、生词、因果关系等讲解太细，基本不需要学生的思考就能选择出正确答案。这种听前过细的指导就使听力训练成了一种摆设，学生失去了自我求知、自主学习的欲望，从而也失去了听力教学的意义。对此，在教学中教师应依据具体情况对学生进行适当的引导。

### （二）学生学习的现状

#### 1. 基础知识积累不足

学生的听力水平深受基础知识的影响。一方面，学生缺乏必要的语音知识，如对音节、意群、连读、失去爆破等知识不了解，加之学生词汇量小，对语法知识和句法结构不熟悉等，都会影响学生的听力理解。另一方面，学生缺乏英语学习的天然环境，导致学生对英语的语音、语调及韵律特征缺乏必要的敏感度。

**2. 缺乏学习兴趣**

在现在的大学英语听力教学中，很多教师仍采用传统的听后对答案的听力训练方法，这种方法单调、乏味，对学生听力能力的提高不能产生很好的作用，因此很多学生在这种听力课上学习收效甚微，大多数学生会由此产生不好的学习情绪，逐渐失去听力学习的兴趣，甚至从心理上产生了抵触情绪。这种抵触心理会进一步降低学生学习听力的积极性，从而不愿意主动参与听力活动，很多学生是在教师的监督下敷衍了事，被动应付。结果造成学生抵触情绪越发高涨，学习兴趣越发低落的恶性局面，在这种状态下，学生的听力水平当然很难提高。长此以往，学生的整体英语学习的兴趣就会降低，甚至会产生厌学情绪。

**3. 听力习惯不良**

听力理解是一个非常复杂的过程，有着复杂的心理机制，它需要学生具备一定的逻辑思维能力，并能够对听力材料进行联想、判断、分析以及整合等。但目前的大学生还普遍缺乏这一能力，进而在听力过程中常会有一些不良的听力习惯产生，具体表现为以下几点。

其一，在听力过程中不会捕捉非言语提示、借助上下文进行推理，不会利用做笔记、联想发挥等策略来检索输入信息以解决问题，更不会控制和消除在听力过程中产生的紧张和不安情绪。

其二，在听力过程中往往只听自己感兴趣的内容，对于枯燥的报告或新闻就采取放弃的态度，习惯性地从心理上拒绝了难度高的听力材料。

其三，在听力过程中总是抱着书本不放，边看边听，或是先看后听。

其四，在听力过程中常常会因为听不懂某个词或某句话而停下来思考，这样会影响后面内容的理解，也错失了把握主旨大意的机会，进而导致听力效果不佳。

因此，学生要想真正提高听力能力，必须克服不良的听力习惯，明白听力训练注重的是把握文章的主题和内容，而不是逐字逐句地听。

**4. 心理负担过重**

因听力水平不佳，大部分学生每当上英语听力课时就会有焦虑紧张情绪，听到听力材料大脑无法快速灵活思考。有的学生因成绩不佳而缺乏自信，甚至有自卑心理，有的学生性格内向，存在羞怯心理，担心教师和同学知道自己的不足而不敢开口。长此以往，这种压抑的心理状态必然导致学生的学习情绪不佳，英语的听力也没有得到很好的改善。因此，在英语听力课上，老师应该关注学生的学习状况，并对其进行积极的指导，使学生怀着轻松的心理练习听力。

**5. 缺乏英语文化知识**

在听的过程中常会遇到文化问题，语言与文化是相互渗透、密不可分的，因缺乏英语文化知识，在听力教学中，学生不能正确地理解所听到的信息，给教学带来了极大的困难。所以，在学生学习英语听力技能的同时，不能忽视对英语文化知识的掌握，应有意识地了解英语国家的历史文化、思维方式、行为习惯等，掌握中西文化差异，这样才能扩大知识面，进而有效进行跨文化交际。

6. 缺乏英语听力环境

在我国，学生进行听力学习的语言材料多来自教材，而课堂是学习的主要场所。学生从课本上学到的英语都是规范英语，教学过程中教师也没有注重发展学生在不同语境中运用语言的能力。在大学听力教学中，教师也都使用英语教学，但为了让大部分学生听得懂，常会放慢语速，而且尽量会将每个单词说得非常清楚，而这样也就使得语流失去了正常的节奏。但在英美国家，人们日常生活中多使用“口语化”表达，人们惯于使用常用词、短语、简单句甚至省略句等来表达。但在课堂教学中恰恰缺少这种“口语化”的语言现象，学生接触不到地道的英语，不能有效进行听力实践，听力能力自然是无法提高的。

## 二、大学英语听力教学的原则

大学英语听力教学的开展应遵循一定的原则，这样才能使教学效果更加有效。具体而言，大学英语听力教学可遵循以下几项原则。

### （一）循序渐进原则

任何学科的学习都不是一蹴而就的，都需要经过一个循序渐进的过程，英语听力学习也不例外。这里的循序渐进是指英语听力教学要由简到繁、由易到难地展开。这一原则在听力材料的选择上发挥着重要的作用。在选择听力材料时，要注意材料难度的阶梯性，应由简单逐步向复杂过渡。在听力教学初期，教师应选择那些吐字清晰、语速较慢的材料，同时兼顾材料的真实性和多样性，如可选择一些新闻、故事以及一些社会热点话题等，以培养学生的听力学习兴趣。当听力教学逐步加深之后，教师可根据实际情况增加材料的难度，以满足学生的求知欲望，提高学生的听力水平。

### （二）激发兴趣原则

兴趣对于学习的重要性是不言而喻的，是确保学生听力学习高效进行的基础。不可否认的是，我国学生的听力水平普遍较低，这与听力教学枯燥乏味、学生缺乏学习兴趣有很大的关系。对此，在开展英语听力教学之前，教师应对学生的兴趣有所了解，即了解学生喜欢什么样的听力材料，喜欢什么样的听力活动等，在此基础上，采取适当的教学方式，以提高学生的英语听力水平。

### （三）选材真实原则

英语听力课的目标不在于使学生通过听力测试，而在于提高他们的听力水平。使学生能够有效地进行跨文化交际，能够在真实的情境中运用语言，因此听力材料的选择要具有真实性。例如，教师可以选取一段完整的广播节目或者选取一段英语电影片段等让学生听，这种真实的听力材料能让学生接触和感受地道的英语表达，领悟英语语言与文化特点，培养英语语感，进而提高英语听力水平。此外，听力材料的选择应注意难度适宜，既不能太简单，也不能太难。如果听力材料过于简单，会使学生产生轻视心理，不利于学生听力水平的提高；如果所选择的材料过难，则会给学生带来心理负担。

### （四）分析性和综合性相结合原则

分析性的听是指在听力进行时，使学生将注意力集中在对材料中的细节部分的理解和记忆上，在听的过程中注重细节分析，逐词逐句地将听到的内容进行分析，这是听力教学的基础训练。而综合性的听是指在听的过程中将重点放在材料整体的把握上，也就是在听力基本训练基础上所进行的整体的听的练习。综合性的听主要是对材料内容有个整体印象和理解，这种方法主要针对的是听力题中对材料主旨的理解、对整体思想的分析等。在听力训练中的听力题既包括材料的整体理解，又包括细节分析，对此在听力教学中教师应将分析性的听与综合性的听结合起来，以有效提高学生的细节分析能力和整体理解能力。

### （五）分散训练和集中训练相结合原则

分散训练是指通过各种语言教学，即语言教学、词汇教学、语法教学等，让学生在不知不觉中进行特殊的听力练习。比如，在词汇的学习上，学生应了解词汇的读音，掌握词汇的含义及用法，并能听懂词汇在具体应用中的句子。这种听力训练要求在具体教学中尽量多地使用地道的英语，这样可以使学生的听力得到潜移默化的训练。集中训练是在分散训练的基础上，每周专门抽出 1～2 课时进行大量的、有指导的强化训练，以帮助学生解决具体问题。集中训练可以有针对性地抽取听力难点进行训练，能有效减少学生在这些方面理解的偏差。这种分散训练和集中训练相结合的方式能有效提高学生的听力能力。

### （六）与说、读、写相结合原则

听、说、读、写这四项基本技能是相辅相成、相互促进的关系。因此，在英语听力教学中，教师应将这四项基本技能结合起来进行教学。

听与说不可分割，在交际过程中，一个人听的过程实际上就是另一个人说的过程，所以在教学中可将听与说结合起来进行训练。例如，运用听力材料中所含的词汇，进行口头交流，能有效地提高学生的口头交流能力；而朗读，模仿使用并复述听力材料，同时还可以背诵某些优秀的文化，这样可以对语言材料进行有效的积累，培养出一种很好的语感，而一种很好的语感又可以让人的记忆力和听力理解能力得到更大的提升。此外，根据所听材料进行角色扮演、展开情景对话等都是以说促听的有效方法。

将听与读结合起来进行教学，不仅能增强学生的语感，还有助于学生将单词音、形、义三者统一起来，有效地减少判断误差的发生，对于学生听力的培养有积极显著的促进作用。此外，经常采用边听边读的方式，还能加深对文章的理解，提高对语言的反应速度，不再习惯性地采用汉语的思维来理解英语。

听与写相结合的最佳形式就是听写练习，如将对话改写成短文等。听与写结合不仅能促进学生语言能力的培养，还能提高学生的分析、理解和归纳能力，这对提高学生的语言敏感性和学生的听力水平十分有利。

## 三、大学英语听力教学的方法

### （一）体裁教学法

近年来，很多教师将体裁教学法运用于大学英语听力教学中，并获得了较好的教学效果。下面就体裁教学法在大学英语听力教学中的运用进行简要分析。

（1）体裁分析。体裁分析是第一个阶段，即教师对听力材料进行详细分析，包括文化和语言两个方面。由于中西文化存在很多差异，教师在听力教学中应注意对听力材料体裁有关的社会、历史、风俗习惯等背景知识进行分析，使学生了解这些背景知识。就语言方面而言，教师应注意对体裁的图式结构进行分析，使学生了解这类文章的过程与特点，这也是教学过程的一个重点。

（2）小组讨论。在该阶段中，教师可将学生分为若干小组，播放同一题材的材料，然后让学生在小组中对这些材料的结构、语言特点等方面予以讨论。该阶段旨在增加学生的参与程度，学生只有参与到活动中来，才能积极主动地进行思考、学习，从而更好地理解语篇。

（3）独立分析。小组讨论结束之后，教师可以让学生听某一题材的一篇典型范文，然后要求学生模仿教师在第一步骤中使用的方法，即对语篇的文化和语言两方面进行分析。这一步骤改变了教师垄断课堂的局面，使学生有充足的时间来思考。

（4）模仿使用。学生通过自主分析对材料的体裁特征进行掌握之后，教师可根据交际目的，选择社会公认的模式，让学生使用英语进行有效的交际，使学生在实际运用中牢牢掌握所学题材特征，学以致用。

当然，在大学英语听力教学的实践中，教师可根据实际情况对以上步骤加以调整，从而获得最佳的教学效果。

实践证明，在大学英语听力教学中运用体裁教学法，通过对文章体裁的分析——语境、文化背景、结构和语言特点的分析，掌握相对稳定、可借鉴的模式，全面地理解文章，可有效提高学生的听力水平。此外，体裁教学法对学生创造性思维的开发也十分有利。

### （二）听力技能训练法

在大学英语听力教学中，教师可采用听力技能训练法，重视对学生听力技能的培养，逐渐提高学生的听力水平。下面介绍几种常见的听力技能训练。

（1）有效利用信息。

1）利用文字、图片等视觉信息。很明显，听觉信息是听力理解的主要信息，因此，大多数同学都是将注意力集中在听力方面。同时，在阅读过程中，一些与阅读有关的可视化知识，如文字、图表等，对阅读理解也有很大的帮助。例如，英语电视节目的画面对于内容理解就有很大的帮助。有时候很多英语新闻节目在播报新闻时，屏幕的下方往往会显示新闻内容的关键词，这些关键词对于新闻内容的理解十分有利。所以，在教学的过程中，教师应鼓励学生在听的过程中充分利用各种与听有关的信息。

2）利用已掌握的知识。在这里，已掌握的知识不仅指一些日常学习的语言知识，还包括一些生活常识、科普知识以及一些英语国家的历史、文化、地理、风土人情等背景知识。学生在听的过程中遇到的很多困难，往往都是因缺乏相应的背景知识造成的，因此充分利用已有的知识对顺利完成听力有很大的帮助。这就需要学生具备一定的背景知识，并在听的过程中将这些背景知识有效激活。但是背景知识并不是导致听力差的最主要的因素，主要因素还是由于听力能力差。而且，听力材料很少有“隐含”的背景知识，大多都会对学生不熟悉的背景知识做出足够的解释。

（2）听前预测。

所谓听前预测，是指在完成听力任务前先对听力任务中的每个小题的选项进行通读。通读一方面可以预测将要听到的语言信息，另一方面可以提前掌握一些人名、数字等特别信息，这样对于有效完成听力任务十分有利。

（3）注意所提问题。

弄清楚所提问题在听力训练中也是非常关键的，因为只有听懂了所提问题，才有可能选出正确答案。

### （三）情感教学法

作为英语听力教学的重要组成部分，情感有着至关重要的作用。积极的情感不仅有利于提高学生的听力学习效果，还能促进学生的全面发展。负面情绪是影响英语教学效果的重要因素之一。所以，在英语听力课的教学中，应加强对学生的听力理解。教师应注重激发自己听力学习过程中的积极情感因素，努力克服学习者在听力理解过程中的消极情感因素。

情感教学法在大学英语听力教学中的运用可从两个方面入手。

#### 1. 加强学生认知

在应试教育与传统单一教学模式的影响下，很多学生在英语学习中缺乏积极性与主动性。在教学改革背景下，教师要求学生应该主动参与课堂活动，参与知识的构建，因此学生必须改变传统被动接受知识的形式，而是充分发挥自身的主观能动作用，使自己适应社会发展的需要。

例如，对于发音不准确的学生，教师可以安排学生利用课余时间进行语音训练，帮助学生纠音；对于语法知识不熟悉的学生，教师可以让学生多读一些课外读物，从实际的应用中了解语法，对于不明白的，教师可以对其进行单独讲解。只有这样，才能切实提高学生的认知能力。

**2. 激发听力动机**

在大学英语听力教学的过程中，形成性评价对学生听力的学习具有重要的作用。肯定的评价可有效增加学习者的自信心，提高他们学习听力的兴趣。因此，教师应尽量给学生积极的正面评价，多表扬，以此消除他们对英语听力的恐惧心理。具体而言，教师可以根据自身不同的学习程度和水平设计不同的任务。

（1）如果学生基础知识较好，可就听力材料进行中心意思的概括，或对听力材料进行推理、猜测生词、推断上下文的内容等。如果学生的回答比较合理并受到积极的评价，则会提高其学习的信心。

（2）如果学生基础知识较薄弱，可就听力材料提出一些简单的问题，如时间、地点、人物等涉及的相关问题进行回答。

此外，教师可以利用语言测试的终结性评价的反拨作用，通过英语听力的成绩测试和水平测试激发学生的学习动机。教师应注意把握好听力测试的信度、效度和区分度，测试的内容不要太难。这样的话，基础不好的学生可以顺利通过测试并找回学习听力的信心，而基础较好的学生又可以找到差距，发现自己听力学习中的不足，激发他们向英语听力更高水平迈进的学习动机。

## 第三节　大学英语听力教学中中国传统文化渗透的途径

在大学英语听力教学中，教师应积极融入中国文化，在增加英语听力的基础上，加深对中国文化的认识，从而提高了学生的学习兴趣，充实了他们的文化。也有利于学生听力水平的提高。本节将对大学英语听力教学中中国传统文化渗透的途径进行具体说明。

### 一、解析中西文化差异及其对听力教学的影响

中西文化在诸多方面存在着明显的差异，而这些差异对听力理解有着重要的影响作用。以下就针对中西文化差异与英语听力课堂教学的关系进行具体分析。

#### （一）词汇方面的差异及其影响

词汇是语言的基础，也是听力理解的基础，词汇虽然简单，但是很多词汇有着丰富的文化内涵。听力理解需要听者在短时间内对语言信息进行编码和解码，时间非常有限，而且不容迟缓。由于对西方文化的不了解和受母语思维的影响，中国学生常将母语文化概念直接套用到英语文化上，进而造成文化的负迁移。例如，英语中 drugstore 和 grocery 的含

义是“药店”和“杂货店”，但实际上又与汉语中的“药店”和“杂货店”不完全相同，因此当很多听力学习者听到下面两个句子时就不知该如何理解。

Please get me a bag of sweets and two bottles of milk when you go to the drugstore.

I bought some aspirin in that grocery store yesterday.

中国的药店并不出售糖果和牛奶，杂货店也不出售阿司匹林。而英语中的杂货店（drugstore）不仅出售饮料、糖果等，还出售药物，英语中的食品杂货店（grocery）除了出售食品等物品外，还出售药物。如果了解这些文化形式，理解上述句子的含义也就不难了。

针对这种情况，教师应该在课堂上向学生介绍中西词汇间的差异，并让学生了解这种差异给听力所带来的影响，从而引起学生的注意，并提高学生的听力能力。

### （二）价值观方面的差异及其影响

因文化的不同，英汉价值观念、审美观念等有着很大的差异，如果不了解英语民族的价值观念以及英汉价值观念的差异，将会给听力造成很大的负面影响。以下通过例子进行说明。

Jake：I don't know if I should take it to the garage or just get a new one.

Mike：If you get a new car，you might be able to save a lot of money.

在外国，买新车并不是很贵，但是修车的费用却非常高。如果对这一社会现象不了解，将很难理解 Tom 的真正含义，即从长远利益来看，买新车要比修车划算。但中国人素来讲究勤俭节约，认为东西坏了修补一下可以继续使用。可见，中西方的价值观念有着巨大的差异，而这些差异对学生的听力理解有着重要的影响作用，所以学生在听的过程中首先要了解西方人的价值观念，并学会用英语思维来思考问题。

### （三）交际习惯方式的差异及其影响

由于历史地理、风土人情、生活习俗、政治制度、教育制度等文化背景的差异，不同的民族会形成不同的言语交际方式。所以，中西方在交往中的问候和对答方面就有着不同的模式。而这些不同的交际模式往往也会影响学生听力的顺利进行。例如，中国人在日常的打招呼中常习惯问对方“你吃饭了吗?”（Have you eaten your meal?）如果以这样的方式向英语国家的人打招呼，他们会误以为要请他们吃饭。英语国家的人们在打招呼时习惯以天气、交通、兴趣爱好等为话题。再如，在受到称赞时，中国人秉着谦逊的美德，常会说“You are over praising me”，但这样的应酬常常会让对方感到是在怀疑他的判断能力。实际上，西方人惯用的答复方式是开心地接受，并说“Thank you”。如果对中西方交际方式的差异不了解，习惯性地根据汉语的交际方式来理解西方的交际方式，就可能导致听力理解的失败。

## 二、如何将传统文化融入到英语听力教学中去

### （一）进行中国传统文化专有名词的听力翻译竞赛

中国五千年的历史文化，有着太多的汉字与名词，很多词语中国人自己都不认识，更不用说是什么意思了，找出一些具有代表意义的词语，然后在课堂上或者是多个校区之间进行听力翻译知识的竞赛活动，一方面加强不同体系之间的交流，可以进行思想的碰撞，从而产生出一些新的理念，在进行词语或者是典故故事的听力翻译过程中，既可以深入挖掘知识所包含的传统文化，另一方面也可以积累海量的可读性和趣味性的故事。

### （二）不断地进行融合理念的完善

在将中国文化融入到英语的听力教学中后，要不断地深化这个概念，教师应该通过对教学过程的提升和促进整个教学体系的完善，制定相对应的策略；可以通过引用翻译之后会的文化典故或者是唐诗宋词，从整体上不断地提高教学的思想水平，在平时的训练中，也应该在听力训练中多加入包含中国传统文化题材的类型，然后进行思想体系的建设，然后提升整体的教学能力。能否建立起来一定的思想观念是将传统文化融入到英语听力教学中的重要一部分，只有提高了整个文化的觉悟性和融入度，才能够让学生在英语的听力学习中，不断地体会中国的传统文化的知识。

### （三）混合式英语听力教学模式

在移动学习环境下，可以利用优质的网络资源，做好上课前的准备，教师要在备课的过程中，对同学们的总体学习状况进行分析，并结合同学们的学习特征，对中国传统文化和英语听力相融合的教学模式进行了探讨和创新。首先，我们整理了英语听力课的内容，并充分发挥英语翻转课堂的优势，改进了我们的教学方式。在预习或者是复习的过程中，利用网络条件寻找新型的、具有一定趣味性的、包含中国传统文化的英语听力材料。其次，要定期跟踪学生的学习进度和效果，建立一定的讨论反馈机制。最后，老师要根据学习的内容为学生建立一定的听力练习训练，在英语听力练习之后，引导学生深入思考其中蕴含的中国传统文化内涵，要提高学习的逻辑性，让学生能够积极地表达自己的听力方面的看法，并且要善于对所学的知识进行归纳、提炼。此外，在网络环境下，师生能够很容易地找到含有中国传统文化的各类英语听力材料，教师要根据课程的教学目标、英语的学习特征，特别是要根据师生的特长，来设计适合于师生的英语听力材料，使师生能够更好地掌握中国传统文化的词汇。

### （四）借助移动网络软件优化听说混合教学模式

移动网络技术的发展也促进了众多英语学习软件的诞生，在网络软件中又细分出了很多不同的领域，针对学生的基础知识培养、专业知识的提升都对应不同的移动 APP；对于考研、考级以及口语实用话的训练都有专业的移动软件，给院校学生的英语听力训练提供

了有利的条件。学生可以下载、保存重要的或者是自己喜欢的包含中国传统文化的听力内容，还可以利用移动网络的便利性每天进行碎片化的规律性学习。比如，每天收听一则中国传统文化的英文版小故事，观看一段纯英语教学视频，英语老师们可以把广听和精听相结合，重点设计一些有难度的教学活动，并进行一些实际操作，从而提升学生的学习效率，培养他们在阅读中运用文化素材的能力。

总结来说，在大学英语听力课中，除了教授英语听力外，还应对中国文化进行解释，这既能充实中国文化的知识，也能使学生对英语的理解更加深刻，又能使学生更好地进行跨文化交际，同时有效地传播中国璀璨的文化。

# 第五章　中国传统文化与大学英语口语教学的融合与渗透研究

## 第一节　大学英语口语教学的内容与目标

### 一、大学英语口语教学的内容

可以毫不夸张地说，口语是人类社会使用最频繁的交际工具之一，这就使英语口语教学在整个英语教学体系中占据着十分重要的地位。培养、提高学生的英语口语表达能力与交际技能是英语口语教学的宗旨，因此语音训练、词汇和语法、会话技巧、交际策略等是英语口语教学的主要内容。

#### （一）语音训练

英语口语训练应以英语语音为前提，帮助学生掌握正确语音、语调是语音训练的首要目标，具体涉及意群、停顿、弱读、重读、连读、音节等。如果没有掌握规范的发音，不仅难以表达自己的观点，也会为对方带来理解障碍。

#### （二）词汇

语言能力的培养是交际能力培养中至关重要的一环，而词汇则是使交际得以进行的语言能力的核心。口语表达是一种创造性技能，在合乎交际礼仪的交流框架构建起来后，整个交流的空间就有赖于词语作为文化和思想的载体来填充。在英语教学中，许多学生对单词的所谓“掌握”只是一般性的识记中文释义和会拼写，却不能脱口而出地使用词语造出句子。也就是说，语言交际框架的最基础阶段和层次的问题没有得到解决，这种情况下学生的口头表达能力也很难得到提高。

因此，学生口语能力差的最根本原因之一是词汇掌握程度差。从这个意义上说，口语教学的内容离不开词汇教学，并且词汇教学应该交际化。要实现词汇教学的交际化，口语教学须从语音，从单词的音、形、义的练习以及词的搭配、造句入手，增加学生的积极词汇，这是提高学生口语能力的有效途径，也是提高学生口语能力的前提和关键。

#### （三）语法

语法是语言运用的基本法则，是词汇组成句子的重要规则，要想实现沟通的目的必须构建出符合语法规则的句子，只有句子符合语法规则才可以被听者理解。所以，语法也是大学英语口语教学的重要内容。语法教学交际化包括以下几个方面。

（1）训练学生听懂特定的口语句型。

（2）训练学生熟练地使用语法句型表达自己的思想。

（3）向学生讲授口语句型的特点，并对此进行专项训练。

有的教师和学生把词汇教学、语法教学与口语教学对立起来，这是口语教学中的一个严重认识误区。事实上，词汇和语法都对学生的口语技能起着至关重要的作用。词汇是表达的基础，语法是表达的规范，离开词汇和语法英语口语也就无法表达。

### （四）会话技巧

为了能够使用英语得体地进行语言交际活动，学生在学习英语口语时必须学习、掌握一些会话技巧。话语转换技巧对会话的成功起着至关重要的作用。对于本族语者而言，话语转换很容易而且很自然就可学会，但是对于二语学习者而言并非易事。无论是第一语言的口语学习还是第二语言的口语学习，都必须学习关于交际的知识和互动的技能。

### （五）交际策略

所谓交际策略，是指“当某语言使用者在话语计划阶段由于自身语言方面的不足而无法表达其想要表达思想时所采取的策略”（罗毅、蔡慧萍，2011）。在交际过程中，为克服因语言能力不足而导致交际困难，交际者使用语言或非语言手段的能力即为交际策略能力。交际策略也是口语教学的重要内容。

口语交际活动往往不可预测，因此交际过程中遇到尴尬局面是难免的，这就要求交际者具备一定的交际策略能力，以便在需要时借助交际策略来解决遇到的困难，促使交际的顺利进行。策略能力包括两个方面：一是发生困难时使对方理解自己讲话内容的能力，这一能力被称为“补偿能力”（compensation）；二是在发生理解困难时获取意义的能力，这一能力被称为“协商能力”（negotiation competence）。一般来说，补偿能力主要包括如下几个方面。

（1）使用会话填补词。在交际过程中，有时交际者可能会一时想不出要使用的语言，这时可以适当用一些填补词，如“and you see…”“Er，that's a very interesting question…”“Well…，let me think…”等，一边说一边思考，控制说话节奏，确保讲话连贯。

（2）使用同义词或类别词。在交际过程中，如果交际者缺乏关于某一话题的词汇，可以采用自己熟悉的同义词来代替，如用 dark 来代替 gloomy。

（3）使用肢体语言。在交际过程中，交际者也可以适当借助肢体语言来表达自己的观点与看法，保证交际的顺利进行。

协商能力包括澄清信号。在交际过程中，如果听话人没有完全理解讲话人的语言，或没能听清讲话人的意思，这时听话人可请求重复，或直接要求讲话人加以解释，如“Pardon?”“What do you mean by saying…?”“What does…mean?”等。通过运用这一交际策略，交际者可以将自己的意思清晰地传达出来，使交际渠道畅通，从而使交际顺利开展。

### （六）文化知识

有效的交际不仅需要学生准确地表达语言，还需要学生得体地表达语言，所以学生除了要掌握扎实的语言知识外，还要具备一定的文化知识，只有这样学生在口语交际过程中才能使语言表达符合相应的文化氛围和语言环境。对此，同时，在英语口语课中，文化知识同样必不可少。

在《大学英语课程教学要求》中，明确规定了大学生的口语能力，具体如下。

一般要求：

（1）能就日常话题用英语进行交谈。

（2）能在学习过程中用英语交流，并且能就某一主题进行讨论。

（3）能经准备后就所熟悉的话题做简短发言。

较高要求：

（1）能够就一般的主题，用英语进行较为流畅的对话，并能简单地表达自己的情绪及意见。

（2）能够对事情进行基本的描写，真相进行叙述，对语音、语调进行精确和清晰的表达。

更高要求：

（1）就普通或专业的主题，能流利而准确地交谈或探讨。

（2）能够对较长且有一定困难的文章或演讲，用简洁的语言进行总结。

（3）能够在国内外学术会议、学术交流等场合朗读、参与学术研讨。

## 二、大学英语口语教学目标

口语是利用语言表达思想、进行口头交际的能力。《大学英语课程教学要求》写到：大学英语的教学目标是培养学生的英语综合能力，特别是听说能力。大学阶段的英语教学目标分为三个层次，即一般要求、较高要求和更高要求。三个层次对口语表达能力提出了不同要求：①一般要求。能在学习过程中用英语交流，并能就某一主题进行讨论，能就日常话题和英语国家的人士进行交谈，能就所熟悉的话题经准备后作简单发言，表达比较清楚，语音、语调基本正确，能在交谈中使用基本的会话策略。②较高要求。能够和英语国家的人士进行比较流利的会话，较好的掌握会话策略，能基本表达个人意见、情感、观点等，能基本陈述事实、事件、理由等，表达思想清楚，语音、语调基本正确。③更高要求。能就一般或专业性话题较为流利、准确地进行对话或讨论，能用简练的语言概括内容较长、语言稍难的文本或讲话，能在国际会议和专业交流中宣读论文并参加讨论。

《课程要求》关于口语能力的三个要求对大学生口语能力做了详尽的描述，为大学英语口语课程设置、教材编写、课堂教学和口语评估提供了参考。不同性质的大学应该根据学生的实际需求重新进行目标定位。同一大学也可根据学生的不同英语水平设定不同的目标层次。随着经济全球化，英语逐渐成为世界通用语，经济与科学的发展对非英语专业学生的英语口语水平提出了越来越高的要求。

## 第二节　大学英语口语教学的现状、原则与方法

### 一、大学英语口语教学的现状

#### （一）口语教学环境现状

**1. 教师自身水平有限，教学设备资源匮乏**

优秀的口语教师是有效口语教学的关键，因为教学方法的使用、教学模式的确定都是由教师来完成的。但是，目前大多数口语教师水平偏低，对语音、语调的把握不够准确，因此教师在课堂上为了避免这些问题而较少使用英语口语。另外，教师在英语和汉语两种语言的转换上有所欠缺，导致教学中不能正确地把握两种语言的特点和具体差异，必然导致口语教学效果差。最后，很多大学的口语教学设备较为陈旧、单一，这也是影响大学英语口语教学的一个重要因素。

**2. 教学氛围差，缺少语言环境**

目前，我国的大学英语口语教学多是在汉语的环境下进行的，日常生活也应用不到英语，教师也没有为英语教学创设良好的氛围，因此导致学生宁愿把多数的时间放到研究语法规则和阅读上，也不会去进行口语训练。

另外，学生学习英语的时间也都是在课堂上，课下接触英语的机会很有限，课堂上的英语口语教学都是模拟教学，这和现实的口语交际相差甚远，因此教学中缺乏真实的语言环境。

需要特别指出的是，在经济较为落后的西部地区，由于学生在日常生活中很少接触英语，在没有真正的语言环境下，这种现象更加突出。

**3. 英语口语教学不受重视**

在目前的教育制度下，许多高校在课程体系、课程设置、课程结构等方面都存在着一定的问题，没有将英语口语教学作为教学重点突出出来。具体来说，大学英语课程一般设置为精读和听说两大类：精读课程涉及语法、词汇、阅读等内容，因此学校和教师会更加重视这一部分的教学，在课时分配上也较多；听说课程基本以听力为主，剩余口语的时间少之又少，口语训练不过是摆样子、走过场而已。同时，学生们自己也认为听说课实际是可有可无的，因此他们的出席率也不高。可见，无论是学校、教师，还是学生都对英语口语教学的重视不足。

4. 大班授课，实践机会少

大学英语教学大都采取大班的形式，这既是为了教学的便利也是为了教师资源的节省。因此，很多大学的班级人数设置过多，有些甚至一个班 100~200 人，这种大班教学不仅忽视了学生的个体差异，也使得学生实践的机会很少。课堂 45 分钟的时间是有限的，因此不允许每个学生都有足够的时间进行语言实践，这必然影响学生口语水平的提高。

### （二）教师教学的现状

1. 教学观念、方法以及内容陈旧

在传统模式下的大学英语教学，教师占据着主导地位，但是教师并未过多教授学生口语技能和口语策略，而是着重于灌输语言知识；有些大学彻底放弃教材或者教材的内容陈旧，教师也没有在这些教材上加以创新；教学方法传统、单一，整个班级死气沉沉，不足以吸引学生的兴趣，一系列的问题最终导致口语教学和学生的口语技能培养格格不入。

2. 忽视英语文化背景和英语思维

很多学生可能会有这样的情况：当你与人用英语交流时，你总是把每一句听到的话先翻译成汉语，然后经过大脑思考之后再进行口语表达，这就是典型受文化背景和文化思维的影响。这样的思维形式很容易造成交流的障碍。受国别、地域的影响，人们的思维习惯、价值观、生活方式也存在差异，如果不了解对方的文化，很容易在交流中产生误解，甚至可能会产生敌意。如此严重的情况不得不引起教师的注意，在以后的教学中应注重培养学生的思维习惯。

3. 忽视学生心理上存在的障碍

由于学生在课堂上进行语言训练的机会很少，加上教师单一的教学模式，必然导致学生学习兴趣不足；当学生遇到问题或者回答错误的时候，教师更多的是指责和抱怨，这更加削弱了学生的积极性，面对这些情况，学生怕说错，不敢开口说，导致学生心理上存在障碍。如果在课堂上都不敢说，那么该如何面对以后的口语交际呢？可见，忽视学生心理上的障碍是目前口语教学需要解决的一个重要问题。

4. 面向全体学生，忽视了学生个性差异

受不同地域、不同教学质量的影响，学生自身的口语基础差距很大，但是教师却忽视了学生的个体差异，采用“一刀切”的方式进行教学。学生的基础不一样，学习方法和学习策略也各异，因此呈现在课堂上的表现能力也会不一样，教师这种“一刀切”的教学模式只会让基础好的学生更会展现自己，而基础差的学生更加自卑，这显然很难提高整个班级的口语水平。

### （三）学生学习的现状

1. 学习效果差

就目前的情况来看，我国学校教育中学时最多、历时最长的一门课程非英语莫属。经过中学阶段的学习，学生的词汇量可以达到 3 300 个左右，他们对基本的语法规则也应有一个较好的掌握。如果再经过大学两年公共英语的学习，词汇最大限量可以达 4500 个左右。总体来看，英语课程在中学与大学阶段的总课时超过了 1480 学时。但是，花费如此多的时间、精力之后，大多数学生的口语水平仍然处于“哑巴”英语的程度，英语口语学习的费时低效的现象普遍存在。

**2. 心理压力大**

我国的英语教学长期存在“重读写、轻听说”的倾向，因此如果让学生阅读英语文章或用英语进行写作，他们普遍能够接受。但如果要求他们参加英语口语交际，则大部分学生会表现出不自信、心虚、紧张甚至焦虑的状态。具体来说，一些发音不好的学生由于担心遭到耻笑而拒绝开口，一些英语水平较差的学生则往往担心出现错误并因此受到教师批评。即使是一些英语水平较好且有能力进行口语表达的学生也表现出一定的畏难情绪。值得注意的是，一旦学生对英语口语形成了心理障碍，他们往往会排斥练习，继而厌学情绪越来越强，学习效果越来越差，恶性循环由此产生。

**3. 语音不标准**

灌输式英语教学方式在我国很多中学都普遍存在。因此，学生对英语的印象多停留于书本形式，听得少，说得更少，很多学生都表现出语音不准、语调生硬、表达不清的问题。特别是在大学阶段，学生来自全国各个地方，他们或多或少都带有一些口音，每个学生的语言接受能力与英语基础都各不相同，这使他们本来就不够扎实的英语语音、语调的学习面临着更大的压力。

**4. 表达不规范**

很多学生鼓起勇气进行英语口语的表达时，不可避免地会表现出用词不准确、句法不规范的情况。例如：

The reason for the car accident is not clear.

这次车祸起因不明。

根据英语的表达习惯，当描述主观原因时应使用 reason，当描述客观原因时应使用 cause，应修改如下。

The cause for the car accident is not clear.

My father loves to lose temper recently.

我爸爸最近爱发火。

本例中，学生在表达“爱发火”中的“爱”时使用了 love，这明显违背了 love 的本义，应修改如下。

My father is inclined to lose temper recently.

## 二、大学英语口语教学的原则

英语口语是一门以提高学生运用英语进行交流为目的的专业课程。为了实现这一目标，在口语教学中需要遵循一定的原则，下面对其进行具体的分析。

### （一）情境化原则

语言的使用必须在一定的场合或者情境中进行，因此在口语课堂教学中也不能忽视情境这一重要的因素。在当前我国的口语教学中，真实情境教学是严重匮乏的，很多大学生很少有真操实练的机会，这必然导致了学生的口语水平比较低下。

情境化原则要求教师提供给学生更多的真实情境下的训练机会。在口语教学中，教师从不同的教学内容出发，设计不同的练习情境，让学生在这些情境中进行训练。情境的设置可以是多种多样的。例如，可以是购物，可以是走亲访友，也可以是约人看电影等。教师可以根据这些场景来自行设定对话内容或者叙述故事。

### （二）多样化原则

传统的大学英语口语教学中，教师习惯使用单一的教学手段，这不但影响了英语学习者的语言技能的培养，而且会给他们的英语学习带来障碍。因此，在进行英语的口语教育时，教师要遵循多样化原则，采用多样的教学手段和方法。教师可以充分利用录音机、多媒体等教学设备，将口语知识以图片、动画、影像的形式展现在学生面前，还可给学生创造真实的英语口语语境，不断地增强学生说的能力。

### （三）生活化原则

学生学习口语的目的主要是以后的交际。因此，教师在设计口语任务的时候，应该贴近学生的学习和日常生活。只有这样，才能增强学生主动开口的机会。对这一原则的把握，教师需要从以下三个方面着手。

（1）主题或者话题应该具有趣味性。

（2）要从学生实际的需求和愿望出发。

（3）将学生感兴趣的内容渗透到教学之中。

### （四）互动性原则

在口语教学过程中，不能机械地进行训练，而是要让训练充满互动性，让学生能够在训练的过程中提升自己的口语水平。因此，在口语教学中要坚持互动性原则。

互动性原则主要强调的是动，具体地说就是对某一话题所展开的动态性的练习。在口语教学中，教师如果按照传统的口语教学模式仅仅采用提问的形式，学生只能被动地进行口语表达，这样不利于提高学生的口语能力。为了改变这一传统教学弊端，在实际的口语教学中，教师需要采用小组讨论、对话练习、角色扮演等方式开展学生之间的互动训练活动。只有这样，口语教学才会给学生营造充满乐趣的学习氛围，打破传统的压抑的教学环境，不断地激发学生的积极性，从而有效地提高学生的口语能力。

### （五）渐进性原则

大学英语口语教学不是一蹴而就的，是一个循序渐进的过程，在这一过程中需要由易到难、层层深入，循序渐进地展开。例如，在大学英语口语教学中，有些学生由于受本地区语言的影响，英语发音常常夹杂着一些方言口音，针对这种情况，教师就需要结合学生具体的语言特点和发音困难，由易到难逐步地引导并帮助学生克服这一语言发音问题，鼓励学生积极、主动地说出正确发音的英语。

另外，需要注意的是，起初设定教学目标时要适中，不能太高也不能太低。太低的教学目标不能引起学生的兴趣与注意力，太高的教学目标则会令学生对口语学习产生畏惧心理。

**（六）科学性原则**

在学习英语的过程中不可避免地会出现一些错误，口语学习也是如此。在口语教学中，纠错是否处理得当直接关系到学生口语学习的积极性以及教学效果，因此在口语教学中需要客观地对待纠错。既不提倡有错必纠，不放过任何一个错误；也不提倡对错误置之不理，认为错误是很自然的现象，这样会让语言朝着更为僵化的方向发展。

在口语练习中，针对学生出现的各种语言错误，有些教师会立刻打断学生的思维，纠正学生在口语表达中的错误，这种方式有着一定的弊端。容易打击学生的信心，在一定程度上增加了学生的恐惧心理，长此以往，学生会因害怕出错而逐渐丧失使用英语口语表达的勇气。这一方法是不可取的。

针对学生的口语表达错误，教师不能立刻打断学生的思路，而是在学生表达结束之后再对其进行纠正，但是也需要讲究一定的策略，根据学生不同的错误进行具体的处理。通常而言，在实际的操练语言的场合，教师对学生的错误可多纠正；但是在运用语言进行交际的场合，则没有必要进行过多的纠正，只要不影响正常的交际即可。对于口语水平较高、充满自信的学生，当众对其纠错能够给这样的学生心理上的满足；然而对于口语水平较低、缺乏自信心的学生，则需要避免当众纠错，防止加重学生的自卑心理。因此，在口语教学过程中，先表扬、再纠正是最佳的纠错方法，这有利于维护学生口语学习的自信心以及给学生提供足够的自我纠正的机会。

**（七）鼓励性原则**

一般情况下，造成学生不愿意开口讲英语的因素有很多，如语言因素、非语言因素、心理因素、生理因素、文化因素、情感因素、角色关系因素等。1996 年，著名学者崔（Tsui）对学生在课堂上不愿意开口的现象进行了调查和研究，总结出以下五点原因。

（1）学生怕说错而担心被其他同学耻笑而不愿说。

（2）学生觉得自己的语言水平低而不愿说。

（3）教师的问题有些难，学生本身就不理解。

（4）话轮分配得不均匀。

（5）教师提问时不能容忍沉默，学生不愿意回答的结果就是要么那些成绩好的学生开口说，要么教师自问自答。

由此可见，在英语教学中，老师要创造一个良好的英语教学氛围，给孩子们安排好有价值的英语教学，这样他们就会对英语教学产生浓厚的兴趣。

著名学者努南（Nunan）认为，口语教学的一个重要原则就是鼓励学生大胆说出英语，这就需要教师为学生提供更多有意义的语境，让学生在这些语境中充分地锻炼自己的口语，并且他们也不用担心会被其他的学生耻笑。对于那些口语基础差的学生，教师应该选择不同的教学方法，如“脚架式”教学，为这些学生制订一些符合他们的口语学习策略。

#### （八）先听后说原则

听和说是交际活动中相辅相成的两个方面，听是说的前提条件，在口语交际的过程中，需要在听懂对方话语的前提下，才能说出合适的话语，从而进行有效的交际。

具体到大学英语口语教学中，学生通过听来获取相关的语言信息，逐步地涉及大量的词汇，从而有效地激发学生的表达欲望，尤其是当具有了足够的语言储备之后，学生就会实现真正意义上的口语会话，这也是经过听的积累之后所达到的必然结果。可见，遵循先听后说的原则，在听的基础上不断地进行积累和模仿，有利于不断地提高说的能力。

#### （九）内外兼顾原则

内外兼顾的原则是指不仅要注重课堂活动，还要兼顾课外活动。课堂教学是英语教学的重点，而课外活动是课堂教学的继续和延伸，与课堂教学有着密切的关系，因此教师除了注重课堂教学之外，还需要注重课外活动。通过组织一些课外活动，可以巩固学生学过的知识，并且课外活动可以为学生提供一定的语言环境，有利于学生进行交际，在这一过程中，教师可以对学生的口语表达与交际适时地提高一些指导，帮助学生能够在不同的场合正确、恰当、流利地进行交际。

另外，在课后作业上，教师可以让学生分组学习，在学习的过程中可以小组讨论，尽可能地利用有限的机会培养学生说英语的兴趣，从而不断地巩固和提高学生的口语能力。

### 三、大学英语口语教学的方法

#### （一）任务型教学法

一种比较普遍的教育方式就是任务型教学法，以学生为核心，小组合作学习为其最基本的方式，以学生完成任务、培养学生的英语能力为主要目标。采用任务型教学法开展口语教学，可以有效调动学生学习的动力和积极性，培养学生的合作竞争意识，进而培养学生的口语交际能力。任务教学法的实施包含以下三个步骤。

##### 1. 任务前

任务前阶段也就是准备阶段，在此阶段教师要帮助学生做一些准备工作，可以是语言知识上的准备，也可以就话题做准备，以便为下一阶段任务的开展打好基础。在呈现任务时，教师要结合学生的生活和学习经验，创设有主题的情境，以此激发学生的好奇心和兴趣。教师要为学生提供与话题有关的环境及思维的方向，并且把学生已有的知识与要学习的新知识之间建立一定的关系，以此调动学生说的欲望，引导学生对新课产生兴趣和期望。

2. 任务中

这是任务的实施阶段。学生在接受任务后，可以采用多种方式来实施任务，如以采取结对子或小组自由组合的形式，也可以由教师设计许多小任务构成任务链等。结对子或小组自由组合的形式可以使每个学生都有机会练习口语，教师设计许多小任务构成任务链这种形式可以培养学生合作互助的精神。在完成交际任务的过程中，学生围绕口语任务主动搜集资料，学习课外知识，这些知识的积累可以增加学生口语语料的储备。

在这一阶段，教师主要起指导和监督的作用，以确保学生活动的有序进行。教师也可以参与学生的活动，以激发学生的积极性。

3. 任务后

任务完成之后，教师就需要指派各小组出代表向全班汇报任务的完成情况，然后教师总结任务，通过分析，指出每一位同学在课堂上表现得好和不好。在进行评估的时候，老师应该尽可能地对他们的工作表现出积极的正面态度，多给予一些激励和赞美，并评出一个优秀的团队，让他们在完成了自己的工作后，能够感受到自己获得的快乐，与此同时，老师要对学生口头语言中出现的一些问题进行及时地指出和改正，对他们进行适当的指导。在此环节中，老师要对某些具体的工作内容进行归纳，以达到提高英语水平的目的。

### （二）交际教学法

交际教学法是以社会语言学与理论为基础的，其主要目的是培养学生的交际能力。而英语口语教学的主要目的也是培养学生用英语进行交际的能力，因此将交际教学法运用于英语教学中意义重大。交际教学法视教学过程为交际过程，注重学生语言的功能，认为教学内容应以语言功能为主，强调让学生在真实情景中展开交际活动，从而提升表达能力。通常，交际教学法包含以下几种活动形式。

1. 呈现活动

呈现活动是交际活动中最为简单的一种，但对一节课的成功却起着至关重要的作用。呈现活动要求教师创设一种意思清晰明了的情景，让学生在这种情景中自然地说出新的语言。同时，语言项目呈现的方式要随情景、时间、场合以及内容的不同而变化，这样才能使学生有身临其境之感，才能使学生对语言材料的含义有更深的了解。在呈现活动中，教师可以利用图片、挂图、投影仪、多媒体等形式呈现交际情景，吸引学生的注意力，然后要求学生根据图片和画面等展开口头叙述，以锻炼学生的口语表达能力。

2. 创设情景

将英语运用于实际交际是学生学习英语口语的最终目的，因此英语口语教学必须与学生的实际生活相联系，使学生能在真实的交际情景中掌握交际的要领。这就要求教师在英语口语教学中创设各种真实、自然的情景，变抽象的语言教学为情境化、形象化、具体化的教学，营造出轻松愉快的课堂氛围，激发学生表达的欲望。创设情景的方式有很多，以下介绍两种最为常见的方式。

（1）角色扮演。在角色表演中，教师要为学生提供一个真实情景，并且给出情景中的人物角色，让学生扮演角色进行交际。这是一个能调动学生全身参与的教学活动，其优点在于能够给学生提供在不同场景里以不同的社会身份交际的机会。由于这种交际活动简便易行，并且有效避免了机械、重复、单调的练习，能有效锻炼学生的口语表达能力，因而成为深受学生喜爱的一种口语练习方式。

学生是角色扮演活动的主体，其可以自行分配角色预先排练，然后在全班同学面前表演，而教师只需在必要时进行适时指导，尽量不要干预其中。角色扮演的形式主要有三种：个人表演、两人结对演出、小组表演。

在学生表演结束之后，教师还需要对学生的表演情况进行评价，尽量多地表扬和鼓励学生，同时恰当地指出学生在表演和口语表达上的欠缺之处。

（2）配音。配音是另一种情景设置的重要方式，而且其操作方式灵活、多样。教师既可以直接将视频材料中原来的声音消除，让学生根据画面场景自由发挥想象并配音，也可以要求学生先听一遍原声对白，讲解完语言点后再播放两遍让学生背诵台词，然后消除视频声音让学生对照画面回忆台词配音。由于配音活动符合学生年轻爱搞怪、爱扮演的性格特点，因此更能调动学生参与的积极性，同时引发学生主动思考、积极表达，无形中锻炼了学生在不同的情境下用英语表达的能力。

**3. 发现并解决问题**

在口语学习过程中，学生总会遇到各种不同的问题，因此解决问题就成了口语中一项重要的活动，即要求学生依据指示去发现和解决问题。在英语口语教学中，老师可以随时与学生进行沟通，在交流中，学生可以找到他们在表达时的困难，错误。口语能力较差的学生可以通过教师的指导发现和解决问题，口语能力较强的学生则可以通过自己的努力解决问题。交流的时间没有限制，可以在课前、课中，也可以在课后。通过这一活动，学生不仅会积极主动地探索和发现问题，还会努力地寻求解决问题的方法，进而学生就会从被动的接受者逐渐转变为积极的探索者。

很多学者从文化背景这个角度出发去研究大学英语口语教学，但大多数只将关注点放在目的语文化在大学英语口语教学中的渗透上，有关母语文化对英语口语教学影响的研究，尤其是行动研究少之又少。母语文化意识在运用得当的基础上，不仅不会成为外语学习的障碍，而且能够帮助学习者过滤鉴别外界摄入的信息，自如地使用目标语来解决问题，进而达到提高口语水平的目的。具体可以通过以下途径在大学英语教学中渗透中国传统文化。

## 第三节　大学英语口语教学中中国传统文化渗透的途径

### 一、创设与中国文化相关口语交际的场景，为学生搭建口语表达的实践平台

大学英语教材上有关口语教学的内容大部分取材于西方文化，与学生的实际生活相差甚远，教师要结合学生的实际生活，在口语课上加入一些中国文化的因素，为学生设计与其实际生活密切相关的场景，促进学生用英语表达自己熟悉的事物。这样学生才会无所顾虑地开口讲英语，在轻松愉快的氛围中感受英语语言知识的真正意义。学生只有主动愿意说英语，才能说好英语。

### 二、向学生补充有关中国文化的词汇或句子

课堂中，适当补充与中国文化相关的英文表达，引导学生用目标语去谈论他们的母语文化。教师可以有意识地拓宽他们的视野，在面对课本上出现的语言点时，不要一味地讲，而是想方设法为语言点创设相关的中国文化情境。学生在日常生活中能时刻想起所学的英语知识点，激发学生英语口语学习的积极性。

### 三、进行文化对比

采用文化对比就是在大学英语口语教学中将其他国家的语言文化与中国文化进行对比，让学生对两种文化系统下的行为规约、文化规约进行理解和掌握。需要注意的是，教师不能仅仅局限于对比表层的形式上，而应该挖掘出深层的内涵，即不仅要进行语言对比，还要进行非语言对比，具体涉及以下几个层次。

#### （一）植物文化的对比

汉语中的土豆只是一种普通植物，并没有特殊的含义。英语中的 potato 由于为人们所喜爱而具有了较为丰富的内涵，常用以喻指“人、人物”或“美元”。例如：

a small potato 不起眼的人物

a couch potato 整天沉溺于电视节目、无暇顾及学业的人

a hot potato 棘手的问题

Put your potatoes in all the offices.

在每个办事处安排他们的人。

You can buy this beautiful jacket for 497 potatoes.

只要 497 元，您就能买到这件美丽的外套。

Compared to her，the girls I met in Australia and the United States were like tiny potatoes.

在我眼里，我在澳大利亚，在美国遇到的姑娘们，跟她一比，简直就是小巫见大巫了。

另外，在英语中，“清洁”这个词也被用来比喻“正派的人”和“正经的事”。比如：

In his subconscious mind, he already knew that his father wasn't a “clean potato”.

他早就隐约知道他爸爸不是个好人。

### （二）动物文化的对比

西方人眼中的 crocodile 是一种凶残、狡诈的动物，它在捕食对象面前常通过流泪来麻痹对方，然后趁对方没有防备时将其吞噬。实际上，crocodile 流泪并不是出于伤心或悔恨，而是一种正常的生理反应，即排出盐分。因此，英语中的 the crocodile tears（鳄鱼的眼泪）通常喻指“假慈悲、假仁假义”。例如：

He wept a few crocodile tears over his wife's death and then got married again at once.

他假惺惺地为妻子的死掉了几滴眼泪，然后很快又结婚了。

汉语里的鳄鱼并没有特殊的文化含义，“鳄鱼的眼泪”与汉语中的“猫哭耗子，假慈悲”具有异曲同工之妙。随着文化的交流，“鳄鱼的眼泪”的说法也逐渐为中国人所接受。

### （三）色彩文化的对比

无论是在古代汉语还是现代汉语中，“蓝”字一般都是就事论事的使用，没有其他引申义，可见由蓝色构成的汉语词语是非常贫乏的。但就象征意义而言，汉语中的“蓝色”经常用于表示“依据”。比如“蓝本”，最初是指在正式出版前，为了进行校对而用蓝字印刷的初次印刷本，后来又专门指用于写作、修改等工作的原稿。“蓝图”这个名字来自于英语中的 Blueprint，最初的意思是一张设计图，因为它的颜色是蓝色的，现在被用来比喻建筑的设计和计划，以及人们对未来的憧憬。

Blue 在英语中具有各种各样的文化内涵，并且很多都是与其字面含义无关的。

（1）地位的高贵、法规的严格或人们对某种事物的热情。例如：

blue ribbon 最高荣誉的标志

blue blood 贵族血统、名门望族

blue laws 严格的法规

blue nose 严守教规的卫道士

（2）情绪低落、心情郁闷。例如：

in a blue mood 处于忧郁的情绪中

to feel blue 闷闷不乐

to cry the blues 情绪低落

to look blue 神色沮丧

（3）迅速、突然。例如：

out of the blue　突爆冷门

blue streak　一闪即逝的东西

(4) 疾病。英语中的 blue 与 lavender (淡紫色) 均有疾病的联想。例如:

be laid up in lavender　某人身体欠佳

beat sb black and blue　打得某人遍体鳞伤

blue baby　生下来有先天性心脏病、浑身皮肤发青的婴儿

lay sb out in lavender　把某人打得不省人事

(5) 色情的、下流的。例如:

blue films/movies 黄色电影

blue jokes 猥亵的笑话

blue video 黄片

(6) 正义。

blue heaven 是上帝的住所，因此英语常用 blue 来表示忠贞。例如:

a true blue 忠实可靠的人

### (四) 数字文化的对比

在中国文化中，“十三”基本不含贬义，是比较平常的数字，甚至有时还具有一些积极的意义。例如:

十三陵 (明皇陵)

十三经 (儒家经典)

十三太保 (北京同仁堂十三种最有名的中成药)

此外，“十三点”一词源自上海方言，用于描述一个人呆头呆脑或说出一些反常的话语，也可用作开玩笑、责备或轻微的咒骂。

相反，西方人却像躲避瘟疫一样躲避它。比如，每个月的 13 号不适合举办庆祝和其他节日；宴请的客人不得超过 13 人，且不得超过 13 道菜肴；高层建筑的第十三层，标为 12 A；戏院，火车，飞机，等等都没有第十三号。

### (五) 社交文化的对比

英汉社交文化的差异集中体现在问候与告别的方式上。概括来说，中西方的问候方式大体相同，但在具体的表达方式上具有较为明显的不同。

#### 1. 称谓式问候

所谓称谓式问候，是指以称呼对方的方式来进行问候。具体来说，中国人常使用“姓氏+通称”的方式，如李经理、孙大夫、王奶奶、小孙、老李等。相比较而言，英语中也使用这种方式，如“Hello! Miss Black!”或“Hi! John!”等，但不如汉语中数量多。

#### 2. 祝愿式问候

祝愿式问候用于表达美好的祝愿，在英汉两种语言中都大量存在，并且含义基本相

同，如汉语中的“您好!”和英语中的“Good evening!”等。

### 3. 称赞式问候

人们常通过称赞对方来进行问候。在中国，非常熟悉的亲友之间，尤其当双方都是女性时，常使用这种问候方式，如“气色真不错!”西方人也使用称赞式问候，但其问候内容并不像汉语中那样具体。

### 4. 关心式问候

关心式问候是指通过问候来表达对对方的关心，如汉语中“你吃了吗?”“你到哪儿去?”和英语中的“How are you doing?”“How is your family?”值得一提的是，汉语中的这种问候形式虽是问句，却并不要求回答。

### 5. 交谈式问候

中国人常通过正在进行的事情来问候，如“上班去?”“打球呢?”等，而英语国家的人常通过谈论天气来进行问候，如“Lovely weather，isn't it?”需要注意的是，中国人有时会谈及工资、年龄、婚姻等话题，但这类话题会让西方人产生戒备心理，因此在与外国人交谈时应尽量避免。

中西方国家的告别习俗存在明显的差异，具体体现在以下几个方面。

(1) 中国人常通过表示关心来告别，如主人常说“您慢走!”客人则通过“请留步!”来表示回应。西方人常使用祝福语进行告别，如“Good-bye”的含义是“愿上帝与你同在”(God be with you)。

(2) 中国人在告别时常表达相互关切之情，如“多注意休息!”“别太累了!”而西方人在告别时常对双方接触的过程进行评价，如“I'm very happy to talk with you”。但中国人有时也有例外情况，如在向他人求教后常说“真是听君一席话，胜读十年书啊”，即通过评价双方的接触来告别。

(3) 中国人常出于对对方的关心来结束交谈，如“您该休息了，我就不打扰了!”西方人结束交谈时常以客观原因（如时间安排、交通、天气等）为理由，以此来表示离开并非出于个人意愿。

## 四、完善测试内容，在口语测试中适当加入中国文化的知识

在各种英语测试中增加有关中国文化的题目，可以有效激发教师在英语教学中传授以及学生在英语学习中学习中国传统文化的动力，强化我国的素质教育。在英语测试中，教师可以加入一些与我国传统节日相关的阅读理解，或者在考试中让学生就中国文化中的某些礼仪去写一篇作文。也可以在日常口语小测试中，让学生用英语去表达自己所熟悉的一些中国传统文化知识，如让学生结合自己的实际生活来表达自己和家人是如何度过中国传统节日春节的。

# 第六章　中国传统文化与大学英语阅读教学的融合与渗透研究

## 第一节　大学英语阅读教学的内容与目标

### 一、大学英语阅读教学的内容

《大学英语教学指南》（2020）将大学英语阅读纳入了以下几个方面的内容。

（1）阅读目标。要求学生在阅读中理解作者意图、掌握文章的主旨和细节，同时提高阅读速度和阅读能力，培养阅读策略和思维技能，发展批判性思维和创新能力。

（2）阅读内容。要求教师选用具有代表性的英语文章，内容涵盖社会、文化、科技、经济、政治等方面，同时涉及不同的体裁和文体，如新闻报道、科技报告、文学作品等。

（3）阅读任务。要求学生根据教师的指导，完成不同类型的阅读任务，如理解主旨、寻找关键词、推理判断、做笔记、写作摘要等，以提高阅读能力和语言应用能力。

（4）阅读技巧。要求教师通过讲解和示范，帮助学生掌握一些常用的阅读技巧，如预测、推理、推断、分析、总结等，以提高阅读效率和准确度。

（5）评估方法。要求教师采用多种评估方法，如口头询问、书面测试、阅读报告、阅读日记、小组讨论等，以了解学生的阅读水平和能力，及时反馈和调整教学策略。

本书笔者在其理论上进行了深层次分析，认为当代大学英语阅读教学主要包含以下内容。

#### （一）背景图式

背景图式是指文章内容所涉及的人物、背景、话题等，这些信息会对学生的阅读产生影响，因此在当代大学英语阅读教学中，背景图式的训练是极其重要的。

例如，对 Vienna is the centre of European classical music 进行阅读教学之前，需要让学生对多瑙河、维也纳、现代音乐、古典音乐等有一个基本的了解，如果之前学生对这些信息并不了解，那么他们只能从字面意义上来理解整个文章信息，也就不能深层次地探究其所蕴含的文化意义。

这些信息并不是单单依靠教师这一途径，还需要学生利用网络资料对相关信息进行检索，并同其他学生分享，这样不仅有利于学生自身的发展，也可以将学生的阅读热情和主动性充分地调动起来，达到自己的良好阅读效果。

### （二）辨识单词

单词是语言的基本构成成分，是组句成篇的基础，学生要想读懂一篇文章，首先要能辨识出这些单词。然而，由于英语单词有曲折变化，名词有单复数之分，动词有时态区分，形容词还有级别的不同，这些语法现象在词形上都有直观的体现，经常会影响学生对单词的辨识程度。因此，在英语的阅读中，要加强词汇识别，尽量降低阅读困难，培养词汇识别的水平。

### （三）猜测词义

在阅读过程中，学生难免会遇到一些生词，这时候只靠查字典是不行的，因为查阅词典会影响学生对文章的理解。这时教师应该教授学生根据上下文语境来猜测词义，从而克服阅读障碍，提高自己的阅读速度。

### （四）厘清文章的逻辑关系

每一篇英文文章都具有一定的逻辑关系，这种逻辑关系不仅保证了语篇的连贯程度，更表达了作者对每部分内容的观点态度，因此识别衔接词，理解逻辑关系十分重要。在教授这部分内容时，教师可以对这些衔接词加以总结，一起呈现给学生。教师可以通过分析文章结构和语言表达方式，帮助学生厘清文章的逻辑关系。例如，在讲解一个段落时，教师可以指导学生找到段落的主题句和支撑句，分析它们之间的逻辑关系，从而帮助学生理解作者的观点和论证方式。同时，教师还可以提供一些例句和练习，让学生通过实际操作来加深对逻辑关系的理解和应用能力。通过这样的教学方式，学生可以更好地厘清文章的结构和逻辑关系，提高阅读理解和语言表达能力。

### （五）理解句子的交际意义

要想对一篇文章有一个正确的理解，弄清句子也是必要的。要想做到这一点，仅仅依靠字面意义是不够的，有时候字面意义也是错误的，需要理解句子的交际意义，探究和分析出句子所要陈述的实际意图。例如：

What a noble illustration of the tender laws of his favored country! -they let the paupers go to sleep!

上述例子中，如果按照字面意思理解显然是不准确的。事实上，该例属于一个反话正说的表达，其目的和意图是对这个国家的法律的残忍性进行讽刺，如果学生不明白这一交际意义，那么就很难准确地理解这句话。

### （六）辨识指示代词

指示代词的使用能够将一些结构上看起来相互独立的句子连接起来，从而产生逻辑、连贯的语义。在英语教学中，如何正确地使用指代词语也是至关重要的。所以，在进行英语阅读的过程中，老师要教给孩子们，怎样运用指示代名词来整理文章的逻辑、层次，否则学生很可能无法理解文章，甚至误解文章。

### （七）把握语篇主要信息与观点

文章的主要信息和观点是文章的主题，是写作者所要展现的整篇文章的灵魂和重点。因此，要想理解一篇文章，理解其主旨思想是必须的。如果主旨思想、主要信息的理解出现偏差，那么就会导致对整篇文章的误解。可见，在现代高校英语阅读课上，除了要指导学生理解文章的中心思想外，还要明确作者的协作目的。

### （八）从细节、推展中理解主题

一篇合格的文章中，每个细节、每段论述都必然是围绕主题开展的，没有一丝一毫的或背离主题的信息。因此，学生在阅读文章时，教师要引导学生注意每一个细节，要善于以小见大，另外还要注意整篇文章的推展过程，分析文章是怎样一步一步突出主题的，这对学生深刻理解主题有很大的帮助，因此也是英语阅读教学的一项重要内容。

### （九）信息图表化

阅读材料中包含很多复杂的信息，但有时也包含一定的归属类别，或者彼此之前存在着某些关系，如果不对这些归属类别或关系梳理清晰，那么就很容易在阅读中遗忘。因此，在当代的大学英语阅读教学中，教师应该引导学生将材料中的同类信息进行归纳，形成一个图表；或者用箭头、线条的形式将相关信息加以串联，表明关系，形成一个信息图。这些对于学生厘清思路、获取重点信息十分有利。

### （十）培养阅读技巧

阅读技巧是影响学生阅读速度的一个重要因素。而且阅读技巧常常与阅读目的相关，如果阅读目的是对文章大意的了解，那么学生就可以采用略读的形式，快速浏览全文，不必浪费大量的时间在每一个单词的理解上。如果阅读目的是对文章某一细节的了解，那么学生就可以采用跳读的形式，将无关的信息省略掉，直接跳到与这一细节相关的信息上。

## 二、大学英语阅读教学的目标

根据教学指南，大学英语阅读教学的目标主要包括：

（1）培养学生阅读英语的兴趣和能力，提高其阅读速度和准确性；

（2）帮助学生掌握阅读英语时的技巧和方法，如推理、判断、概括、归纳、综合等；

（3）提高学生阅读英语材料的理解能力和分析能力；

（4）培养学生批判性思维，提高学生的文化素养和国际视野。

在实现这些目标的过程中，教学指南还要求教师在教学中注重：

（1）强化对英语语言结构和词汇的学习，提高学生的语言水平；

（2）指导学生阅读不同主题和风格的英文文章，增加学生的文化背景知识；

(3) 强化学生的阅读策略，如扫读、略读、精读等，帮助学生掌握快速阅读和深入阅读的技能；

(4) 引导学生进行课外阅读，鼓励学生广泛阅读英文书籍、杂志、报纸等。

总之，为了提高大学生的综合阅读水平和国际视野，新修订的《大学英语教学指南》对大学英语的阅读教学提出了更高的要求。

# 第二节　大学英语阅读教学的现状、原则与方法

## 一、大学英语阅读教学的现状

### (一) 教师教学的现状

在英语教学过程中，老师起着“引路人”作用。一位优秀的英语阅读老师，在很大程度上影响了学生的阅读能力。然而，当前高校英语阅读课却出现了许多新的问题。

#### 1. 重视语言结构，轻视文化内容

虽然很多大学英语教师已经意识到语言的交际功能以及语言使用的社会文化环境对语言学习的重要影响，但是从对教学效果的调研（如教师自评、学生评）、现行教材的教学参考资料的使用状况以及教师的教案交流等相关的具体情况来看，在大学英语教学中包括阅读教学中依然普遍存在着重视语言结构、轻视文化内容的现象。最常见的教学方法和模式依然是“讲解课文语言点+练习语法词汇——阅读课”。

还有一部分教师仅仅注重学生语言形式的使用是否正确或者使用得是否流畅等，几乎不注意同语言的社会文化含义相结合来进行教学。这样一来，就极易造成学生对语言理解产生局限性，仅仅将其局限在语言在英语教学环境中的意义。一个非常典型的现象就是很多学生仅注意将外语词和母语词对应，如在理解 aggressive 一词时仅将其理解为“侵略的”之意，但是对其在中西文化间的差异不太重视。

#### 2. 应试教育倾向

现在，我国的大学英语教育中，应试教育倾向仍十分明显。教师在阅读教学过程中过分重视讲解应试技巧，而忽视提升学生的阅读能力。例如，大学英语四、六级考试就有明显的应试倾向，而且这些考试多为笔头考试，尽管也对学生产生一定的正面反拨作用，但是在语言表达上也仅仅是做出判断。甚至只要学生抓住其中的关键词，就可以解决问题，这就使得学生仅仅局限于对阅读材料粗略的理解上，并没有提升自身的阅读能力。即使有些教师已经知道了应试教育对学生能力可能有害，但是迫于业绩或者升学的压力，教师并未做出任何改变。

#### 3. 教师的跨文化意识和能力不强

现在一部分大学英语教师在某种程度上已经意识到了英语教学实际上也属于文化教

学，但这种意识还不够强。具体表现在以下两个方面。其一，一部分教师对跨文化教育同英语教学间的关系并没有形成系统、科学的理论。其二，受当前教育体制的限制和制约，将跨文化教育的理念应用于英语阅读教学中还不太现实。如此一来，就导致大学英语教师的跨文化意识和能力都处于相对较低的水平和层次。

#### 4. 教学模式不当

在当代的大学英语阅读教学中，存在三种教学模式的问题。

其一，以学习语言的形式处理阅读。这种教学模式认为，阅读课主要是为了学习词汇、语法知识，只要能够理解阅读材料的句子，就能够理解整篇材料。受这种教学模式的影响，教师上阅读课的主要任务是：借助教学参考书和字典，弄清楚整篇的主要脉络、某些重点的单词的词义、某些复杂句子即可，这种方式不得不说对学生通过考试非常有效。

但该教学模式也存在明显的缺陷，即教师只侧重对重点词汇、句子的掌握和理解，却没有从整体上教会学生理解语篇，了解整个语篇的意图和结构，这很难启发学生的整体思维和创造性思维。

其二，精读与泛读关系处理不当。精读和泛读是英语教学中的两大重要课程，在英语学习中占据着重要地位。对于二者，精读的要求是仔细阅读，要求学生高声朗读、反复背诵，也要求教师讲得细致仔细；而泛读是要求读得多而快，通过读得多来培养自己的语感。然而，现实中却恰恰相反，精读读得过于粗化，而泛读读得过于仔细。这样就造成了二者的关系处理不当，直接影响了阅读效果。

其三，以语境和功能为侧重处理阅读。这种教学模式虽然强调对语义的理解，知识面与语境特征的掌握，但是忽视了对基础词汇、语法特征的教授和学习，也就忽视了语言的基本形式。受这种阅读模式的影响，教师往往强调学生阅读语篇的速度，然后对语篇的主题、目的、结构等进行讨论，但是实际上，学生的基本功并不都十分扎实，因此常常会导致学生语言运用的失误。

### （二）学生学习的现状

#### 1. 语言基础薄弱

阅读过程中，学生需要调动自己多方面的能力才能正确理解文章中的词汇、句子及段落大意、修辞手法。如果语言基础薄弱，则会对阅读带来巨大的障碍。具体来说，大学生语言基础薄弱的问题主要表现在以下两个方面。

（1）语法知识不足。在英语教学中存在着许多问题。尤其是遇到长句、难句时，学生会一下子就乱了阵脚。例如：

As the science of gene expression grows，we may be able to create genes that can turn themselves off after they have gone through a certain number of cell divisions or after the gene has produced a certain amount of the desired product.

这样一个长句，学生第一感觉通常会很棘手，不知该如何应对，可是如果对该句进行分析就会发现，虽然句子很长，结构还是很清晰的。这句话共由五个部分构成。

①时间状语从句：As the science of gene expression grows；

②主句：we may be able to create genes；

③第一个时间状语从句：after they have gone through a certain number of cell divisions；

④第二个时间状语从句：or after the gene has produced a certain amount of the desired product；

⑤定语从句：that can turn themselves off。

其中，③和④共同修饰⑤。

句子结构的分析都是建立在有一定的语法基础上，如果语法不过关，想提高阅读能力就会遇到障碍。

（2）缺乏猜词能力。阅读过程中难免会遇到生词，很多学生会死抠一些非重点的生词，常常因为某一个生词浪费了大量的时间，也影响了后面的阅读。还有些学生由于缺乏根据上下文猜词的能力，所以无法推测出生词含义，因而影响了对语篇的理解。因此，教师应该传授学生一定的猜词策略，使学生能够更好地处理生词，从而提高阅读理解的效率。

**2. 背景知识欠缺**

学生是教学的主体，是影响教学效果的主要因素。因此，学生方面存在的问题很大程度上制约着大学英语阅读教学的顺利开展。就目前来看，我国大学生普遍缺乏英语文化背景知识，对英语国家的历史、地理、文化等不了解，从而制约了英语阅读教学的顺利开展。

例如，同一种动物在英汉两种文化中可能具有不同的含义。龙在中国具有悠久的历史，它既可以呼风唤雨，也可以主宰自然。此外，龙还是皇帝的化身，皇帝被称为“真龙天子”，其后代则是“龙子龙孙”。总之，汉语中的“龙”具有至尊至上的感情色彩，蕴含着“权威、力量、才华、吉祥”等褒扬的语义。但是，这样一种吉祥的动物在英语中是一种长有翅膀、有爪子的、喷火的类似鳄鱼或蛇的怪物，是邪恶的象征。如果不了解dragon在英语中的含义，学生在读到下面这句话时就会不知所措。

One socialist dragon that Thatcher may never slay is the National Health Service.

这句话把社会主义比喻成dragon，因为在英美资本主义国家眼中，社会主义是恶魔，是要消灭的。

可见，在英语教学中，通过对英语文化的了解，可以有效地提高学生的阅读水平；相反，如果缺少相关的背景知识，则会导致学生在阅读中出现错误，甚至出现阅读障碍。所以，教师应引导学生进行广泛阅读，多了解英语国家的背景知识，这样才能提高阅读速度，保证阅读理解的准确性。

**3. 阅读观念错误**

长期以来，很多学生对英语阅读存在着下面一些错误认识。

（1）将词汇量等同于阅读能力，片面地认为词汇量大就意味着阅读能力强。实际上，阅读不仅仅是词汇量的问题，还受词义把握、句子结构、语法知识、语篇分析等多方面能力的影响。

（2）把阅读速度等同于阅读能力，但事实并非如此。阅读能力不但体现在阅读的速度上，而且体现在对文章的理解上。有些同学读得很快，理解程度却很低。虽然读完了，可是并没有抓住重要的细节和文章大意，这样就不能说阅读水平高。

因此，在阅读教学中，教师应向学生灌输对待阅读的正确观念，既不能一味求快，也不能用扩大词汇量来代替阅读练习，而应从多个方面入手来提高阅读能力。

**4. 阅读习惯不良**

阅读习惯是影响阅读质量的一个重要因素，不良的阅读习惯对阅读效率、质量都有阻碍作用。下面是一些常见的不良阅读习惯。

（1）唇读。一些学生在朗读习惯的作用下，在书写符号和代表书写符号的声音之间形成了很强的联系，因此他们在看到字母、单词和句子时，就会不自觉地发出相应的声音来。有些人没有说话，但他们的嘴一直在动，所以他们的脑子里一直在念。

（2）回视。在阅读中，遇到不能看清楚或理解的字或句，目光会回到已读过的词句上，这是很正常的反应。但有的时候，由于对已阅读过的单词和句子感到不安，甚至在没有生词和难句的情况下，还会回头看一眼，这表明学生已形成了回头看的坏习惯。

（3）指读。有些同学在阅读过程中，会用手指、铅笔或尺，一字一句地指出来，以达到专注的目的。

此外，有的学生不能按照文章的顺序进行阅读，时常发生跳读；换行时，不能迅速定焦看清文字。还有的学生阅读视野狭小，不以句子为单位，习惯几个字几个字地阅读。

上述这些不良的阅读习惯费时费力，不仅影响了阅读的速度，更影响着思维的连贯性以及理解能力。因此，教师应指出并帮助学生克服自身的毛病，培养正确的阅读习惯，以提高阅读的效率。

## 二、大学英语阅读教学的原则

### （一）因材施教原则

在教学过程中遵循因材施教原则，就是指教师要根据学生的个体差异，例如，有些学生基础较好，有着浓厚的学习兴趣，基本的阅读根本不能满足他们的阅读欲望，针对这样的学生，教师可布置一些具有挑战性的阅读任务，或向其推荐一些名著等。而有的学生阅读基础较差，由于自己较差的成绩而失去信心，自暴自弃，对于这样的学生，教师应在教学过程中不断鼓励和表扬他们，以使他们重新建立信心，同时给他们布置一些难度较小的阅读任务，然后逐步增加难度，使他们不断进步。总而言之，教师要关注每位学生的特点，并根据学生的特点采用不同的教学方法和手段，以显著提高教学效果。

### （二）激发兴趣原则

兴趣是最好的老师，无论是何种学习，抓住学生的学习兴趣才能得到最好的效果。有了兴趣，学生才能产生积极、主动、热烈的学习情趣。因此，教师要注意教学内容的适当变换和教学形式以及手段的多样化，尽量避免教学活动的枯燥乏味，从而激发学生的阅读热情和兴趣，使阅读教学经常保持新鲜感。

### （三）循序渐进原则

学生阅读水平的提高是一个循序渐进的过程，不可能一蹴而就。而阅读教学目标的达成是一个合理总体规划和长远规划的过程，也不可能立马达成。因此，在教学的过程中，教师应遵循这一原则，对阅读材料的选择、阅读方法的选择、任务的完成等进行细致周密的考虑，并引导学生寻求最适合自己的学习方法，扎扎实实地学习，最终完成阅读任务，提高阅读水平。

### （四）真实性原则

阅读教学要遵循真实性原则。概括来说，阅读教学的真实性包括以下两方面的含义。

（1）阅读材料的真实性。所谓阅读材料的真实性，是指教师所选择的阅读材料最好是和学生的日常生活相关的，最好是学生喜闻乐见的文本材料。另外，材料所使用的语言应符合学生的语言水平。不同的阅读材料既可以用来专门训练学生的某一项或某几项阅读技能，也可以用来训练学生的综合阅读技能。

（2）阅读目的的真实性。所谓阅读目的的真实性，是指教师应根据教学目的设计阅读教学活动，选择合适的教学方法，设计有针对性的练习。不同的阅读材料可以用来专门训练学生的某一项或几项阅读技能，也可以用来训练学生的综合阅读能力。教师必须通过差异化的教学方法和练习帮助学生完成各自的阅读目标。

总地来说，真实性原则要求教师根据实际情况，通过差异化的教学方法和练习，帮助学生完成各自的阅读目标，从而提升教学效果。

### （五）层层设问原则

层层设问原则，顾名思义就是指教师在阅读教学中提出的问题应该具有层次性，一环扣一环，按照一定的梯度，逐步揭示文章的主题。例如，教师在讲解 Thomas Edison 这篇课文时，可以提出如下问题。

（1）Who was Thomas Edison?

（2）When Thomas Edison was five years old, he sat on some eggs one day, didn't he? Why?

（3）Why did Edison's teacher send him away from school?

（4）How do you think about Thomas Edison? Why?

（5）What can we learn from the text?

不难发现，上述五个问题从简单到复杂，层次分明，学生在简单问题的回答中获得自信，从而更加愿意开动脑筋、积极思考下面的问题，在不知不觉中提高自己的阅读理解能力。

### （六）综合性原则

综合性原则要求阅读教学必须做到课堂教学与课外教学相结合，精读与泛读相结合，阅读量与阅读能力共同提高。就国内英语阅读教学现状而言，普遍存在重精读、慢读，轻泛读和快读的问题。这一现象导致学生纠结于语言层面的知识，而阅读量不够、速度慢、质量差。对此，英语阅读教学应坚持综合性原则，将精读、泛读、快读结合起来，不仅要重视强精读教学，还应注意培养学生的泛读和快读能力，做到“精、泛、快”相结合，全面提升学生的阅读水平。

## 三、大学英语阅读教学的方法

### （一）策略教学法

#### 1. 预测

在阅读中，预测是非常重要的一个步骤，它在阅读中起到了很大的作用，在阅读前，按照文章的主题和某些关键字，展开想象力，推测剧情，这样既可以训练学生利用所学的知识，进行独立的学习，又可以训练他们的逻辑思维。每篇文章都会有题目，恰当合理的题目通常会包含文章的中心思想。例如，在学习 *Earthquakes* 这篇课文时，学生看到这个题目时就会想象这篇文章的主要内容，并由此联想到中外闻名的大地震，以及地震的起因、反应和结果。这样的预测也会激发学生进一步阅读的欲望，促使学生在进一步的阅读中亲自去印证猜测的结果。不论猜测正确与否，最终都有助于对课文的理解。

#### 2. 略读

略读是指尽量快速地浏览整篇文章，以了解文章的主旨。略读是一种选择阅读，不要求逐字逐句，而只需选读一段的首尾句，有的时候，只需指明一段的主题句，抓住关键的事实和细节，至于其他的细节或实例，就不必细看了。具体来讲，略读要留意以下几点内容：文章的首尾段以及段落中的段首和段尾；文章的题目、小标题、黑字体、斜字体以及画线部分；文章中的关键词语；文章中的关联词语。

#### 3. 寻找主题句

文章的主题句往往体现了作家的写作思路和主旨，因此，把握好主题是把握好全文的关键。在具体的教学过程中，教师可以通过讲解话题的常用位置的特征，并通过实例加以解释。主题的安排往往是很有弹性的，多见于以下几种位置。

（1）主题句位于段首。一般作者在写文章时会先引出一个话题，然后针对这一话题进行详细的阐述，所以主题句设置在段首的可能性最大。而且主题句位于段首，不仅能使人一目了然，也易于被人把握。

（2）主题句位于段尾。除上述情况之外，主题句还时常出现在段尾，但是此时的主题句多是对上文的总结，或是对上文的描述提出的建议。

（3）主题句同时位于段首和段尾。主题句同时出现在段首和段尾的情况也十分常见，此时段尾的主题句不仅是对段首主题句的重复，更是对段首主题句的延伸和呼应。一般情况下，段首主题句和段尾主题句在用词和结构方面存在一定的差异。

#### 4. 推理判断

直接推理判断要求学生不仅要理解原文的表层意思，还要依据所提供的信息合理地推断文章的结论。通常，直接推理判断中含 infer，imply，suggest，conclude 等词。

间接推理判断是一种较为复杂、含蓄的推理方式。这就需要学生从文本中挖掘出更深层次的含义，并对其进行猜测。

### （二）合作阅读法

合作阅读法（Collaborative Strategic Reading）是指使学生通过参与合作活动扩充词汇、培养阅读技巧的一种教学方式。这种方法适用于大部分的英语阅读课堂教学。在水平参差不齐的班级中使用这种教学方法效果十分显著，不仅有利于扩大学生的词汇量，还能有效提高学生的理解能力和合作意识。

#### 1. 读前准备

进行读前准备主要是为了激活学生头脑中的相关图式，以完成以下三项任务：①预测阅读材料的主题与内容；②激活与阅读内容相关的背景知识；③在尽量短的时间内了解与阅读材料相关的信息。

#### 2. 细节阅读

做好读前准备以后，老师可以让学生进行细读。这一阶段的目标是培养学生对自己的阅读进行控制，让他们注意到自己哪里能够理解，哪里不能够理解。如果发现自己不能理解的地方，可以采取一些方法来帮助自己理解。

（1）根据英文构词法，如前后缀、词根等猜词义。

（2）将生词拆开，将其各部分的含义综合起来。

（3）通过关键词理解词义。

（4）根据上下文语境猜词义。

#### 3. 大意理解

这一环节要求学生对材料的掌握要做到以下两点。

（1）找出全文的六大要素：时间、地点、人物、起因、经过、结果。

（2）能用自己的语言叙述阅读材料内容，内容要包含以上六个要素。

这一环节中，教师可先向学生提出一些问题，让学生带着问题去阅读。在阅读之后，可以将学生分成人数相同的若干小组进行讨论，交流观点后归纳出最终答案。讨论结束后，教师可以抽查小组讨论的情况，请某个小组陈述本组的观点，这样不仅可以增进师生之间的交流，还能鼓励学生积极参与。

#### 4. 合作学习

经过以上环节的学习，学生对阅读材料以及阅读的策略有一定的了解和掌握，此时就可以开展合作学习活动了。具体做法是，教师对学生进行分组，每个小组成员都扮演一定的角色。角色分工如下。

（1）组长。组长在活动中的主要任务是确定合作阅读的具体任务，组织和保障合作阅读活动有效开展。

（2）问题专员。问题专员在活动中的主要任务是在学生猜测词义时用问题卡片提示操作步骤。

（3）激励员。激励员的作用是激励成员的主动参与，评价成员的参与情况，并对下一阶段的工作提出意见。

（4）监控员。监控员在活动中的主要任务是监督组员的参与情况，并维持组内的秩序。

（5）发言人。发言人在活动中的主要任务是作为本组代表宣布讨论结果。

（6）计时员。计时员在活动中的主要任务是掌控合作阅读各阶段的时间。

小组合作学习可以为学生创造轻松的学习环境，在这种环境下，学生可以轻松地学习和交流，而且通过实践活动，学生能更深入地了解和认识文本，进而提高听、说、读的综合能力。

### （三）语篇教学法

语篇教学法现已成为英语阅读教学中一种重要的教学方法。语篇教学法是在话语分析、图式等理论的基础上，对学生进行一种新的、有针对性的语言学习方法。这种从整体到局部再到整体的阅读方式，是指在对全文进行阅读的过程中，先建立起全文的语意图像，之后，对词句等文字符号进行解码，再对句子和段落的含义进行理解，从而对全文的语意图像进行完善。下面将详细介绍如何运用语篇教学方法。

#### 1. 解析语篇体裁，掌握篇章结构

掌握具体的语篇类型，可以帮助我们更好地预测文本的内容。因此，对语篇进行分析，既有利于提高学生的英语阅读水平，又有利于学生的英语综合应用能力。

在英语阅读课上，尽管所用的语篇类型很多，但是归结起来，英语文本主要还是以叙述类和说明类占主导地位。叙事性文章以故事、传奇和传记为主，而说明性文章则以科技、天灾、环境保护和饮食文化为主。

在进行记叙文阅读的时候，老师要指导学生对记叙文的特征有一个清晰的认识，并让学生根据这些特征来进行阅读。与此同时，老师要提醒学生对事件发生的过程进行关注，让他们把握好文章的主旨，进而让对文章的内容有一个正确的理解。同时，在阅读过程

中，老师也会让学生记住文本中的一些具体内容，并在此基础上进行复述，降低阅读难度。

**2. 激活背景知识，拓宽理解视野**

背景知识对于准确地理解一段话语具有重要的作用，因为它是一段语篇被界定的外在环境。通过对背景知识的活化，可以使学生更深入地了解文本的主旨，更好地了解作者的创作意图和思维取向。在这些活动中，教师提出问题是一种非常有效的教学方法。比如，在解释"上帝的眼睛"时，我们可以先让学生看一眼图片，再提问："什么是图片?"在看到图和听到问题之后，学生们会说：Christmas tree，Santa Clause，stocking gifts，two girls and a boy。这样的一问一答，也就将学生关于圣诞节的知识给激活了起来。之后，学生们对 Christmas，Christmas Day，Christmas Eve，Christmas Tree 等背景知识进行了详细的解释，并提出了如下问题：

On Christmas Day，what do kids in the West place or hang on the bed?

Why is it that the girls are happy and the boys are sad?

上述问题的讨论应以学生为主体，在回答的过程中能够充分地发挥他们的主动性。通过提问，让学生对文章中出现的关键词进行猜测。在提问和预测的过程中，学生的背景知识就完全被激发出来了，并且在老师的指导下，学生的知识面会进一步被拓宽，学生的阅读信心也会随之增强。

**3. 词句融入语境，获得整体理解**

词句知识是语篇学习的基础，更是培养语篇阅读理解能力的基础，所以语篇教学除了篇章结构、相关背景知识外，还包括词句知识。同样的词语，在不同的句式中，往往具有不同的意义，同样的词语，在不同的篇章中，其意义也不尽相同。总体来讲，如果不影响阅读理解，在处理词、句子和语法时没有必要逐句释义，与此同时，要培养学生根据上下文推测词义的能力，让学生根据语篇来理解词语的意思，让词语回到文本情境中去。

**4. 逐段消化吸收，把握段落结构**

在这一环节中，教师要将课文中的语言点如常见短语、句型以及固定搭配等指示出来，指导学生造句练习，以使学生能够熟练掌握和运用。但这一环节的实施要遵循精讲多练的原则，并且教师要有意识地向学生说明段落主题句经常出现的位置、段落的构成、每个段落在文章中所起到的作用等，以便让学生能够从总体上了解并掌握每个段落的含义和功能。。

## 第三节 大学英语阅读教学中中国传统文化渗透的途径

随着教学的不断发展，在以英语文化为主体的课程中，教师要适时地进行理念上的转换，在课堂上适时地引入中国文化，增强学生运用英语来表述中国文化的意识与能力。作为一种语言能力的基本组成部分，阅读可以和其他的能力进行互动，促进其他的语言能力的发展，它是人们获取信息和进行交流的主要方式，同时也是最主要的一种语言输入。在选择阅读素材时，既要注意让学生得到有效的语言知识，又要有多种选择，这就使得在英语阅读中引入中国文化具有了可能，因此，在英语教学中引入中国文化应该是最重要的一个平台。

## 一、解析中西文化差异及其对阅读教学的影响

英汉语在不同的思维方式下，也存在着很大的差别。英语语篇是一种推理式的，通常是在一开始就表明了作者的立场或看法，之后再通过一些事实来证实。而汉语则偏向于归纳式的，一般都是从事实、理由开始，再慢慢地得出结论，而且，作家的主旨与排列顺序也没有太大的规律性，也就是这样的文本结构，让同学们在阅读的时候，必须一步一步地来，既不能漏掉，也不能略过，还需要在阅读的过程中理解，经常要看到结尾，才能领悟到全文的主旨。因此，在英语阅读中，养成了对文本精读、细读等方法的运用，缺乏跳读、略读的技能，导致了阅读的速度与效果的下降。

## 二、中国传统文化在大学英语阅读教学中的渗透

### （一）以学生为中心，有针对性地进行阅读实践

为学生创设一种虚拟的交流情景，使他们在实际操作中获得所需要的文化知识，提高他们的学习兴趣，增强好奇心，对英语的文化知识有一个系统性的认识。比如，通过将中西方节日、神话等文化内容进行比较，帮助学生理解中西方文化之间的差异，让他们对西方的社会习俗、思维方式、历史发展等有一个系统的理解。同时，充分运用网上的各种资源，充实学生的阅读素材，使他们能够在其中发现自己喜欢的素材，获取知识。与课本相比，网上的阅读材料更具时代性，也更接近实际情况，这种类型的阅读材料既可以提升学生的阅读水平，又可以让他们对西方的文化和社会发展有一个更深层次的认识，同时也可以让他们在课余时间里获得更多的信息。

### （二）提高教师自身的跨文化意识

因此，在英语教学中要重视对学生跨文化交际能力的培养。具有高水平的跨文化交际能力的教师，可以有意识地、有计划地进行英语阅读教学。随着我们国家的经济发展和全球一体化的加速，对英语专业人员的需求量越来越大，新时期的英语专业人员所需要的不只是单纯的听、说、读、写，还要有很强的跨文化交流技能，同时还要对西方文化有很深的了解；这就要求英语教师在培养学生跨文化交际能力的同时，要不断地更新自己的教育观念，不断地提升自己的跨文化交际水平。首先，在英语教学中，教师要加强自身的学习，充实自己的词汇，深入学习其发音，并加强听说读写的训练；其次，老师应该加大自

己的阅读量，多挑选一些外国的名著来进行研读，以此来提高自己对外国文化的认知水平，进而提高自己的文化素养；最后，老师们应该把重点放在自己的母语文化方面，以这些方面为依据，来分析和比较中西文化之间的不同，从而改善自己的教学方法和手段，提升自己的跨文化阅读教学。

### （三）结合阅读教学资料进行文化导入

文化导入对于学生跨文化能力的培养十分重要，在英语阅读的初期，要注重向学生介绍常见的、普遍的西方英语文化，使他们认识到中西文化的相似性与差异性，并与教材内容相联系，介绍其中的一些文化常识，以及一些语言方面的知识。唯有将教材有机地联系起来，才可以让学生在认识到自己所掌握的文化知识的同时，对文章进行全面的理解，扩大学生的知识面，提升他们的阅读理解能力。在教材中，教师要尽可能选择与学生生活紧密联系的题材，使学生有较强的阅读兴趣。当英语阅读水平达到一定程度后，老师就应该让他们更多地与西方文化进行交流，更好地了解和接受西方文化，增强跨文化交际能力。当前英语教材中所涉及的政治、经济和文化等领域，而学生由于对西方文化的认识不足，词汇量不够，无法对语篇进行精确的解读，达不到预期的阅读结果。所以，在英语阅读课上，要运用“文化导入”的方法，让学生事先了解文章中所包含的文化，打下良好的阅读基础。

### （四）拓宽学生知识面，提高学生思维能力

在英语教学中，当英语学习者的词汇和文化知识积累到了一定程度之后，他们的跨文化交际能力就应该有针对性地进行。在选择感兴趣并与时代同步的阅读资料的同时，也要给他们留出一些课外的交流机会，让他们相互借鉴，相互讨论。比如，在互联网上，学生们经常使用的表情符号，在不同的地区，代表着不同的意义的手势等，都属于学生们感兴趣的内容，并且可以培养他们的跨文化意识。因此，老师们可以为学生们收集与之有关的阅读资料，并让他们在读完之后，展开讨论，对这些现象提出自己的看法。这既可以提高学生的阅读理解能力，又可以训练学生的思考能力和口语能力，激发学生的学习兴趣。在学生的阅读过程中，思维是必不可少的。在进行跨文化交流时，学生要做好语言的准备工作，即要做好语言准备；另一方面，还需要拓展自己的知识面，善于思考，可以将自己所学的知识，灵活地运用到交流中，打破自己与对方间的隔阂。阅读是一种“读”和“思”相结合的活动，因此，在教学中要培养英语的思维能力。不同的民族有着不同的思维方式和习惯，如果你用自己固有的思维方式来考虑文章中的谈话和行动，你就会抓不住重点。所以，学生们必须要学习如何使用西方思维来展开理解，在阅读的过程中，他们可以发现中西两种文化之间存在着的差异，并培养出一种对文化差异的洞察力，进而可以更快、更准确地理解文章内容。

# 第七章 中国传统文化与大学英语写作教学的融合与渗透研究

## 第一节 大学英语写作教学的内容与目标

### 一、大学英语写作教学的内容

好的文章必须具备完整的结构、流畅的语言、充实的内容等，因此结构、句式、选词、拼写与标点符号等就成为英语写作课堂教学的主要内容。

#### （一）结构

##### 1. 谋篇布局

谋篇布局是写作的前提和基础，只有了解了不同体裁和题材文章的谋篇布局，写作者才可以根据写作目的选择适当的扩展模式，因此谋篇布局就成为英语写作教学的重要组成部分。从篇章结构上看，写作的结构一般是“引段—支撑段—结论段”。而从段落的结构上看，结构一般是“主题句—扩展句—结论句”。不同题材、体裁的文章，也有着不同的布局方式。例如，在说明性文章中，主题句主要用来介绍主题，扩展句主要以时间、重要性等顺序扩展细节、说明主题，结论句则是重述主题、描述细节；而在议论性文章中，主题句主要用于陈述作者认为正确的观点，扩展句是以说明的顺序扩展细节阐述原因，结论句则重点用来总结或重述论点。

##### 2. 完整统一

有经验的写作者往往能考虑到文章写作的完整统一性，英语写作教学的目的就是培养学生成为熟练、有经验的写作者，所以完整统一就成了教师教学的内容之一。具体来讲，文章的完整统一是指文章中所有的细节都必须服务于主题，如所陈述的事实、原因、例子等内容都围绕主题陈述展开，或与主题相关。而所有偏离主题的句子都要删除，同时要保持文章段落的完整性。

##### 3. 和谐连贯

文章的写作除了要考虑谋篇布局、保持文章完整统一之外，还要兼顾文章的和谐连贯。所谓和谐连贯，是指句子与句子之间必须紧密相连，内容之间必须衔接流畅，段落与段落之间必须环环相扣，最终整篇文章要做到流畅自然、和谐统一。要保证文章和谐连贯，采用恰当的起连接作用的词或词组是一个很好的方法，因为连词的使用可以引导读者随着作者的思路去思考问题。此外，过渡语的使用可以起到增强文章连贯性的作用，所以在写作中可适当使用过渡语。下面简要介绍几种常见的过渡语。

用于表示并列：and，also，or，likewise，etc.

用于表示转折：but，however，nevertheless，while，yet，etc.

用于表示让步：although，in spite of，despite，etc.

用于表示空间和方向：here，there，near，next to，beside，nearby，along，as far as，to the right（left），in front of，in the middle，at the back，above，under. etc.

用于表示因果：as，since，so，thus，for，accordingly，as a result，consequently，because，for this reason，etc.

用于表示进一步关系：furthermore，moreover，what is more，besides，in addition. etc.

用于表示时间或步骤：after，often，next afterwards，before，finally，first，last，now，second，third，firstly，secondly，thirdly，later，later on，still，then，at that time，meanwhile，when，etc.

用于表示举例或解释：for example，for instance，such as，in other words，that is，in fact，etc.

用于表示结果或总结：therefore，as a result，and so，finally，to sum up，in conclusion，in short，in a word，etc.

### （二）句式

文章是由一个个句式组成的，所以句式是英语写作教学的重要内容。英语句式的种类繁多，按复杂程度划分有简单句、复杂句、并列句等，按语法顺序划分有正常句、倒装句等，按句子长短划分有短句、长句等。如果学生能在文章的写作中运用多样的句式来表达内容，能够有效增加文章的文采，对自己的写作能力也能起到很好的锻炼作用。所以，教师在教学中应重视对学生句式的训练，以增加学生对句式的认知，促使学生掌握正确、多样的表达方式，进而写出优秀的文章。

### （三）选词

词汇是构成文章的基本单位，词语的选择对于文章的写作来讲至关重要，因此，在英语写作中，词汇的自然化已成为一项非常重要的工作。老师要使学生认识到，词汇的选用是作文风格的重要标志，与个人爱好有关，并让学生注意在选词过程中考虑语域、对象等因素，同时要有意识地教授学生一些选词和用词技巧。

### （四）拼写与符号

拼写与符号是写作的基础，如果没有拼写与符号，那么选词、组句、成篇就不可能完成，因此拼写与符号也是英语写作教学的重要内容。对此，在设计写作教学方式和内容时应将拼写和符号这些因素考虑进去，以提高学生拼写和运用符号的能力，进而增强写作教学的有效性。

### 二、大学英语写作教学的目标

《大学英语教学指南》在2020年版中明确了英语写作的教学目标，并对其进行了分析。下面是详细的说明。

基本条件：

（1）能够胜任一般的书面表达工作。

（2）可以描述自己的经历，感觉，情绪，以及所发生的事情。

（3）能够书写一般的文字。

（4）能够在30分钟之内，针对一个普通主题或大纲，撰写不低于120个字的文章，并且基本完成，观点清晰，措辞得体，意思清楚。

（5）具备一定的文字功底。

较高的条件：

（1）能够就一般话题发表自己的意见。

（2）能够撰写本学科相关学术文章的英文文摘。

（3）能够就本学科撰写英语短文。

（4）能够进行各类图形的描绘。

（5）能够在30分钟之内，撰写不低于160个字的文章，要有思想，有条理，意思表达清楚。

更高的条件：

（1）具有较强的英语写作能力，能够就自己所从事的领域进行简单的演讲或学术报告。

（2）能够较为自由地用文字表述自己的意见。

（3）能够在30分钟之内，写出不低于200个单词的论述文，要有条理。

## 第二节　大学英语写作教学的现状、原则与方法

### 一、大学英语写作教学的现状

高校英语作文教学是培养大学生英语作文水平、提升大学生整体素质的一项重要内容。但大学英语写作教学中存在诸多的问题，影响着学生英语水平的提高和写作教学质量的改进。具体表现在以下几个方面。

## （一）学生学习的现状

### 1. 文章言之无物

英语文章的写作不仅需要学生掌握扎实的语言知识，对学生广博文化背景知识的掌握还有极高的要求，具备了这两方面的知识，学生写出的文章才会言之有物。但现实情况是，大部分学生都缺乏这种综合知识，加之缺少现实生活中所需的语料，造成了作文内容单薄、肤浅，没有足够的细节和深度，导致整篇文章的质量低下。

### 2. 结构套用情况严重

在多数考试中，写作都是一道独立的且分数不低的题目。很多学生由于平时缺乏必要的练习，因此在考试前常将希望投向各种作文模板。不可否认，这些模板对学生的写作具有一定的积极意义，如这些模板为学生列出了各类文章的结构框架，能够提醒学生在写作时注意文章的整体框架并能在一定程度上增强文章的连续性。但同时，这些模板也存在较大的弊端。很多学生由于写作基础薄弱，只是机械生硬地套用格式，而没能真正理解如何安排组织段落和恰当使用连接词，因而经常出现连接词误用、段落衔接不自然等问题。

### 3. 汉语思维痕迹明显

中国学生大部分都在汉语环境下学习英语，其思维必然受汉语的影响，因此在进行英语写作时，行文中表现出明显的汉语思维痕迹，而且表达比较混乱。具体而言，由于功底不够，很多学生在找不到恰当的词来表达自己的想法时，就会容易受母语的影响，用汉语思维来组合英语词汇，从而造成“中式英语”的情况频现。例如，将“空姐”写成 sky girl，将“手心”写成 hand heart 等。

## （二）教师教学的现状

### 1. 教学方法缺乏创新性

由于受学时的限制和考试的影响，在现在的英语写作课堂教学中，教师仍然采用传统的结果教学法实施教学，即在课上向学生提供不同类型的范文，稍加讲解之后要求学生参照范文模仿，并要求学生在规定的时间内完成写作任务，最后由教师进行批改和讲评。这种教学模式的重心是写作的结果，忽视了师生、生生之间的交流以及写作过程中对学生写作兴趣的激发和培养。久而久之，学生就会对写作产生厌倦情绪，其写作能力自然也就难以提高。

### 2. 批改方法欠佳

在教学过程中，教师的问题还体现在批改方法的不科学上。通常，学生提交作业后，教师都会将注意力放在学生的表达错误上，如语法错误、拼写错误、词语用法错误等，但没能做好对作文中的内容结构及篇章结果的点评。这种欠佳的批改方式会误导学生过于注重细节问题而忽视对文章整体的把握，从而使学生难以在整体上提高写作能力和质量。

### （三）教学条件的现状

#### 1. 教学目标缺乏系统性

英语写作水平的提高是一个系统的、逐步提高的过程。所以其教学目标应该具有一定的系统性。但是现在的英语写作教学出现了总体目标与阶段性目标不协调的现象。总体目标是指针对学生的生理、心理特征，结合写作教学的自身规律，并在英语课程标准中明确规定的总体任务。阶段性目标是指写作教学依据总体目标制订的一系列的阶段性目标，也就是各年级、各学期的具体要求和目标。阶段性目标实际上是总体目标的子系统，但是就教学现状来看，二者之间的系统性并不强，很多时候阶段性目标总是脱离总体目标而独立实施。事实上，总体目标和阶段性目标应该是一个有机整体，应该紧密结合共同实施，只有这样才能保证教学目的的实现，也才能促进英语写作教学的发展。

#### 2. 教学改革滞后

随着新课程的改革以及改革的不断深入，英语教师对写作教学也有了更多的认识。然而在具体的教学实践中，写作教学改革滞后的现象仍普遍存在。许多教师没有对培养学生发散性、创造性、广阔性和深刻性思维加以重视，没注重对学生的英语思维能力进行多方位、多角度的训练。英语教学是个整体工程，英语写作整体教学也不是孤立存在的，它与阅读教学、听力教学、口语教学之间有着密切的关系，是互动互补、相辅相成的。但在实际的教学过程中，教师并没有将几者联系在一起而是孤立地进行写作教学，这样是很难提高写作教学的效率的。

## 二、大学英语写作教学的原则

### （一）以学生为中心原则

不管是什么技能的英语教学，都必须始终贯彻以学生为中心的基本原则。英语写作教学也不例外。在英语写作教学中，只有充分发挥教师的主导作用，调动学生的积极性，树立以学生为中心的教学思想，才能切实提高教学质量。因此，在英语写作教学过程中，教师要以学生为中心开展写作教学，尊重学生的主体性。可以采取多种多样的教学活动，帮助学生积极地参与写作的过程。在这里，小组讨论是一种非常好的方式，教师可以采取复习式、提问式、卷入式、学生互助式等活动达到对学生的帮助目的。下面简单介绍这几种方式。

#### 1. 复习式

复习是一种很好的帮助学生巩固所学知识的方法。此外，通过复习，学生也可以了解到自身的薄弱之处，从而有针对性地加以改进。需要注意的是，在采用这种讨论方式时，教师要切忌简单地重复知识，而是应该保持一定的新鲜感，以保持学生对讨论的兴趣。

#### 2. 提问式

在小组讨论的过程中，提问是一个核心环节。提问是小组讨论的核心。提问有很多作用，如它可以帮助学生表达思想和进行概括总结，减少学生写作中的困难，学生之间的提问还可以鼓励学生开口，勇于质疑。提问的重点在于得当性，这主要体现在两个方面。首先，提问问题的次序要得当。其次，教师提问的方式要得当。教师应该确保问题的提出明确，能清楚地为学生所理解，而学生的回答能为教师带来反馈信息，使教师对学生的能力和情况做到心中有数。

此外，为了避免课堂秩序的混乱，教师可以提前确定回答的方法或方式，如是写在纸上还是举手回答。此外，教师提出的问题应覆盖不同的难易程度，从而使不同能力与水平的学生都能积极参与进来。

#### 3. 卷入式

卷入式也是小组讨论的重要形式，这种方法可以保证在大多数时间内让尽可能多的学生参与整个活动过程。教师应当为所有的学生提供机会进行回答和参与，如让学生集体回答，让学生提出问题，让学生重复问题或重复答案等。

#### 4. 反馈式

反馈式是有效了解学生基本情况的有效方式。随时获得全班的反馈信息对于成功地组织小组讨论非常重要，因为这可以使教师根据学生的具体情况调整问题，从而保证全体同学的参与。为了了解每个学生，教师可以让学生快速地把答案写在纸上，然后巡视全班，进行检查。教师的巡视目的在于获得反馈信息。

#### 5. 学生互助式

学生互助式可以让同学相互问答或让多个同学共同完成一个问题的回答，教会他们如何尊重和支持别人的意见。学生互助式的要点在于不是由教师直接给出答案，而是鼓励同学相互协作，解决难题。

### （二）循序渐进原则

任何事物的发展都不是一蹴而就的，而是有个循序渐进的过程。英语写作也是如此，因此在写作教学中，教师也要遵循先易后难、循序渐进的原则，逐步训练学生的英语写作能力。具体来说，循序渐进主要体现在以下三个层面。

（1）从语言本身来看，写作训练要从写作句子开始，然后到段落，最后到语篇。在英语写作中，单词是最基本的语言单元。词语是根据某种规律而组织起来的，是人类用来传递信息和沟通思想的工具。将语句按一定的逻辑关系进行编排，就构成了语篇。因此，学生要想打下良好的写作基础首先要从单词、句子的写作抓起，逐步向语篇过渡。在学生掌握了基本句型并能够写出简单的句子时，教师可以要求学生根据一些体例写出小段的文章。而在文章的写作中，教师要教会学生如何构思文章、分析段落结构、段落的中心句、句与句之间的逻辑关系、运用正确的写作技巧等。

（2）从训练活动来看，训练的技能也要遵循由易到难的原则。卜玉坤曾就英语写作教学提出了“大学英语写作分阶段教学的具体方案”，大体可分 10 个步骤：书写单句、书写复句、构成与要旨、论文风格分类、论文发展方式、论文结构；文章的技术细节及修辞方法；文章的写作过程；例句的解析与模拟；文章的独立写作练习。可见，"冰冻三尺，非一日之寒"，英语写作能力更不是一蹴而就的。它必须由简到繁、由浅到深、由易到难、循序渐进，一步接着一步地进行训练。

（3）在进行叙述、说明、描写、议论四种文体的训练时，要先注重单项表达方式的训练，且每次训练作业的字数应从少到多，在学生掌握各单项技能后，再进行两项到多项技能的组合训练。具体来说，在进行各种文体的实际练习时，教师要先向学生讲解各种文体及其语言特点，然后说明写作要求和字数要求。在学生熟练掌握各种表达方式的单项技能后，可以引导学生写一些简单的应用文。

### （三）重视写前准备原则

坎贝尔（Campbell）认为，写作前有必要进行调研、搜集资料、积累材料、酝酿论点及分析问题等活动。写作材料的累积不仅是作文教学中的一项主要预备工作，而且对提高学生的作文水平有很大的帮助。为了让学生积累更多的写作素材，以便更好地培养学生的写作能力，教师要鼓励学生在阅读范文的基础上对一些段落、句子、词块等进行背诵。背诵输入有助于克服英语写作中的负迁移，产出地道的英语表达方式。地道的英语是通过一些固定而优美的句型和英语的习惯说法来表达的。学生之间的讨论在写作过程中也具有十分突出的作用。通过讨论，学生可以获得写作的素材。头脑风暴、对话题的讨论、构思等写前活动不仅可以减轻学生的写作负担，而且可以培养学生的写作元认知策略以及学生对写作的积极情感。

### （四）听、说、读、写相结合原则

英语学习是一个系统的过程，写作只是英语教学的一部分。虽然听、说、读、写各有自己的特点，但在本质上它们之间是相互依赖、相互促进的关系。具体来说，说可以为写奠定基础，而写是说的发展；把听作为输入的方式来获取写的内容，以写来反映听的结果；通过阅读范文，学生可以获取一系列的写作资源，如语言、观点、篇章结构等资源，这些通过阅读获得的写作资源在一定程度上减轻学生的写作负担。

### （五）多样化原则

#### 1. 表达手段的多样化

英语的表达手段十分丰富，同一意义可以使用不同的句型来表达。在进行英语写作的时候，老师可以指导学生运用不同的句型，来表达相同的意思。这不仅可以弥补学生在语言知识上的不足，而且能启迪学生的思维，从而把知识变成技能，灵活运用语言。为了实现表达手段的多样化，教师可以采用以下方法。

（1）引导学生使用同义替换。教师可以给学生提供一些常用的同义词、同义短语，让学生尝试用不同的表达方式来表达同一意思。

（2）鼓励学生使用不同的句型结构。教师可以在写作教学中引导学生使用各种不同的句型结构，包括简单句、复合句、并列句、复杂句等，以丰富他们的表达手段。

（3）提供例句。教师可以给学生提供一些范例，让他们模仿这些例句，从而掌握不同的表达手段。

（4）给予反馈和建议。教师可以在批改学生的作文时，给出一些替换词、句型结构等方面的建议，帮助学生丰富表达方式，提高写作水平。

综上所述，通过以上方法，教师可以帮助学生实现表达手段的多样化，提高学生的写作水平和语言表达能力。

**2. 写作文体与训练形式的多样化**

从风格上来说，有议论、记叙和说明三种风格，也有便条、信件和通知等实用风格。

在写作上，可以采用口语化的写作方式，也可以采用长篇的写作方式；你可以通过写作大纲来锻炼思路，或者通过写作拓展来锻炼发散性思考。另外，通过拓展、改写、缩写、仿写、情景作文等方式，使同学们逐渐地学会运用这些方法。拓展写作对于促进学生的想象力是有益的，但是对其思维方式的把握必须是理性的，要达到与原文意义和现实相一致的目的。在“重写”方面，教师要引导同学们重写课本上的会话内容，这样既能帮助同学们阅读原著，又能帮助同学们掌握全文的主旨。在做缩写训练的时候，可以根据“关键字”“思维”“讨论”“重复”“动笔”的顺序，把文章里的关键字连接在一起，再把文章的主要内容和主旨都说出来。但是，在进行模仿训练的时候，可以让他们进行认真的观看，之后进行模仿，最后自己进行创作。情境写作对培养学生的综合能力起到了重要作用，这就需要学生将自己在日常生活中所学的知识一点一滴地积累起来，提炼并转换为具有情感色彩的精美的文字语言。因此，在英语教学中，不同类型的作文训练有着不同的优势，因此，在英语教学中，要想使英语作文更好地发挥作用，就必须充分利用这些优势。

### （六）任务分配原则

传统写作教学缺陷是语言脱离语境，脱离功能，导致学生能建构准确的语言形式，但不能以这些形式得体而完整地表达意义。而任务化教学是让学生完成一系列的任务达到教学目标，让学生在执行任务中充分感受语言形式和功能的关系以及语言与语境的关系。

### （七）重视评估原则

特别是，在作文教学中，教师应注意遵守评估制度，因为并不是学生写完作文交上就了事了，学生的习作肯定会存在这样那样的问题，教师只有进行认真的评阅，才能使学生及时得到反馈信息以进一步修改习作，不断提高其写作能力。一般来说，写作教学过程中涉及的评估主要有两种：结果评估和过程评估。

**1. 结果评估**

“写作成品”是指学生在写作过程中所取得的成果，评价学生的写作成果也就是评价学生的学业成就。在传统的课堂教学中，教师对学生成绩的评价通常是按照“等级”来进行的。即由教师在学生上交的每份作业中划分等级，学生的作业通常满篇都是教师的红笔。这种评价方式虽然可以在一定程度上帮助学生发现问题，但使学生对写作失去了信心，同时增加了教师的负担。

2. 过程评估

对于英语写作来说，结果评估多于过程评估，但对于作为一种过程的写作教学来说，过程评估也是非常重要的。过程评估一般在写作过程中进行，进行的形式多种多样，可以由教师进行评估；也可以由教师在示范如何评价的基础上发展学生互评的能力，即由学生以讨论的方式进行；还可以由学生进行自评。在互评的讨论过程中，教师可以为学生提供一些可参考的问题，这些问题应当对互评的成功起到关键性的作用。

### （八）文化原则

没有了文化，语言就无法生存。在英语写作中，必须坚持“文化关联”的观念。不同的文化有不同的表现形式，因此，在阅读过程中，老师应指导学生依据阅读目标，选用恰当的表现形式。为确保学生在写作中遵循“文化联系”的原则，老师们可以通过对包含文化元素的作文实例的剖析，来提高他们的文化观念，使他们体会到怎样通过词汇、句法、逻辑等方式来表达他们的文化，使他们写出真正意义上的英文作文。

## 三、大学英语写作教学的方法

### （一）传授写作技巧

写作技巧是写作有效进行的基础和保障，而且有效地运用写作技巧可以克服因文化差异造成的写作困难，因此在教学中教师应重点向学生传授一些主要的写作技巧。

1. 构思技巧

在进行写作之前首先要对选题进行构思，常见的构思技巧有以下几种。

（1）思绪成串式。思绪成串式构思就是将写作主题写在一张纸的中间位置，并画上圆圈，之后将所想到的与主题相关的词都写下来，画上圈，然后总结归纳这些关键词，据此确定最终的写作思路。

（2）自由写作式。自由写作式是指在看到文章题目之后，就开始对题目进行思考，并将脑海中出现的所有观点都记录下来，记录完之后再返回来阅读所记录的内容，从中选取对写作有用的信息，其余的信息则可删除。这种构思方式不受限制，思路可以完全打开，而且写作的框架会随思路的扩展而形成。

（3）五官启发式。五官启发式构思是指从看到的、听到的、闻到的、尝到的、触摸到的几方面去思考和搜寻与主题相关的信息。但在具体的写作中，这几个方面没有必要全部涉及，可根据具体情况有所取舍。

### 2. 开篇技巧

开头、中间、结尾是一篇文章的三个主要组成部分，其中开头最能引人入胜。如果一篇文章有一个出色的开头，那么就很容易吸引人的目光，并给人留下好的印象。开篇技巧具体包含以下几种。

（1）开门见山。开门见山就是在文章的一开始就点明主题，明确观点和看法。

（2）故事引入。故事引入就是在文章的开头描写故事，并以此引出下文。

（3）下定义。当需要对某一概念或事物做明确的解释时，可运用下定义的方式来开篇，这样能够帮助读者理解文章内容。

（4）描写导入。描写导入就是以背景描写为基础，然后逐步导入正题。这种开篇方式能有效吸引读者的注意力，激发读者的阅读兴趣。

### 3. 段落展开技巧

确定了文章的开头之后，就要对文章的段落进行扩展。通常段落的展开技巧包含以下几种。

（1）按时间展开。按时间展开就是根据事件发生的先后顺序来进行描述。这种段落展开方式脉络清晰、富有逻辑，便于读者阅读和理解。

（2）按过程展开。按过程展开就是按照事情发展的顺序和经过展开说明。

（3）按定义展开。按定义展开，即或概念加以阐述。

（4）按因果关系展开。这种展开方式包含三种形式，第一种是按原因展开，也就是先描述结果，之后再分述其原因；第二种是按结果展开，也就是先给出结果，然后再叙述其原因；第三种是分析原因又分析结果。

### 4. 结尾技巧

好的结尾能够对文章起到画龙点睛的作用，所以在大学英语写作教学中教师应使学生重视文章结尾，并向学生介绍几种常见的结尾方式。

（1）总结式。总结式就是在文章的结尾处对全文进行总结概括，以揭示主题，加深读者印象。

（2）展望式。这种结尾方式是指在文章的结尾处表达对将来的期望，其能有效增强文章的吸引力和感染力。

（3）警示式。警示式是指根据文中的论点，在文章结尾处解释问题的严重性，以引起读者的重视和思考。

### 5. 修改技巧

写作完成之后还需要对文章进行修改，也就是对文章做进一步的加工和润色，以使文章更加完善。在教学中，教师可引导学生从以下三个方面对文章进行修改。

（1）语法方面。语法错误是学生写作中最容易出现的错误，所以对于这方面的错误要仔细检查。通常可以从以下几个方面着手：检查句意表达是否清楚；检查句子是否有语法错误；检查标点符号运用是否正确；检查拼写是否正确。

（2）主题方面。主题是文章的关键，所以一旦文章主题产生错误，将是非常严重的错误。在检查主题方面的问题时，可从以下几个方面入手：检查题目的完整性和一致性；核对文章内容与标题内容相符；核对标题语句清楚明了；确保你的论文内容和你的话题有密切的关系；检查语气是否一致，时态是否恰当。

（3）段落方面。在检查段落方面的问题时，可从以下几个方面入手：检查段落的展开是否流畅；检查段落材料是否充实；检查段落之间是否连贯；检查过渡词的运用是否恰当。

### （二）进行小组合作教学

小组合作教学法在英语写作课堂教学中也经常被应用，它对于培养学生的协作意识、促使师生之间的情感发挥着重要的作用。小组合作教学法结合了众多理论，以学生为中心、以小组活动形式展开教学，这种教学方式在调动学生的学习热情，创造一个宽松的学习环境，培养学生的独立写作能力方面有很大的帮助。培养学生的合作精神，提高学生的发现、分析和解决问题的能力，促进师生与生生之间的沟通都十分有利。在英语写作课堂教学中，小组合作教学法的实施步骤具体如下。

#### 1. 小组讨论构思

小组讨论构思的主要目的是为写作的开展做好准备工作。具体过程是安排学生分组讨论，并要求学生对文章进行构思。在这一环节，老师们要做的第一件事就是仔细地分析他们的个性差异，以及他们的写作水平，并据此将性别、性格和能力不同的学生组合在一起，使小组内成员相互补充。分组后选出各组组长，由组长组织成员对文章结构、中心思想等进行讨论，并在讨论的基础上列出写作提纲。在此环节，教师还需要设置一些问题，以激发学生持续讨论的积极性。

#### 2. 学生独立写作

在讨论构思结束之后，学生就要着手独立完成写作，所以这一阶段具有很强的独立性特点。学生在写作中遇到问题时，可以借助字典等工具自己解决，当遇到一些自己不能解决的问题时，可向小组成员或教师请求帮助。但总体而言，学生要自己处理问题，独立完成写作任务。

#### 3. 同伴互阅

在学生完成写作之后，每个小组内部成员之间可交换作文相互阅读、相互批改。通过同伴互阅，学生不仅可以发现自己的不足，了解别人的优点，还能明白写作的重点，进而提高写作能力。在此阶段，教师要起到指导作用，即对学生的批改进行指导，为了使学生能够对其他学生的文章进行正确的修改，教师要向学生介绍正确评改的标准，如文章中的词汇使用是否正确，文章的语法是否规范，文章的主题是否鲜明，文章的内容是否切题，文章的结构是否清晰等。

4. 独立修改

在同伴相互评阅之后，学生要结合互评的结果对自己的文章进行思考和修改。当然，在进行修改时，对于同伴提出的建议，学生可以自主决定是否采纳。

5. 教师评阅

在上述环节结束之后，教师要对所有的文章进行评阅，并挑选出几篇具有代表性的文章向大家展示，让学生讨论文章的优点、对大家的启发，以及文章应改进的地方。在评阅时，教师要多给予学生鼓励和肯定，努力挖掘学生作文中的优点，同时要多关注学生作文中思想内容和组织结构方面的错误，同时要注重语法方面的错误，以使评改更加有效。

## 第三节　大学英语写作教学中中国传统文化渗透的途径

在大学英语写作教学中，由于受目的语文化主导的教学理念影响，教师对母语文化的引入重视不足，学生的母语文化英语表达能力欠缺，“母语文化失语症”问题严重。因此，有必要在英语写作教学中加强中国传统文化的输入，充分利用“母语文化”这一概念，来充实英语作文材料，激起作文的积极性，活跃课堂气氛，提高学生的跨文化交流水平，从而全面提升英语写作教学的整体水平。

### 一、解析中西文化差异及其对写作教学的影响

#### （一）词汇方面的差异及影响

文章是由一个个的词语构成的，所以词汇对写作而言至关重要。词汇是人们对客观事物的认识而形成的概念，在不同的文化背景中，人们对同一事物可能会有不同的联想。在我国，很多学生常常孤立地背诵课文后面的词汇表，以此来扩大词汇量，通过这种方式，学生记住的仅仅是词汇的基础含义，而不了解其在具体语境中的不同内涵，从而造成写作中错误用词的问题。例如：

I was deeply grieved to hear that your mother kicked the bucket.

上述句子中的 kicked the bucket 虽有“死亡”的含义，但它并不适用于正式场合，因为它属于俗语，与汉语中的“一命呜呼”相类似，具有贬义性质。所以，在这里用 kicked the bucket 进行表达并不妥当，而应使用 pass away 来表达。

词汇是英语写作的基础，因此掌握英汉词汇差异，了解词汇的深层文化内涵，并有效地选择和使用，是改变中式英语、提升写作水平的关键。对此，英语老师应该自觉地从语言和文化两个方面来充实学生的词汇量，使他们更好地了解英、汉两种语言的不同之处，从而更好地促进他们的英语写作。

#### （二）句法方面的差异及影响

因思维文化差异造成的英汉句法差异也对中国学生的英语写作有着重要的影响作用。

英语属于形合语言，有时态、语态、人称和数的变化，句子也往往以主谓宾结构为核心，然后通过短语和从句等进行修饰和扩展。英语中还常使用各种连接词、从句和修饰语，因此英语句子的结构非常复杂。另外，英语句子常追求结构美，尤其是长句，常用表达逻辑性较强的论述，而这也是英语国家崇尚理性的一种体现。而汉语属于意合语言，句与句之间很少使用连接词，主要靠意义来完成。

所以，在英语作文的教学过程中，要使学生充分认识到英汉两种语言在句法上的不同之处，并向学生介绍这方面的知识，促使学生思维模式的转变，使他们养成用英语思维思考和写作的习惯，以提高学生的写作效率，使学生写出地道的英语文章。

### （三）语篇方面的差异及影响

因思维文化的差异，英汉语篇的结构也存在较大不同。英语是结构严密型的语言，注重句与句、段与段之间的连贯与衔接，而汉语是结构松散型语言，句与句、段与段之间靠意义来衔接，结构严谨性要稍逊于英语。因此，很多学生进行英语写作时时常出现信息表达跳跃、逻辑关系不严谨、语篇缺乏连贯性等问题。

通过上述内容可以看出文化对于语言的影响，以及这种影响在英语写作中发挥的作用，对此教师在教学过程中应有意识地向学生分析英汉在词汇、句法和语篇方面的差异，并使学生了解这些差异对英语写作的影响，进而培养学生的文化意识和英语思维模式。

## 二、中国传统文化在大学英语写作教学中的应用方法

### （一）丰富教学方法，增强教学形式的多样化

传统的高校英语写作教学由于存在以考定教、课时不足等问题，写作课程通常是教师讲解写作技巧、经典遣词造句和范文，缺乏对学生写作错误的针对性修正提高，因此写作练习效果较差。过程教学法是一种重视学生写作过程的教学方法，一般要求学生分三次层层递进的完成写作的提纲、初稿的定稿，教师通过层层批阅，可以清楚掌握每一位学生的写作思想，发现学生的写作痛点，及时纠正错误，突破难点。例如，有的学生逻辑严谨，但词汇表达不足；有的学生句型语法正确率高，但内容不明确；有的学生反复出现低级错误，表明其写作态度不端正。但过程教学法耗时耗力，不可能完全采用，因此教师还要提升自身的教学素养，创新教学方法，增进传统文化在写作教学中的渗透，如植入法、渗透法、对比法、讨论法等，增强课堂教学的灵活性和趣味性。如英语写作教学的植入法是指根据教学目标将传统文化知识隐藏在教学内容中，例如通过介绍中国四大名著名称的英文翻译，引导学生选择自己最喜欢的故事情节用英文进行描述。此外还可以为学生布置抄写、听写、翻译类的作业，在作业中有机融入传统文化知识，逐步提升学生的写作能力。

### （二）突破传统的三段写作教学模式，注重传统文化主题

长期以来，以考定教的应试教育教学模式导致英语写作教学模式化严重，写作以三段

式为主，句型固定，句式结构固定，同义词替换方法固定。教师为了促进学生尽快获得等级证书，在教学过程中，不断进行重复的程序性训练，敦促学生以模板进行写作，写作结果千篇一律，毫无新意。在写作教学中融入传统文化内容，引导学生根据自身的文化知识积累，进行题材构思。用英文介绍中国的传统节日文化、先贤圣哲的思想精神、文化艺术等。例如引进学生比较感兴趣的“舌尖上的中国”主题，学生对于美食通常都有浓厚的兴趣，能够积极地投入到学习之中，学习用英文介绍自己喜欢的家乡美食，如鱼香肉丝（sweet pork strips）、宫保鸡丁（sweet pork strips）、北京炸酱面（Noodles with Soy Bean Paste，Beijing Style）等。教师可以为学生提供写作建议和参考资料，在这种教学方式引导下，学生的写作将呈现出如下特点：①更加注重内容传达。重点介绍菜品的历史渊源、制作方法、口味口感等，为了传达内容，学生不再僵硬的套用原本的句型和词汇，真正学习用语言传达内容。②行文结构多元化。不同学生会采用不一样的文章体裁，文章结构也不再是死板的三段模式。③文章立意个性化。减少了固定式的小标题教学，为学生预留了更大的思考空间，有利于学生的个性化发展。

### （三）加强校本课程开发，拓展校本英语课程

我国是历史悠久的文化古国，大学校园作为高等教育场所，充溢着丰富的文化内涵。学校应该加强校园文化建设，强化传统文化渗透；重视学生身边的传统文化知识，加强校本课程开发。首先以学生熟悉或感兴趣的传统文化内容入手，激发学生对传统文化的兴趣，帮助学生深入探索中国文化的博大精深，形成独特的文化身份和文化认同感。例如以学校中的孔子塑像为教学素材，一般学生只知道孔子是一位伟大的思想家和教育家，开创了儒家学派，但是对于孔子的生平却知之甚少，实际上孔子是贵族出身，孔子还在教育中引入了“六艺”，确立了德智体全面发展的育人目标。

### （四）促进学生认识不同文化之间的共性与差异，明确写作目的

外语学习是为了适应全球化发展，提升学生的跨文化交流能力。文化是在社会发展变迁的过程中逐步积累形成的，不同地区、不同民族、不同生活方式造就各具特色的文化类型。文化与国家的发展程度没有直接联系，虽然国家之间存在强弱之分，但不同文化之间没有贵贱之分，没有优劣等级之差，各国文化一律平等。英语写作是发展学生向世界宣传我国文化的能力，让世界人民热爱中国文化，感受中国的魅力，而不是对其他国家进行文化入侵。因此学生要树立各民族文化一律平等的观念，明确写作目的，在尊重学习不同文化的过程中进行相互吸收促进，在平等对比中实现良性发展。

### （五）丰富写作素材，提高写作教学的质量

中国的文化是伟大而又灿烂的。这就像一座富矿库，为老师们提供了无穷无尽的写作题材，为学生们的英语作文增添了新的素材。因此，在英语作文教学中，教师可以针对不同的教学目标，选用不同的语言素材，对学生进行针对性的写作练习。比如，在学习叙述

体裁时，可以根据中国的传说来进行训练，使同学们了解英文叙述的主要成分以及书写的要点。在讲解风格的时候，可以通过中国的传统节日，中国的书法，戏剧，古典文学，饮食文化等方面来进行讲解，并发挥他们的主观能动性，将所讲解的主题信息进行整理，使他们能够感受到讲解文字的严密和清晰。在进行议论文体裁的时候，可以将国家的社会事件作为一个主题，让学生对其进行点评，并将学生的注意力集中在对其论述的严谨和结构的清晰上。总而言之，凡是与中国有关的题材，无论是从书、杂志、报纸到网上，还是从哪一方面，都可以作为英文写作课的教材。所选素材可作为范例，让同学们效仿，亦可选择题材作为练习。这样，不仅使学生作文的内容更加充实，而且老师们也不必在为作文训练主题而绞尽脑汁。

总之，英语教学的终极目标是培养具有跨文化交流能力的高素质人才。英语学习者跨文化交流的水平，既要看他们的英语语言运用水平，也要看他们的社会和文化水平。所以，它既包含了英语的客体文化素质，又包含了母语的对象文化素质，两者都是不可或缺的。

# 第八章 中国传统文化与大学英语词汇教学的融合与渗透研究

## 第一节 大学英语词汇教学的内容与目标

### 一、大学英语词汇教学的内容

英语词汇课堂教学的内容常常根据词汇本身所涉及的内容而定。哈默（Hammer）指出，认识一个单词意味着对其意义、用法、相关信息、语法的了解和掌握。所以，英语词汇课堂教学的内容基本包含以下四个方面。

#### （一）词汇的意义

词汇的意义是英语词汇教学中教师首先要让学生掌握的内容。但因为汉语与英语之间的差异，一些词汇的内涵与外延在两种语言中也不尽相同。词汇教学的融合与渗透研究词汇意义的理解与语境有着密切关系，语境不同，词汇的含义也会有所差异。因此，在英语学习中，老师应该通过多种方法使学生认识到在不同的环境中，词汇的意义是不一样的，这样才能使他们更好地掌握词汇。例如：

a treacherous friend 背信弃义的朋友

a treacherous stone 石头不稳

a sharp push 猛地一推

a sharp knife 锋利的小刀

work on a novel 写小说

work on the house 建（修/粉刷）房子

work on a branch of a tree 削树枝

get rid of the rubbish 清理垃圾

get rid of the old TV set 处理旧电视机

get rid of the uninvited visitor 将不速之客赶走

由上述例子可以看出，同一词在不同的语境中会有不同的含义。

#### （二）词汇的用法

在英语词汇教学中，教师除了要让学生了解词汇的意义，还要让学生掌握词汇的用法，也就是掌握词汇的搭配、短语、习语、风格、语域等。例如，我们通常都会用 hot 形容热，这是在书面语中的用法，如果在口语中会有不一样的意思，如我们说“That is a hot guy.”在这里 hot 是形容一个人身材或是长相很吸引人。

其中，词汇搭配在英语学习中十分重要，因此也是英语词汇课堂教学的重要内容。在具体的语境中，一个词往往要求和某些特定的词汇搭配。例如，allow，permit，consider，suggest 等这类动词后不能接不定式，只能接动名词。

### （三）词汇的语法特点

词汇的语法特点又称“词法”，主要包括名词的可数与不可数、动词的及物与不及物、及物动词的句法结构等，它们也是英语词汇课堂教学的重要内容。具体来讲，词汇的语法就是要解决诸如动词接什么样的宾语，是接不定式还是动名词，是从句还是复合宾语，如何安排副词短语的位置等问题。

## 二、大学英语词汇教学的目标

学习英语词汇不能只了解词汇的含义，还应明白如何使用词汇，也就是培养词汇能力，这也是大学英语词汇教学的重要目标。

2020 版本的《大学英语教学指南》中针对大学英语词汇教学的目标给出了具体要求，特别是对非英语专业的学生，提出了三个层次的要求，分别是：

（1）掌握 3000 至 5000 个基础词汇，使学生能够基本读懂教材和相关文献，满足日常学习和社交需要。

（2）掌握 5000 至 8000 个扩展词汇，使学生能够进行学科学习和相关领域的阅读，并能够参加国际交流和合作。

（3）掌握 8000 个以上词汇，使学生能够阅读高级专业文献，能够顺利参加国际学术交流和合作。

在词汇教学中，教师应该注重词汇的灵活运用，鼓励学生在实际使用中不断探索，培养学生的思维与表达技巧。与此同时，老师也要根据学生的不同学习需要和特征，采用多种教学手段和方法，如词汇联想、记忆技巧、单词拼写和语境运用等，帮助学生有效地掌握和应用词汇。

# 第二节　大学英语词汇教学的现状、原则与方法

## 一、大学英语词汇教学的现状

现代的大学英语词汇教学有了一定的进步和发展，但也不乏一些问题的存在，这些问

题既是阻碍大学英语词汇教学进一步发展的重要因素，也是推动大学英语词汇教学不断发展的动力。具体而言，大学英语词汇教学在教师教学和学生学习方面都存在着一些问题。

### （一）教师教学的现状

#### 1. 忽视学生的主体地位

现代语言学强调，教学要以学生为中心，要突出学生的主体地位，同时要求教师要积极转变角色，由课堂教学的主体转变为学生学习的引导者，充分发挥主导作用。但现实情况是，这种教学思想并没有得到落实，在大学英语词汇的教学过程中，学生的主体地位往往受到忽略。

当前高校英语词汇教学中存在着许多问题，教师应加强对学生运用能力的培养和智力的开发，应重点培养学生的记忆力、观察力、想象力、思维能力以及创造能力，但这些并不是教师关注的重点，他们往往只关注自己的教学，忽略学生的学习情况。在具体的教学中，教师常常向学生大量灌输词汇含义、词汇规律、词汇搭配等知识，而忽视了学生的感受，没有考虑学生是否感兴趣、是否需要，更没有顾及学生的接受效果。实际上，经过多年学习之后，大学生已经掌握了一定量的词汇内容，也拥有了对词汇规律进行归纳和总结的能力，此时教师应将主动权交给学生，积极引导学生独立进行思考和归纳词汇规律，教会学生如何学习词汇。

#### 2. 教学方式单一

记忆对于词汇学习而言是至关重要的，但记忆词汇是非常枯燥的，这就需要教师来缓解这种枯燥，即灵活采用多样化的教学方法来营造轻松的课堂氛围，激发学生积极学习。目前，我国高校英语词汇教学仍沿用着“老师领着学生朗读、解释重点词语、让学生背”的传统方法。这种单一、乏味的教学方法，不但忽略了学生的主体地位，让学生一直处在一种消极的学习状态中，还不能有效地激发出学生的学习积极性，甚至会引发学生的抵触情绪，这样是很难提高词汇教学的效率的。

#### 3. 教学不够系统

从小学到中学再到大学，所有英语课本包含的课文，其内容的主题都没有一个系统可循，几乎每一册课本都可能包含十个甚至更多的主题，如生活常识、人物事件、生态环境、旅游观光、社会道德、天文地理、历史经济等。词汇的联系在于词义，如果课文没有一个共同的主题，那么其所含词汇就没有一个共同的纽带和轴心，也没有一个共同的知识体系可以依附，因而也就不能形成一个可以展开或聚合的体系。这就导致词汇教学也缺乏系统性，学生在对这些词汇进行应用、记忆、复述、联想时必然陷入一种无章可循的散乱状态。这种缺乏系统性的教材以及教学方法最终导致学生的英语词汇学习普遍患有一种反反复复，种多收少、进步慢、效率低的顽症。可以看出，词汇教学缺乏系统性正是这种顽症的根源，只有将英语教学置于“知识体系”的轨道上，以“专业”的“知识体系”引导、组织英语词汇教学，学生更加有效地学习和掌握英语词汇。

#### 4. 缺乏学习策略指导

大学英语词汇教学还存在一个显著的问题，即缺乏学习策略的指导，词汇教学杂乱而零散。甚至不少教师认为词汇的学习应该依靠学生自己的积累。而且，很多教师只肤浅地简介词汇的表面含义，将拼写和词义孤立起来，不注重对词汇文化背景的挖掘，缺乏对学生学习策略的指导，进而导致学生学习效率不高。教师通常会将单词写在黑板上或者通过多媒体设备呈现并讲解，这种脱离语境的讲解会让学生倍感无趣，缺乏学习的兴趣。部分教师也没有合理利用信息技术来服务词汇教学，没有对学生的词汇学习策略和记忆技巧加以指导，更是忽视学生的课外学习，这些都不利于学生词汇能力的提升。

#### 5. 缺乏实践

词汇学习是为实际交际服务的，其目的并不是积累词汇知识，从这一角度而言，交际也最能检测学生词汇的学习情况。在词汇学习过程中，遗忘快是学生普遍存在的问题，虽然学生当时记住了单词含义，但如果长时间不用就会逐渐生疏甚至遗忘。教师要重视学生对词汇的使用，让学生在实际的交际活动中加深对词汇的理解和巩固。

#### 6. 忽视学生个体差异

不可否认，现在的大学英语教学在不断变化和革新，但是传统的教学观念依然存在，满堂灌的教学方式也常被使用，从而使得教师忽视了学生的个体差异。在课堂学习中，学生的词汇学习基础、学习方式、理解能力和接受能力都是不同的，如果学生忽视学生的个体差异，不能做到区别对待，区别要求，是不可能实现因材施教的。这种齐步走的教学只能照顾到部分学习能力较强的学生，学习能力较差的学生则很难得到提高。时间一长，学生会对词汇学习产生畏惧和厌烦情绪，进而失去对词汇学习的兴趣。此外，词汇记忆的方法有很多，不同的学生会采用不同的记忆方法，但总体而言记忆效果不佳。

### （二）学生学习的现状

#### 1. 死记硬背

在学习英语的过程中，学生普遍重视词汇学习，但学生的学习方式和效果不佳，常通过死记硬背的方式记忆和积累词汇。虽然学生采用死记硬背的方式一时记住了单词，但一时背下来的单词是很难深刻记忆的，而且容易遗忘。实际上，每个词汇只有在实际的语境中才具有准确、清楚的含义，所以学生在理解和记忆词汇时应结合具体语境，这样才能增强记忆的效果。

#### 2. 重数量轻质量

数量的积累和质量的把握是词汇学习中重要的两个方面，二者相辅相成、相互统一。如果只重视数量而轻视质量，那么词汇学习将毫无意义；如果保障了质量而积累数量不足，那么词汇学习将难以进展。质量是数量的基础和前提，数量是质量的表现，只有将二者相平衡，才能实现最佳的学习效果。但在学习实践中，学生普遍注重数量而轻视质量，只满足于对数量的积累，这非常不利于对词汇的理解和运用。

#### 3. 重词义轻用法

词义和词汇用法都是词汇学习的重要内容，但学生在词汇学习过程中常在词义的理解上投入大部分精力，这就导致学生只清楚单词的含义，而不明白单词的常用习惯表达以及相关习语等用法，进而造成学用脱节，在实际表达不能有效运用。

#### 4. 缺乏探究意识

在学习词汇的过程中，学生的词汇知识的获取基本都是源自教师的告知，而很少主动探究词汇知识，这就导致虽然他们的词汇量在增加，却不会主动解决相关问题。具体而言，学生缺乏对英语词汇构词规则的主动探索，缺乏对词汇文化背景的探究，也缺乏对词汇之间联系的主动探究。因为缺乏好奇心和探究意识，学生很少在课后独立学习，一旦没有教师的督促，学生就会感到束手无策，而这非常不利于学生的词汇学习和创造力的提升。

## 二、大学英语词汇教学的原则

为了更加有效地组织词汇教学活动，促进词汇教学的进步，提高学生的词汇能力，教师在教学中应遵循以下几项科学原则。

### （一）目标分类原则

大学英语词汇教学要遵循目标分类原则，即根据学生的学习特点、具体需求等来确定词汇学习目标。具体而言，大学英语词汇的学习目标可以分为三类，即过目词汇、识别词汇和运用词汇。过目词汇指的是在表达过程中起配合作用的词汇。在学习过程中，学生只需要大体了解这类词汇即可。识别词汇指的是能够帮助语境理解的词汇，学生在阅读过程中可以通过上下文等手段了解其含义。针对这种词汇，学生只需要了解其语义即可，不需要掌握词汇的属性与用法。运用词汇是学生词汇学习的重点，使用频率较高。但是，不同的专业、不同的行业其语言使用的侧重点不同，因此运用词汇也会有所差异。大学英语教学并不要求学生掌握所有的词汇，这样不仅不现实，也没有效率。教师应根据词汇教学的目的，让学生有选择性地学习词汇。

### （二）循序渐进原则

循序渐进原则是任何教学都应遵循的一项原则，大学英语词汇教学也应如此。这一原则是指词汇教学应该在数量和质量平衡的基础上对所教内容逐层加深。在循序渐进原则的指引下，英语词汇教学并不能单纯地追求词汇掌握数量，还应该重视词汇掌握的质量与数量程度。英语词汇教学应该做到在增长学生词汇数量的基础上，提升词汇使用的熟练程度。在词汇学习中，质和量是分不开的，词汇越多，词汇之间的联系性与系统性就越强，学生进行词汇巩固的自然度就越高。逐层加深指的是在词汇教学中不可能一次性教授词汇的所有语义，学生也不可能一次性掌握全部知识点，词汇的教学与学习应该由浅入深地进行。

由此可见，词汇教学要避免急于求成。教师要引导学生切实掌握每一单词的意义和用法，并且由浅入深不断推进，以提升学生的学习效率和教学效果。

### （三）兴趣激发原则

兴趣在英语学习中发挥着巨大的作用，这一点是不可否认的。在大学英语词汇学习中，兴趣同样发挥着重要的作用。如果学生对英语词汇学习有兴趣，就会有持续的动力，词汇学习就会一直坚持下去，而且学生会带着强烈的欲望去练习英语，因此，教师应抓住每一个可能的时机，努力提高自己的词汇量，这样，学生的词汇量就会在不知不觉中得到提升。相反，如果学生对词汇学习丧失了兴趣，就会缺乏学习的动机，学习效果也会不佳。因此，在英语词汇课堂教学中，教师应有意识地激发学生的学习兴趣，通过设置多样的教学活动调动学生的好奇心，进而培养学生的词汇能力。

### （四）词汇呈现原则

在教授学生英语词汇知识时，教师首先要向学生呈现词汇，这是词汇教学的首要步骤。词汇呈现能够使学生对词汇产生第一印象，在很大程度上影响着学生词汇学习的兴趣，因此教师在词汇教学中应遵循词汇呈现原则，坚持呈现的情境性、趣味性和直观性。呈现的情境性是指在词汇呈现过程中将词汇置于一定的情境中，让学生在不同的情境中了解词汇的意义。呈现的趣味性是指在词汇呈现过程中采用不同的方式，以激发学生学习的兴趣。呈现的直观性是指在呈现词汇时借用实物、道具等展示具体词汇。词汇呈现对后续词汇教学有着较大的影响，教师可以从具体的学生情况、教学条件等角度出发丰富词汇的呈现方式。

### （五）回顾拓展原则

遗忘是学生在词汇学习中遇到的普遍问题，而且学生每天都在学习新的词汇，如果不对已经学过的词汇进行复习和巩固，就更容易遗忘学过的词汇，因此在词汇教学中教师要遵循回顾拓展原则，即将新旧词汇相结合，利用已教授过的词汇来教授新的词汇，这样既能让学生巩固已学过的词汇，又能有效拓展新的词汇。需要注意的是，词汇知识的回顾是为了词汇的拓展服务的。教师需要拓宽学生的词汇接触面，增强学生对词汇的理解程度，在原有词汇基础上提升学生的语言运用能力。

### （六）联系文化原则

词汇学习的最终目的是运用词汇知识进行跨文化交际，而且词汇与文化关系密切，所以大学英语词汇教学的开展需要遵循联系文化原则。在词汇教学过程中，无论是在词义、结构方面都应该和语言背后的文化相联系。对于语言文化的理解有助于加深学习者对词汇的理解，并使学习者能够掌握词汇演变的规律，更加全面、有效地使用词汇。例如，news 事实上是由 north，east，west 和 south 每个词的首字母构成。了解了这一点，学生就不难理解其含义为什么是“新闻”了：news 是来自四面八方的消息。可见，英语词汇教学的展开要充分考虑文化因素，这样才能使学生对词汇有更加深刻的认识，也才能更加有效地使用词汇。

### （七）词汇运用原则

学习词汇是为了运用词汇，因此，在大学英语的词汇教学中，老师们应该按照“用”的原理，把单词知识灌输给学生，注重学生对词汇的使用，即从语境和语言运用的角度让学生理解词汇的具体用法。具体而言，词汇运用原则要求教师在教学中做到以下几点：首先，在教学中，要根据学习者的特征，进行词汇应用活动；其次，在英语单词的学习中，注重对词汇的联想能力的培养；最后，词汇教学过程中要注意词汇练习，保证练习的质量，切实有效地提升词汇运用效果。

## 三、大学英语词汇教学的方法

### （一）词汇记忆法

记忆词汇对于丰富词汇量、为其他英语技能做准备具有重要的意义，它是英语学习的基础。所以，帮助学生记忆词汇也是教师教学中的重要任务。具体来讲，教师可采用以下几种方法来引导学生记忆词汇。

#### 1. 归类记忆

（1）按词根、词缀归类。英语中很多词都是由词根、前缀和后缀组成的，教师可以据此来引导学生利用构词法来记忆单词，并逐渐扩大词汇量。

（2）按题材归类。在日常的交际中经常会涉及不同的话题，针对同一话题，教师可以将经常出现的词汇归集在一起进行教授，以使学生对词汇有一个系统的记忆。

#### 2. 阅读记忆

阅读记忆也是一种行之有效的方法。教师可以引导学生通过阅读，根据阅读材料中提供的上下文语境来记忆单词。这种记忆方法有助于学生准确理解和记忆词汇含义。阅读训练有精读和泛读之分，因此教师应注意引导学生进行有针对性的阅读训练，在使学生巩固旧词汇的同时，也促使学生学习一些新的词汇。

#### 3. 联想记忆

联想记忆就是以某一词为中心，联想出与之相关的尽量多的词汇。这不仅是记忆的好方法，也是培养发散思维的好方式。因此，在具体的词汇教学中，教师可尝试采用这一策略来帮助学生记忆单词。例如，单词 meal 就可以通过联想，找到多个与之相关的单词。

### （二）语块教学法

随着语言学的不断发展，语块理论在语言教学和学习中的应用已经越来越受到人们的关注。

### 1. 语块教学法的意义

语块教学法在英语词汇教学中有着重要的意义，具体体现在以下几个层面。

（1）有助于词汇的记忆。语块教学法有助于词汇的记忆，某主要体现在三个方面。

第一，语块的意义往往需要置于一定的语境中，因此会比脱离语境的意义更加牢固、准确。

第二，语块的构成成分间往往会受语义搭配、语法结构的限制，因此人们在运用词汇时可以从记忆库中随时提取。

第三，语块中的内部结构往往会根据需要进行改变，但是这种改变是有章可循的，因此不会造成混乱，学生使用的时候犯错的机会也比较少。

（2）有助于正确选取词汇。语块教学法有助于学生正确选取词汇，这集中体现在三个方面。

第一，词汇语块往往是按照一定规则形成的，因此以语块为单位的记忆不需要学生特意去关注语法结构。而且学生可以防范母语的干扰，从而保证英语词汇运用的准确性。

第二，人们在运用词汇时往往会做出大量的选择，只有其中的一部分被认可，而掌握大量的词汇语块有助于学生对这些词汇的选择。

（3）有助于树立词汇语块的学习意识。英语词汇数量巨大，面对浩瀚的词汇，学生往往无从下手。如果不能有效记忆单词，那么在口头交际和写作中会明显体现出贫乏，从而丧失词汇学习的信心。但是语块教学法可以帮助学生树立词汇语块的学习意识，将这些词汇语块贮存在学生的头脑中，使得他们在任何语境中都可以做到信手拈来。

### 2. 语块教学法的实施

在英语词汇教学中，教师应以语块为单位来呈现和教授单词，具体可以从以下几点做起。

（1）转移教学重心。在英语词汇课堂教学中，教师应该把教学的重点从语法转向词汇，并鼓励和指导学生根据自己的需要，大量吸收语块。斯凯恩指出，语言表达的流利性取决于词汇型的交际，而不取决于语法型的沟通。而中国英语教学一直以来都背道而驰，因此中国学生总是习惯运用根据语法规则生成的句子来进行表达，而缺乏迅速将语块连接成话语的技能。因此，在英语词汇课堂教学中，教师应有意识地纠正学生机械背诵单词的不良习惯，应重点培养学生对词汇的敏感性，让学生掌握辨认语块的方法，进而培养学生运用语块的能力。

（2）寻找语块。在调整教学重心之后，教师在课堂教学中应有意识地锻炼学生寻找语块的能力。例如，在讲授某篇课文时，老师可以将学生分成几个小组，在这个组里的同学一起对应的语段中的语块进行讨论，然后小组派出代表将讨论的结果写到黑板上，供其他学生判断和讨论。在学生讨论过后，教师要将学生找出的语块进行分类和讲解，从而加深学生的印象。

(3) 进行语块产出训练。让学生了解和寻找语块，最终目的还是使学生能够应用语块，因此在学生找到课文中的语块之后，还需要对学生进行语块产出训练。例如，当课文中出现 have nothing to do with 这一语块时，教师就可以安排学生做课后相应的练习题，以锻炼学生产出语块的能力。

在词汇教学中锻炼学生识别和产出语块的能力，能有效增强学生的语感，提升记忆的效果，提高学生语言表达的准确性和流利性。

### (三) 任务型教学法

用任务型教学法进行教学，可以有效激发学生的学习兴趣和内部学习动机，真实自然的教学任务能够为学生营造语言运用的氛围，给学生留下深刻的印象，进而能够收到良好的教学效果。

将任务型教学法运用于大学英语词汇教学要遵循四项基本原则：以学生为主体、情景真实、阶梯型任务链、在做中学。此外，采用任务型词汇教学法，关键的一点是设计好符合学生的各项任务，任务要具有可操作性，具有实际意义，能激发学生的兴趣和动机，能够让学生经历一些挑战、竞争，使学生感受到成功的喜悦，体验失败的遗憾，并深入挖掘学生的智慧潜能，使学生成为独立的学习者。

具体来讲，大学英语词汇教学的任务设计包含以下几个步骤。

#### 1. 课前准备

在开课前，老师要按照教学目标，引入和课程内容有关的话题，并设定好能引起学生兴趣的切入点，为接下来的任务进行铺垫。老师可以通过跟读、复读和大声朗读的方法，帮助学生建立起对新单词的音、形、义的初步印象和认识。让同学们在听或将要说出的时候，能快速地做出反应。

#### 2. 任务准备

当学生对所学提供的单词有一定的了解之后，接下来教师就可以为学生分配和布置任务。需要注意的是，任务设计、任务选择、任务执行等必须科学现实，灵活开放，以人为本，为生活服务，注重实践和实效。在此基础上，教师还可以根据不同的教学目的、不同的教学内容，采取不同的任务方式。如：听、说、读、写相结合，情景演出，小组讨论，词汇串连，故事串连等；让学生自己设计对话，创造新奇的词汇。每天做些习题，强化单词等。另外，为了提高互动性，教师还可以把学生分为多个小组。在这个过程中，要让同学们清楚地了解任务的要求及规则，这样才能更好地完成任务。

#### 3. 任务实施

在这一阶段，学生将自己脑海中已经有的知识体系和老师布置的任务结合起来，可以将自己的主观能动性充分发挥出来，积极、主动地进行思维活动，在成员之间进行沟通的过程中，可以对原有的知识体系进行完善，并构建出新的知识系统，让自己从被动学习转变为主动学习。实践表明，“动脑筋”是最好的学习方法。在此过程中，老师的作用从一个传统的“知识者”转变为“任务的组织者”和“任务的监督者”，以激励和指导学生成功地完成任务，并及时给予帮助为其服务。在整个过程中，学生能够切实感受到自己是学习的主人，学习的积极性自然会提高。

**4. 任务结束与评价**

在作业完成后，老师应组织学生之间的互评与测试，以发现问题，并对作业的实施情况进行检查。对于学生存在的错误，老师要及时地将其指出并纠正过来，要给予有针对性的、以鼓励为主的评价，从而让学生对词汇的理解和记忆更加深入。

**5. 教学反思**

在大学英语词汇教学中实施任务型教学法时，应注意以下几个方面的内容。

第一，教师应把调动学生的积极性作为教学的起点。老师在设置任务时，要尽可能地切合实际，与学生的生活紧密结合，具有实际意义，使学生有话可说，让学生能够积极参与到任务中来。在词汇的教学过程中，游戏是一种激发学生学习主动性的有效方式之一。

第二，教师要面向全体学生，尽量让每个学生都可以体验到成功。它不仅要顾及每一位学生在不同程度上的学习能力，而且要使每一位学生都能得到最大程度的发展。另外，在教学中也要注意任务的难度，如果太简单，则无法达到培养学员的目标；难度太大，会影响学习的热情和学习的自信心。所以，在任务型教学中，最重要的就是要让老师按照学生的水平，来设计出多个层次的任务，努力让每一个学生都可以获得更好的发展，能够体会到成功带来的喜悦，进而让他们拥有更长久的学习积极性。

## 第三节　大学英语词汇教学中中国传统文化渗透的途径

如何提升大学生的整体文化素质是我们长期探索的问题，而这一问题在高校英语课堂上得到了最直接的反映，那就是通过英语对中国文化进行解读，进而对大学生的爱国主义精神进行了初步的培育。教育部高教处发布的2020版《大学英语教学指南》中就有“提升大学生整体文化素质”的内容，而大学英语4、6级考试中，译文题目由“旗袍文化”“端午节”等中国文化题材的题型，更是与《大学英语课程教学要求》中“能够对中国情况进行介绍的文本进行译文训练”的英语能力相一致。因此，在新时期，加强对英语的学习，更好地了解中国文化，是英语教育的首要任务，而要做到这一点，必须从基础词汇入手。

### 一、文化因素导入英语词汇教学

语言是人类进行信息沟通的一种手段，它既具有丰富的文化内涵，又具有鲜明的民族特征。词汇是英语教学中最基础的要素之一，它与文化息息相关。在大学英语教学中，词汇是不可或缺的一个环节，而词汇的多少，将直接影响到英语听说读写翻译能力的提高。

将文化内涵引入到词汇的教学中，引导学生通过这些词汇中所包含的东方和西方的文化知识，来对这些单词进行解释，从文化的角度去了解这些单词，可以帮助他们记住这些词汇，让原本单调乏味的单词学习变得更加有趣。在此过程中，还可以提升学生的文化素养，拓宽他们的眼界，从而达到对他们进行人文素质教育的目的。所以，在英语词汇课中引入文化元素，是高校英语课堂中不可缺少的一部分，把中国和西方的文化元素融合到课堂中，是高校英语课堂改革的必然方向。

## 二、增加中国传统文化教学资料

目前，在中国文化词汇的教学中，缺少与中国文化有关的内容，这是因为在英语教材中缺少与中国文化有关的内容，因此，应该在教材中增加一些具有中国文化特点的英语短文，以弥补这一缺陷。我们以前的课程都是以创造英文环境为目的，注重情境的培养，从而帮助学生掌握更多的英文单词。所以，在我们的教科书里，大多数的内容都是关于英语国家的人文，地理等方面的内容，以帮助同学们更好的了解这些单词的用法。同理，在课堂上，如果能给学生更多的机会与中国英文语言相联系，创造一个学习环境，就更容易让他们记住中国英文语言。

## 三、文化词汇对比教学

在创造与中国文化相关的英文词汇的教学环境的同时，加入中国文化特征的词汇，并利用文化词汇的对比和联想，来扩大词汇的教学范围。跨文化教学正是在这种情况下，通过对不同文化的碰撞来实现文化的融合。在教材中，我们可以通过比较、联想等手段，来提示中国文化中相似的文化情境是怎样表现出来的，学生通过自己的思维活动，引导中国文化词语在英文中的表现形式。

## 四、课外词汇积累

语言教学和文化教学大多是以课程教学为主要的途径，而课堂教学都是提前设计并组织好的。但是语言教学和文化教学牵扯的内容比较广泛，这个过程需要长期的实践和应用，并不是一下子就能够成功的，而且还需要教师和学生不懈的努力，再者课堂学习的时间和空间有限，教学结构比较单一，所以学生掌握知识的难度较大。因此，在课堂上，老师们必须在课余时间对课堂进行补充与改进。许多老师都觉得，课堂教学不能真正地达到学生的需求，所以需要第二课堂、自主学习的同步进行。站在理论的角度分析来看，这种想法是切实可行的。只有适度地增加课外教学活动，才能够达到事半功倍的效果。

在此基础上，教师对词汇采取三项基本措施。一是对中国文化的英文单词进行归纳和整理。将课文中提及的中国文化词汇进行补充，从而增强学生语言表达的能力。将专用教材作为范本，让学生整理出中国饮食中主食、二十四节气、小吃和工具；传统节日中涉及的主要习俗，如春联、剪纸、红包、守岁、猜灯谜等。二是利用墙壁上的文字和故事，进行周期性的宣传。针对“VOA”栏目所涉及的中西文化词汇，通过比较，呈现出多种形态。每周一次，两个人一起工作，利用互联网，让同学们对比一下中西动物之间的区别：龙与狗，老鼠与猫，蝙蝠、孔雀与凤等，中西方趣味成语、谚语系列。通过讲述故事，讲述中西方文化中的共核。目前城市里的标志、标语、景点介绍甚至菜单中都出现了英语，也可以动员学生收集一下，然后在课堂上进行讨论或者点评。三是每天都要在英语角里进行成语的翻译。把和中国成语类似的英语谚语进行了分类，并从词汇上进行了对比，让学生感受到中国文化导入的趣味性。

## 五、感受和体验式教学

“感性认识”与“体验性”相结合的教学方式，是一种专门设计的教学方式。它为课堂变成了语言和文化的交流提供了一个真实的情境，在这种情境中，语言学习者会有一种身临其境的感受，从而最大程度地激发了他们的学习兴趣。通过角色扮演，可以使学生置身于一个真正的文化情境之中，这个情境也可以用于中国文化的学习，当他们学会了这些情境之后，就可以将这些情境运用到他们所要沟通的人身上。

# 第九章 中国传统文化与大学英语语法教学的融合与渗透研究

## 第一节 大学英语语法教学的内容与目标

### 一、大学英语语法教学的内容

与英语其他方面的教学相比，语法教学中的知识点较零散，归纳起来主要包括词法、句法、章法和功能。

**（一）词法和句法**

初级阶段的语法教学内容包括词法和句法两部分。

词法可以进一步分为构词法和词类。构词法讨论不同的词缀、词的转化、派生、合成等内容，词类可以进一步分为静态词和动态词。当然，静态词并不是绝对不变的。例如，形容词有比较级和最高级的变化，名词就有格、数、性等的变化。动态词主要包括动词以及直接与动词相关的语态、时态、分词、动名词、不定式、情态动词、助动词、虚拟语气、不定式等。

句法可以分为三大部分，即句子成分、句子分类、标点符号。句子成分是指单词、词组或短语在句子中所起的作用或功能，主要包括以下八大类：主语、谓语、宾语、表语、定语、状语、同位语、独立成分。依据不同的分类标准，我们可以将句子分为不同的类型。按句子的目的可以分为陈述句、疑问句、祈使句、感叹句；按句子的结构可以分为简单句、复合句和并列句。主句、从句、省略句等也是与句子有关的内容。句法学习的内容还包括标点符号。此外，词组的分类、功能、不规则动词等也属于句法的学习内容。

**（二）章法**

章法是语法教学在高级阶段的主要教学内容。学生在学习了一段时间的词法和句法之后，已经掌握一定的语法基础，此后就要进行章法的学习。章法的教学内容主要涉及句子之间的逻辑关系、篇章的结构逻辑等。表示比较对照的词语，如 by contrast，by comparison，unlike；表示程序的词语，如 first，second，then，finally 等都属于章法的范畴。例如，想要判断下面两组句子的可接受程度，就需要运用章法知识。

英语语法的内容十分繁杂，常会使学生顾此失彼，这也是学生在语法学习和使用中最困难的地方。据此，胡春洞认为语法教学应该有一个核心。语法教学的核心是整个语法知识和技巧发展的基点。

### （三）功能

功能指的是语法的运用，也是英语语法教学的重要内容。语法项目，无论单词、短语还是句子，它们都有表意的作用。同一类型的句子，其表意的作用是不一样的，例如，用以介绍信息的句子有“I was born in...”“My name is...”等，用以表达建议、邀请、拒绝、道歉等的句子有“Would you like to go to the cinema with me on Saturday?”“I'm busy today. I have a lot of papers to go through.”等。语法的功能还表现在句子所传达的言外之意。例如：

Wife：That's the phone.

Husband：I'm in the bathroom.

Wife：OK.

上述对话中“That's the phone.”与“That's a pencil/bag.”所表达的意义不同，这句话其实传递了一种言外之意，即“妻子要求丈夫接电话”，而丈夫的回答“I'm in the bathroom.”并不是简单地告诉妻子说自己在洗浴，而是告诉妻子自己不能接电话，既是拒绝，也是表达一种要求，即让妻子接电话。

可见，语法体系不仅涉及不同的词法、句法结构等知识性内容，也涉及功能用法，涵盖内容十分广泛。

## 二、大学英语语法教学的目标

丰富学生的语法知识，提高学生的语法能力，促使学生有效地进行跨文化交际，这是英语语法教学的主要目的。

2020版本的《大学英语教学指南》针对英语语法教学的目标提出了如下要求。

（1）帮助学生掌握英语基本语法知识和规则，包括词汇形态、句子结构、语法意义等。

（2）培养学生理解、分析和运用英语语法知识的能力，使其能够正确、准确地表达自己的意思，并理解他人的表达。

针对这些目标，教师可以采用多种教学策略和方法，如语法规则解释、例句分析、练习题训练、对话表演等，帮助学生在语法学习中逐渐掌握语法知识和技能，提高英语语言表达和交际能力。同时，教师还可以在语法教学中注重知识的实际应用，使学生能够将语法知识应用到实际的交际中，从而更好地理解和掌握语法知识。

# 第二节　大学英语语法教学的现状、原则与方法

## 一、大学英语语法教学的现状

虽然语法是整个英语学习和英语教学的基础，但是无论是学生的学习还是教师的教学都存在很多的问题，这些问题影响着语法课堂教学的效率和学生英语语法水平的提高。大学英语语法教学的现状具体如下。

### （一）教学环境欠佳

良好的教学环境对学生学习效果的提高十分有利。而不良的语言学习环境，将会对学生的语法学习造成很大的阻力。就英语语法教学现状来看，英语教学多是在汉语环境下进行的，另外，我国多采用汉语授课，这就大大破坏了英语语言学习的环境。学生在这种环境下学习语言，将会很难理解和掌握各个语法项目，只有靠机械地记忆语法条目，这很难达到预期的语法教学目标。要解决这一问题，教师就要在语法教学中注意结合真实的语境来教授语法，便于学生的理解、记忆和使用。

### （二）忽视语法的重要性

语法曾经在英语教学中占据着极其重要的地位，但是现状却出现了“淡化”语法的现象，甚至很多教师认为教学中没有必要再教语法。这样的观念是不正确的，尽管从中学到大学已经学了很长时间的语法，但学习时间长并不代表学得好。此外，虽然英语考试中没有直接针对英语语法的题目，但任何句子的分析都离不开语法，尤其是在阅读中。并且较难的阅读题中出现的句子，一般的语法水平很难分析得通。可见，语法在考试中所占的分值不是较少，而是很多。因此，教师要引导学生对其加以重视，进而促使学生积极地学习语法。

### （三）语法教学时间不足

我国英语语法的学习主要是围绕课堂教学展开的，而课堂教学的学时有一定限度。除了学习英语课程之外，还需要学习其他的课程，因此学生只能在其他学科的间隙之间进行英语学习。另外，对于每一节英语课程而言，其时间也是有限的，但为了充分地利用每一节课的有限时间，英语老师在英语教学过程中，经常会涉及英语的基本知识，如语音，词汇，听力，口语，阅读，写作等，这样导致的结果则是用于语法教学的时间更为不足，严重影响和制约语法教学效果的实现。

### （四）缺乏语言情景

我国的大学英语语法课堂教学是在汉语的环境下开展的，学生往往无法在特定的语言情景中进行语法的学习。语法学习仅仅是一种手段，其最终目的就是将其应用于实际的生

活中解决语言的交际问题。语法教学是为交际目的服务的，它只是帮助人们进行顺利交流的一个手段。我国英语教学的一个显著问题就是教师在教学中将具体的语法知识条目的意义、理解和功能运用与语境割裂开来，使学生难以准确理解某个语法知识点适用于哪种语言情景，学生无法体会到特定的语法知识点在语言情景中使用时所要表达的意图。

### （五）教学方式单一，忽视文化教学

不可否认，语法知识的学习是一件非常枯燥的事情，很难使学生对其产生兴趣。也正因为如此，教师才应在教学中采用新颖的教学方式，使枯燥的语法学习变得生动有趣。但实际情况是，在语法课堂上教师仍旧采用之前的教学方式，这样的教学不仅不能激发学生的学习兴趣，也不能有效地促进学生的语法水平。而且，老师们没有把语法和文化相结合，这样无法使学生明白因文化差异造成的英汉语法差异，不利于学生对语法更深层次的掌握。

### （六）学生的学习兴趣较低

大学生对语法学习缺乏兴趣，并且即使记住这些规则，在使用时也不会恰当应用，甚至导致学生对英语语法学习兴趣的丧失。这在无形中也对教师的语法教学技能提出了更高的挑战和要求，教师只有将学生的学习需求和语法教学相结合，并不断丰富教学方式，提升语法教学技能，运用多元化的语法教学手段，才能最大限度地激发学生的兴趣，让学生在兴趣中学习。

### （七）学生学习缺乏系统性

对于语法学习，学生并不陌生，而且他们也能说出几个语法名词，如名词、动名词、一般过去时、虚拟语气等。但是，大多数学生的语法概念不清晰，如果细问起来，英语语法中有几种时态、几种语态、多少词类，就很少有学生回答正确了。可见，学生对语法的认识并没有形成一个系统、完整的语法框架，而仅仅是一些零碎的概念，这必然会影响学生语法能力的有效提高。

## 二、大学英语语法教学的原则

由上述内容可以看出，大学英语语法教学中存在着一定的问题，这就要求在组织和开展教学时遵循科学的原则，从而有效改善大学英语语法教学的现状，提高大学英语语法教学的效率。

### （一）循序渐进原则

人们对事物的认知往往都要经历一个由浅入深、由简单到复杂的变化巩固过程，不可能一次完成。语法学习也要经历这一过程，这样才能更加牢固地掌握语法知识。根据这一规律，教师在教学中就要遵循循序渐进原则，即遵循由表及里、由一般到特殊的原则开展教学。此外，教师在教授语法点时要不断地循环往复，这种循环往复并不是简单的重复，

而是根据具体情况有变化地重复，以使学生在“认识—理解—掌握—运用”的过程中掌握语法。

### （二）以学生为中心原则

现代的教育理念倡导以学生为中心的原则。学习不是单纯接收知识的过程，而是学生一起参与各种学习活动的过程，在这一过程中，外部语言输入固然重要，但是学生个体在社会交际活动中对输入的处理、转换和内部生成在语言学习中更加重要，也就是说，学生在英语学习中才是主体。就教师而言，教师在教学中不再是简单地传授语言知识，而是要为学生提供更多的语言运用的锻炼机会。因此，教师应转变角色，尊重学生的主体地位，减少知识的讲授，增加词汇应用活动。

### （三）交际原则

大学英语语法教学的最终目的是培养学生的实际交际能力，使学生将学到的语法知识运用于实践，这就需要教师在教学中遵循交际原则。在贯彻这一原则时，教师可以从两个方面入手。首先，引导学生多阅读，坚持阅读多多益善的原则，因为通过阅读学生可以体会到语法的生命力在言语中，也能够切身体会到语法在语言中所起的具体作用。其次，通过模拟情景进行模拟交际。在必要的语法操练的基础之上，教师应尽可能地创设交际性语言环境，运用实物、图片、动作、表演以及电化等设备，创造真实或半真实的交际活动，使学生在活动中感知、理解和学习语言，发展语法技能。

### （四）真实原则

大学英语语法教学还要遵循真实原则，这一原则与交际原则是相辅相成的。语言学习的目的是交际，而现实中的交际都是真实的，所以语法教学要具有真实性，这样学生在言语活动中感受语法时，语法不再只是一些抽象的规则，而是交际生活中一个必不可少的组成部分，学生在这种真实性教学中能提高有效学习的兴趣，而且也能了解语言运用的语境，从而有效提高学习的效率。

### （五）系统原则

系统性不强是我国英语语法教学普遍存在的问题。这会使学生机械、孤立地记忆语法知识，对一些相近概念掌握较模糊，容易混淆，导致学生即使在学习了多年英语之后，在口语和书面语写作上仍然容易犯各种初级错误。实际上，语法并不是杂乱无章的，看似庞杂无序、零散孤立，实际上有自身内在的规律。因此，大学英语语法教学也要相应地遵循系统原则，即让学生在学习某一个语法项目时，也注意与之相关的语法之间的关系，进而建立一个语法体系，这对学生记忆和掌握语法知识是非常有利的。

### （六）精讲多练原则

大学英语教学应遵循精讲多练原则。英语语法规则本身就比较烦琐，所以在教学中语法规则的讲解应避免赘述，力求所讲之处一语中地，切中要害，并充分利用教具，通过一些形象、直观的方式讲解，从而使学生从“懂语法”到“会语法”。在精讲之后，通常还要借助大量的练习，并且练习的方式应确保丰富、多样，如采取英汉互译、改错以及应用性写作等训练方式。此外，在具体进行举例时，应与学生的现实生活和工作贴近，并且具有鲜明的时代特点，尽量避免列举一些陈旧的例子，所选取的范例要尽量促进学生的思考，使他们在课堂上积极参与。

#### （七）情景性原则

在大学英语教学中遵循情景性原则，其目的是培养学生运用语法的能力。具体而言，教师在教学中应多注意收集学生感兴趣的话题，并将它们设计成相应的情景，通过生动活泼的语言呈现给学生。教师还可以借助时事、新闻等进行编排，让学生在真实的情景中锻炼语法能力。

#### （八）文化关联原则

文化与语言的紧密关系是众所周知的，所以文化与语法之间有着密切的关系。在大学英语语法教学中，教师应注意文化因素对学生学习的影响，并有意识地联系西方文化，将英语还原至当时的语境中，以便帮助学生理解和记忆语法知识。总之，在大学英语语法课堂教学中遵循文化关联原则，有助于加深学生对语法的认识，提高学生的语法运用能力。

### 三、大学英语语法教学的方法

#### （一）语境教学法

结合具体语境进行语法教学是一种非常有效的教学方法。学生在语境中对语法规则进行体验、感悟、总结和运用，不仅能学以致用，而且对提升交际能力也大有裨益。借助语境进行的语法教学有效弥补了传统语法教学中对外在语言环境忽视这一不良的情况。具体可以通过以下几种方式来设计语境，有效开展语法教学。

##### 1. 借助多媒体教学手段来设计语境

多媒体具有集图、文、声、像于一体的优势，多媒体可以为语法规则的学习和教学提供使用语言和用语言进行交际的具体语境，并且能够使静态化、枯燥的语法知识变得更加立体、有趣，能充分调动学生学习的主动性和积极性。因此，在具体的语法教学中，教师可以充分利用多媒体创设语境，让学生在与以英语为母语的人士进行交际的过程中掌握语法知识。

##### 2. 借助现实场景来设计语境

英语教学通常也是发生在特定的时空和场合的，是在师生间展开的。一些从表面上看似单调乏味的日常教学实际上也蕴含着一些鲜活的情景语境，因而教师应学会善于发现并对这些现实场景进行充分利用，结合语法规则的特点来设计语境。以祈使句这一语法项目的讲解为例，祈使句的主要功能为表达命令、指示和请求，或者可以用来表示劝告、建议、祝愿和欢迎等意义。在具体的语法教学中，教师就可以利用师生、生生间的身份并配合一定场景来开展相应的情景教学。

#### 3. 借助语篇来设计语境

语篇能够为语法规则的归纳、比较与总结等提供较好的上下文语境。语法教学中的一些常见的语法知识点和项目，如冠词的使用、时态、主谓一致关系和非限定性动词的使用等通常都应置于一定的上下文语境中，只有置于语境中来讲授这些语法知识才能更加充分地体现和理解这些语法项目所蕴含的意义。

以时态教学为例，在传统的语法教学中，教师都是运用句子来讲授各种时态的，各个时态间相区别的标志也通常是句中所出现的一些标志词，如 just now，often 等。这种形式的教学其实是有其固有的局限性的，单纯地局限于句子使学生很难全面地掌握某一时态的具体用法，并使学生很难依照语义需要来正确地选择具体的时态。因而，不管句型操练多少遍，如果该时态在某一语篇中的具体语境中出现时，学生也会较难把握和熟练运用这些时态。

通过语篇来设计语境，可以让学生在一个比较高的层面上全面把握时态的意义和用法。但是，借助这种方法来教授语法，通常也对教师提出了更高的要求，需要教师精心地设计和选择语篇，并且做充分的备课。

### （二）互动教学法

互动式教学以社会互动论、人本主义为基础，又称为“互动教学法”或“互动合作学习法”。该教学法主要有以下几种类型。

#### 1. 师生互动

师生关系在课堂上的具体表现就是师生互动，也就是教师和学生利用目的语进行有意义的交际的活动。教师在互动式教学中作为课堂活动的参与者和设计者，不仅要注重对学生自主性和独立性的培养，而且要帮助和引导学生在语言实践中习得语法。

在教学中，师生互动具体体现在“问”与“答”上，尤其在“问”的环节上体现得尤为突出。

#### 2. 生生互动

生生互动就是让学生通过用英语进行交际来完成预设的学习任务。生生互动也是合作学习的一种形式，其可以将枯燥的语法项目置于生动的语言交际活动中，给学生提供更多的语言交际的实践机会，引导和组织学生运用所学的语法知识进行互动的活动，学生入情入境，展示自我。

#### 3. 人机互动

人机交流在语法教学中的应用可以让学生感受多维刺激，使语法学习变得不再枯燥无味，有助于提高语法学习的效果和效率，并且为学生自学兴趣和自学习惯的形成和发展提供更广阔的发展空间。

### （三）任务型教学法

运用语法是学生学习语法的最终目的，所以将任务型教学法运用于英语语法教学意义重大。任务型教学法融合了交际教学法的理论和研究成果，以任务为中心，注重学生的主体地位，培养学生的合作意识，让学生体现完成任务后的喜悦，发挥学生的潜能。任务型教学法在英语教学中的实施具体包含以下三个步骤。

#### 1. 任务前阶段

在任务前阶段主要是做一些准备工作，以便为接下来的活动提供保障。在这一阶段，教师的主要任务是让学生了解任务的主题以及要达到的目标。教师可以采用不同的方式引入主题，如展示图片、组织学生讨论等。教师还要提前预测并解决任务中可能出现的问题，如教师可以提供某些词语或词组，让学生听录音或听课文等。这些准备对帮助学生回忆词语，有效完成第二阶段的活动十分有利。例如，教师可以布置巩固一般将来时用法的任务，组织学生以 My Dream 为题目写一篇文章。

#### 2. 任务中阶段

任务中主要包含三个环节。第一环节是执行任务，教师可以组织学生以结对子或分小组的形式完成任务。在这一环节，学生可以运用所学的知识表达思想，内容可以围绕与主题相关的材料进行。教师可以给予学生必要的帮助，但不能干预学生的活动或对学生的错误进行纠正。在这一过程中，教师可引导学生就 My Dream 这一题目进行构思。第二个环节是策划，学生可以草拟或预演下一环节的书面内容或要说的话。教师可以就学生的活动情况提供帮助，学生此时也可以向学生提问。第三个环节是报告，教师让学生汇报任务成果，然后对汇报的内容进行点评。

#### 3. 语言点阶段

语言点阶段具体包含两个方面的教学，即分析和练习，目的是促使学生了解语法规则，并且通过练习巩固所学内容。在这里，分析并不是指语法分析，而是教师根据课文设置一些与语言点相关的任务。此次教学中，教师主要是分析学生在一般将来时方面是否存在错误或者表达不妥的问题。在练习阶段，教师可以根据具体内容组织各种练习活动，如朗读词语、完成句子等，以巩固学生的知识。

### （四）网络多媒体教学法

利用网络多媒体等先进的教育技术有利于在语法教学中创造轻松、愉快的气氛，减少学生的学习焦虑，并且有效调动他们的学习积极性，使他们积极进行思考，提高思辨能力与学习效果。具体来说，在语法教学中采取网络多媒体教学法可以从以下几个方面入手。

#### 1. 利用课件呈现语法知识点

教师可以充分利用网络多媒体课件，将语法知识点、语法句型等呈现给学生，从而通过生动、形象的输入来帮助学生进行理解与记忆。例如，教师在讲授 listen，watch 等词的一般过去式、正在进行式的时候，就可以将-ed与-ing形式运用下划线、不同颜色标注出来。但是，对于see，think这些特殊动词，可以使用图标的形式展现出来，让学生进行记忆。

#### 2. 采用课后自主拓展模式

网络环境下的英语语法教学还要求学生课后进行自主学习，因为仅仅依靠课堂的短暂教学是很难掌握的，所以教师应该引导学生在课后展开自主学习。

具体来说，教师可以创建一个讨论组，使资源得到共享。在讨论组中，教师将预先设计好的指导性问题和相关内容上传，学生可以提前进行预习，如果有问题可以提出问题，大家也可以参与讨论。此外，教师可以通过E-mail形式进行辅导和交流。这不但可以打破时空的限制，还可以缓解课堂的紧张气氛，让学生更轻松地学习语法知识。

### （五）语篇教学法

语法是与人类认知相联系的，并非只是纯形式的条条框框，语法是有意义的，是可以解释的。语篇教学法突出语言结构在语言实践中的功能和意义，因而能够满足大学英语语法教学的要求。

#### 1. 相关分析

传统的语法教学仅仅是分析单个的词语或句子，很少涉及语篇分析，这样的语法教学仅仅是了解语法的表面结构，不能从句子内部了解句子的意义和语法关系。随着语法教学和语篇研究的不断发展，将语篇研究运用到语法教学中可以有力地消除传统语法教学的弊端，从而建立了语篇语法。这里以语法中双重格的功能和意义分析为例来了解现代语篇语法分析。

语篇语法更能从本质上阐述语法的实质，这样更容易让学生理解和接受语言的生成机制以及语言的无限表现力。因此，教师要注意将语篇语法应用于语法教学中，尽可能地激发学生对语法学习的兴趣。

#### 2. 具体运用

语篇教学法是指语法教学应以语篇为基础，引导学生对语篇进行整体的语法分析，解析语篇中涉及的语言使用情景的目标语结构及其语用目的，帮助学生强化语法形式和结构意识。教师在教授被动语态时就可以使用语篇教学法。

## 第三节　大学英语语法教学中中国传统文化渗透的途径

在大学英语语法教学中，教师不仅要教授英语语法知识，还要渗透中国传统文化，它不仅可以调动英语学习的积极性，增加英语学习中的文化内涵，还可以使学生更好地掌握基本语言。特别是，教师可以采用以下几个途径来渗透中国传统文化知识。

## 一、分析英汉语法差异，结合文化对比

因生活环境、历史文化、思维方式的不同，不同文化背景下的人们在组织语言时会有其独特的习惯。就语言中的语法而言，语法中的句子结构因受文化因素的影响也会出现很大差异。

语法是语言交流的基础，没有语法就无法说出正确的句子，也就无法表达意图；只懂语法而对文化一无所知同样会造成语言交流的障碍，二者之间是一种相辅相成的关系。语法学习可以提高语法运用的能力，进而可以有效地传播文化内涵。

如果不了解英汉语言在结构上的差异，就很可能按照汉语思维来表达英语句子，进而会出现很多的语法问题。下面就来体会英汉语法的差异。

### （一）构建方式的差异

#### 1. 英语注重形合

根据《美国传统词典》（American Heritage Dictionary），形合（hypotaxis）是指“The dependent or subordinate construction or relationship of clauses with connectives，for example，I shall despair if you don't come.”即语法手段是英语句子之间的主要连接方式。

具体来说，以形显义是英语句法的重要特征。为了满足句意表达的需要，有时应将句子中的词语、短语、分句或从句进行连接，英语常采取一些语法手段，如关联词、引导词等，以此来从意义与结构两个方面实现句子的完整性。

#### 2. 汉语注重意合

根据《世界图书英语大词典》（The Word I300k Dictionary），意合（parataxis）是指“The juxtaposition of clauses or phrases without the use of coordinating or subordinating conjunctions，for example：It was cold；the snows came.”即句间与句内的联系主要依靠意义之间的逻辑关系。

与英语中的以形显义形成鲜明对比的是，汉语往往呈现出形散神聚的特征。具体来说，顺序标志词、逻辑关系词等明显的连接形式在汉语中较少出现，句子的含义常常通过动词来表示，而且读者往往需要进行积极思考才能将句子的内在逻辑关系梳理清楚。例如：

盼望着，盼望着，东风来了，春天的脚步近了。

一切都像刚睡醒的样子，欣欣然张开了眼。山朗润起来了，水涨起来了，太阳的脸红起来了。

（朱自清《春》）

本例过渡自然、主题集中，而且几乎没有使用连词，充分体现了汉语意合的特点。

### （二）重心位置的差异

句子的长短具有伸缩性，但无论长短，英汉句子都有一个重心，即主要观点或重要信

息，通常包括结果、结论、事实、假设等内容。需要特别说明的是，因为英汉两个民族具有不同的价值观念与思维习惯，所以句子重心在汉英两种语言中的位置往往存在明显差别。

1. 英语句子的重心位置

开门见山是英语的典型表达习惯，因此思想、感情、态度、意见等内容常常在句子的开头部分进行表达，这主要是由于受到直线型思维方式的影响。可见，英语句子常采取前重心，即重要信息常常位于前面，具体有以下几种表现方式。

（1）在需要对逻辑思维进行表达时，通常将结论、判断等前置，将事实、前提、条件等后置。

（2）在表态与叙事并存的情况下，通常将表态部分看作重要信息，将叙事部分看作次要信息。因此，表态部分常前置，叙事部分常后置。

（3）在需要叙事的情况下，通常将事件前置，将事件的背景后置；将最近发生的事情前置，将过去发生的事情后置。

2. 汉语句子的重心位置

汉语句子常采取后重心，即将重要信息放在结尾处进行表达。这主要是由于中国人更倾向于螺旋型的思维方式，因此表述时常以逻辑顺序或时间顺序为线索，具体有以下几种表现方式。

（1）当需要对逻辑思维进行表达时，通常将事实、前提、条件等前置，将结论、判断等后置。

（2）在表态与叙事并存的情况下，通常将叙事部分看作重要信息，将表态部分看作次要信息。因此，叙事部分常前置，表态部分常后置。

（3）在需要叙事的情况下，通常将事件的背景前置，将事件后置；将过去发生的事情前置，将最近发生的事情后置。

下面来看一个例子。

It is very kind of you to help me so much!

你帮我这么多，真是太好了！

可以看出，英语句子将叙事部分（to help me so much）置于表态部分（Itis very kind of you）的后面，汉语句子则采取了完全相反的顺序。这充分体现出英汉句子在重心位置方面的差异。

## （三）语态的差异

1. 英语语态

从语态上来看，英语句式中常使用被动语态，通常包括以下几种情况。①无从说出动作的实行者是谁。例如：You're wanted on the phone. 你的电话。②实现语气委婉，措辞得当的表达效果。例如：Visitors are requested to wear formal clothes. 来宾请穿正装。③实现上下文的衔接与连贯。例如：Mike's idea is shaped by, and shapes, his sister's idea. 迈克的思想受他姐姐的影响，同时又影响了他姐姐的思想。④没有必要说明或不知道行为实施者。例如：All the girls are asked to form a line. 请所有的女孩站成一队。⑤动作的对象是谈话的中心话题。例如：The task has been finished. 任务已经完成了。

### 2. 汉语语态

由于受到思维习惯的影响，中国人对“悟性”十分注重，并且非常强调个人感受与“事在人为”。因此，汉语不常用被动语态，而常使用“主题—述题”结构。具体来说，汉语常借助词汇手段来表达被动的含义，具体包括以下两种。

（1）“受”“被”“让”“挨”“遭”“给”“加以”“为……所”等带有明显形式标记的被动式。例如：

我们挨了半天挤，什么热闹也没看到。

我的建议被否决了。

该计划将由一个特别委员会加以审查。

（2）无形式标记的被动式，其在主谓关系上带有被动含义。例如：

每一分钟都要很好地利用。

那种说法证明是不对的。

值得一提的是，无主句是汉语中的一种习惯句型。尽管无主句在形式上没有主语，但当其处于不同语境中时却可以表达明确、完整的语义。例如：

一致通过了决议。

为什么总把这些麻烦事推给我呢？

汉语在表达思想时，习惯说出行为动作的执行者。因此，汉语常使用人称表达法。具体来说，在不能确定人称的情况下，常采用“大家”“别人”“有人”“人们”等泛人称句。例如，“人们有时会问……”“有人指出……”“大家知道……”等。

由上述内容可以看出，因文化背景的不同，英汉语言中的语法存在很大差异，这些差异影响着学生对语法的理解和使用。因此，在大学英语词汇教学中，教师不仅要讲授语法知识，还要将语法与文化相结合，切实提高学生的语法知识水平和运用语法知识进行跨文化交际的能力。

## 二、开展文化实践活动

在语言学习中，除了要带着学生参观当地的博物馆和展览外，还应带他们进行一些实地走访。这种方法能够使同学们全面地受到中国文化的影响，加深对中国文化特征的认识，能够更好地学习汉语文化，并能够使同学们的学习积极性得到很大的提高，突破传统的教学模式。学生在真实的文化情境中运用汉语，在老师的指导下，自主地观察、研究、总结文化知识，通过直观的感官教育，让学生自己从中提取出重要的内容，使所学的大部分知识都能深深地铭刻在学生的脑海中，并能熟练、正确地掌握和应用。对于那些缺乏实践体验，不能把感性与理性相结合的学生来说，文化实践就成了把书与现实相联系的一种方法。

总体而言，分析英汉语法差异，开展丰富多样的实践活动，可以有效激发学生学习的积极性，促使学生更加深入地了解和掌握中国语法知识，进而更好地帮助英语语法知识的学习和运用。

# 第十章　中国传统文化与大学英语翻译教学的融合与渗透研究

## 第一节　中国大学英语翻译教学的内容与目标

### 一、大学英语翻译教学的内容

翻译所涉及的内容非常宽泛，因此大学英语翻译教学所包含的内容也十分丰富。具体而言，大学英语翻译教学内容主要包含以下几个方面。

**（一）翻译基础理论**

翻译基础理论知识是英语翻译教学的基本内容，也是不可或缺的内容。翻译理论知识的教授不仅可以使学生在宏观上掌握翻译的基本思路，还能增强学生的翻译实践应变能力。

**（二）英汉语言对比**

翻译是两种语言之间的转换，所以对英汉语言进行对比分析不仅仅是翻译教学的基础，也构成了翻译教学的重要内容。英汉语言对比包括两个层面的比较：一是在语义、词法、句法、文体篇章等方面的比较；二是在文化和思维层面上的比较，使译文在翻译时能够完整、准确、得体地传递出原作的信息。

**（三）常用翻译技巧**

翻译技巧是翻译教学的主干，在翻译实践中发挥着重要的作用，因此翻译技巧也就构成了英语翻译教学的主要内容之一。包括直译、意译、释义、增译、减译、正译、反译等。

**（四）人文素养**

语言与文化密不可分，所以翻译不仅仅涉及两种语言之间的转换，还涉及两种文化之间的转换。在具体的翻译实践中，译者不可避免地会遇到政治、经济、历史等各个方面的内容，如果不了解一定的文化背景知识，就很难有效进行翻译。

### 二、大学英语翻译教学的目标

英语翻译教学的目标就是培养学生的翻译能力，使学生能够顺利进行翻译。2020 版本的《大学英语教学指南》中也对大学英语翻译教学的目标提出了具体的要求。其中，主要包括以下几个方面。

（1）培养学生正确的翻译意识和翻译方法：教师需要引导学生正确理解翻译的含义和目的，以及翻译的基本方法和技巧，如语境分析、转换句型和结构等。

（2）培养学生的语言能力：教师需要在翻译教学中注重培养学生的语言综合能力，包括听、说、读、写和译等方面的能力，以提高学生的翻译水平。

（3）提高学生的翻译实践能力：教师需要注重提高学生的翻译实践能力，通过丰富的翻译实践活动，如翻译练习、翻译作业和翻译实习等，提高学生的翻译技能和实践能力。

总之，2020 版本的《大学英语教学指南》对大学英语翻译教学提出了多方面的要求，本课程的目的是使学员在整体上提升其翻译技能，并使其在不同的语言与文化之间达到不同的层次。

## 第二节　大学英语翻译教学的现状、原则与方法

### 一、大学英语翻译教学的现状

虽然社会对英语翻译人才的需求迅速增长，但翻译教学并没有引起教师和学生足够的重视，而且存在着诸多的问题。具体来讲，这些问题主要体现在以下几个方面。

#### （一）大学英语翻译教学不被重视

在大学英语教学的各项技能教学中，翻译教学一直处于被忽略的地位，主要体现在以下几个方面。

**1.《大学英语教学大纲》未使翻译教学受到重视**

作为大学英语教学的纲领性文件，《大学英语教学大纲》未对翻译教学加以重视，进而直接导致大学英语翻译教学的重要性被忽视。1999 年的《大学英语教学大纲》（修订本）（以下简称《新大纲》）提出应重视对学生翻译能力的培养，并针对大学英语教学的不同阶段提出了学生翻译能力的具体要求。虽然《新大纲》在培养学生翻译能力方面提出要兼顾学生的英汉互译能力，但最终目的仍然是培养学生的阅读能力，兼顾一定的听、说、写、译能力。2004 年的《大学英语课程教学要求（试行）》也将目标集中在对学生综合应用能力的培养上，尤其是听、说方面的能力，虽然《大学英语课程教学要求（试行）》也提出了三个不同层次的要求，但各个层次的要求并没有对教学的内容以及方式等

给予明确说明，从而影响了教学目标的有效实现。通过上述两套教学大纲的内容可以看出，它们都未对翻译给予足够的重视，进而导致大学英语翻译教学一直处于大学英语教学的边缘地位。

**2. 考试项目设置降低了翻译教学的重要性**

现在，翻译已成了大学英语考试的一部分，但就考试项目的设置而言，翻译对大学英语教学的指导作用并不明显，而且没能引起教师和学生对翻译的重视。尽管翻译已经成了大学英语四、六级考试的常设题目，但所占分值很少，只占试卷总分值的5%，如此少的分值直接导致了教师和学生对翻译的忽视。此外，在命题方式上，翻译试题的形式非常简单，很难系统考查学生的翻译水平，从而导致学生无法满足社会需求。实际上，现在的大学英语教学都是以大学英语四、六级考试为标准来开展教学的，因此在课堂教学中教师不得不采用应试教育，进而忽视了对学生综合能力的培养，更是忽略了对学生翻译能力的培养。

**3. 教材的缺失加重了翻译教学的边缘地位**

虽然现在的大学英语有多部全国性统编教材，但是几乎没有一部是面向大学英语翻译教学的。根据统计，目前各地出版社的翻译教材、翻译手册等书籍多达几百种，但大多数教材内容十分相似，而且框架基本相同。此外，多部由教育部推荐的使用范围十分广泛的大学英语教材也几乎对翻译避而不谈，更不用说详细地介绍翻译理论与技巧了。翻译教材的缺失更加凸显了大学英语翻译教学在大学英语教学中的边缘地位。

### （二）教师教学的现状

**1. 教学方式单一**

在现在的英语教学中，翻译教学并没有引起教师足够的重视，所以教师很少采用创新的教学方法来开展教学，而是仍然采用翻译教学方式，通常情况下，老师会让学生们写一些习题，再批阅习题，尽量把他们的习题中的所有错误都找出来，一个一个地纠正，以免被人说成是“误人子弟”，老师们也会把习题的重点放在纠正和分析一些常见的、有代表性的习题上。这样的教学方法既费时又费力，还不一定能收到很好的效果。

**2. 教学策略不佳**

在英语翻译教学中，教师往往采用传统的教学策略，非常肤浅地比较两种语言之间的异同，甚至将翻译当作理解和巩固语言知识的教学手段，仅注重语言形式和翻译知识的教授，而忽略了对学生翻译能力的培养。在练习的过程中，教师也仅仅是强调一下翻译材料中重复出现的关键词或句型，对对答案，缺乏对学生系统的训练。而且教师对翻译技巧的讲授也缺乏整体的规划，往往是有时间就讲，没时间就不讲，这样很难使学生掌握有效的翻译技巧和策略。

**3. “一言堂”现象明显**

现在大多数的翻译课堂都气氛沉闷，教学效果不佳，不符合“以学生为中心”的现代教育理念。这是因为在课堂上，教师总是占据着主体地位，一味地在课堂上讲，而学生被置于被动的地位，只是一味地听教师讲解，没有发言的机会。

### （三）学生学习的现状

#### 1. 容易“的的不休”

翻译死板、机械是很多学生都存在的翻译问题，他们往往一见到形容词，就会机械性地翻译为“……的”。例如：

The decision to stop attacking was not taken lightly.

原译：停止进攻的决定不是轻易做出的。

改译：停止进攻的决定经过了深思熟虑。

The record has been considered soft ever since it was set last June.

原译：自从六月份创造了这个纪录以来，人们一直认为它是很容易被打破的。

改译：人们一直认为去年六月创造的纪录很容易打破。

#### 2. 不善于灵活增减词量

在具体的翻译过程中，很多学生往往不善于根据汉语译文的需要灵活增减词量，通常是英文原文中有几个词，就将其译为几个词，这样的翻译使得译文非常死板，而且会使译文显得异常啰唆。例如：

Her grace was a delight.

原译：她的优雅是一种快乐。

改译：她的优美风度，令人欣悦。

Women screamed, and kids howled, but the men stood silent, watching, interesting in the outcome.

原译：女人尖叫，小孩欢闹，男人们静静地站着看着，对结果感兴趣。

改译：只听到女人们在尖叫，小孩们在欢闹，男人们则静静地立在那儿袖手旁观，饶有兴味地等着看结果。

#### 3. 不善于引申词义

英语中一词多义的现象十分常见，很多学生只知道词语的基本含义，却不能根据其基本意思进行引申，因此在翻译时不能正确选择词义，进而造成译文理解上的障碍，最终造成误译。例如：

He has developed an interest in gardening.

原译：他对园艺发展了兴趣。

改译：他对园艺产生了兴趣。

The aim of this course is to develop the students' writing skills.

原译：这门课的目的是发展学生的写作技巧。

改译：这门课的目的是培养学生的写作技巧。

### 4. 语序处理有误

在语言的表达顺序方面英汉语言有着显著的差异，由于缺乏灵活的思辨能力，很多学生在翻译时常拘泥于原文的语序，从而造成句序或者词序错误，进而使得译文特别牵强和别扭。例如：

The doctor is not available because he is handling an emergency.

原译：医生现在没空，因为他在处理急诊。

改译：医生在处理急诊，现在没空。

It is simple that they do the same things in different ways.

原译：只不过是不同的人做同样的事以不同的方法。

改译：只不过他们用不同的方式做同样的事情而已。

### 5. 不善于处理长句

英语语言注重形合，在组句成篇时常常使用各种衔接成分，所以英语中有很多冗长的句子，而这些句子也正是学生翻译的难点所在。大部分学生不善于对长句中的成分进行处理，进而经常译出不符合汉语习惯的外语式长句。例如：

Think of ways to turn a trying situation into a funny story which will amuse your family and friends.

想办法把不愉快的处境变成一个能逗你的家人和朋友的有趣乐事。

本例译文读起来十分别扭，语义也颇令人费解，这就是没有把握好原文的逻辑关系。实际上，当英语定语从句的结构较为复杂时，可以将句中定语部分译成分句。对此，可以将原译修改如下：

听她说了那次尴尬的经历之后，每每与人约见，我总要安排在彼此能够互相联系得上的地方，以免误约。

### 6. 经常使用方言及口语词汇

我国的大学生大多来自全国各地，他们使用着不同的方言，这些方言不可避免地体现在学习中。具体而言，在翻译过程中，很多学生的译文常出现方言俚语，这些方言俚语常会使人感觉非常别扭。例如：

“But, Papa, I just can't swallow it, not even with honey.”

原译：“可是，爹，我受不了，就是拌了蜜也咽不下呀。”

改译：“可是爸，我受不了，就是拌了蜜我也受不了啊。”

The children lived in terror of their stepfather, who had borne downon them so often and so hard that there was little left.

原译：孩子们对他们的继父怕得要死，继父经常整他们而且整得很重，简直把他们整瘪了。

改译：孩子们对他们的继父怕得要死，因为继父时不时就狠狠地教训他们一顿，他们已经无力应对了。

## 二、大学英语翻译教学的原则

### （一）循序渐进原则

循序渐进原则是大学英语翻译教学首先应遵循的原则，即由浅入深、循序渐进地展开翻译教学。通过由浅入深的学习，学生学习起来才会有信心，才能渐渐培养起对翻译的兴趣。例如，从语言的角度讲，如果一开始接触到的语言太难，就会给学生的理解和传译造成障碍，甚至影响他们继续学下去的兴趣。从知识结构来看，我国外语院系的学生大多数是文科生，对科技方面的材料感到头痛，因此最初的练习材料就不要选科技方面的。

### （二）认知原则

通常情况下，学生往往会在自己已经掌握的知识的基础上，去接受并学习新的知识，并且会根据自己的认知特征和思维方式，来选择与自己相适应的学习方法和策略。所以，在进行翻译教学的过程中，老师们要遵守认知原理，对学生的性格和特征有一个全面的认识，并相应地设计出可以激发学生兴趣、调动学生积极性的活动方式，使翻译水平得到提升。

### （三）系统原则

语言是个复杂、庞大的系统，系统内部各个要素之间是紧密相连的，并且，这一切都是有规律的。与语言类似，翻译教学同样是一项复杂的系统工程，它有其自己的原则与方法。因此，在大学英语翻译教学中，教师应遵循系统原则，从翻译的本质、翻译教学的基本原则、学生和社会的需要出发，制订科学系统的教学大纲，从而有效培养学生的翻译能力。

### （四）文化原则

就本质来讲，翻译不仅是两种语言间的转换，也是两种文化的沟通和交流，所以翻译学习实际上就是一种跨文化交际活动。这就要求学生对各种语言的政治体制、经济模式、思维习惯、生活方式、风土人情、表达习惯等有充分的认识，只有这样翻译才能顺利有效地进行。因此，在翻译教学中，教师要遵循文化原则，在英语教学中，要把英语学习者放在不同的语言环境中，以提高他们的语言交流能力。

## 三、大学英语翻译教学的方法

### （一）图式法

在英语翻译技能教学中，图式法是一种常用的教学方法。图式指的是以相对单独的方式存在于人们的头脑中的知识碎片，而对语言的理解则是对大脑中的知识碎片的激活。人从诞生之日起，就是在与外部世界接触的过程中，认识了周围的事物、情景和人，并在大脑中形成了各种模式。这些认识方式以各种事件、各种情境为中心，构成了一套有序化的知识体系。简而言之，图式就是人脑中关于外部世界的知识组织形式，它是人对周围事物进行认知和理解的基础。当接触到新的信息时，如果大脑中没有与之类似的图式，理解就会受到阻碍。

由此可见，引入“图式”对于翻译教学来讲意义重大，它可以有效地激发学生头脑中与文本相关的图式，使学生对原文有一个正确的理解。同时，教师要积极帮助学生调动相关的图式，以促使学生更加有效地学习。

### （二）语境法

语境与翻译有着十分紧密的联系，所以语境教学法在英语翻译教学中经常被运用。语境法的实施可以实现学生对原文全面的理解和准确的翻译。语境有宏观语境和微观语境之分。宏观语境包括话题、对象、场合等，它使意义更加确切化；微观语境是指词语的含义搭配、语义组合，它使意义特定化。

在翻译课堂教学中，教师可以引导学生综合考虑宏观语境和微观语境，找出原文作者的隐含意图，确定恰当的译文形式，进而准确传达原文信息。

### （三）交际教学法

大学英语翻译教学的最终目的是培养学生的跨文化交际能力，因此教师常采用交际教学法展开教学。交际教学法注重学生的主体地位，强调在所有的教学活动中，教师都要以学生为中心，为他们创造一个真实的交际环境，能够更好地表达自己的意见和思想。交际教学法的具体实施步骤如下。

（1）根据翻译教学的目的，教师向学生提供相同内容的源语和目标语两种文本的材料，引导学生进行对比，并分析两种语言的不同表达方式以及两种文化的模式差异。

（2）依据认知原则开展教学，安排学生进行模仿和互译练习，从而促使学生创造性地使用语言，培养学生的翻译意识和能力。

（3）根据学生的实际情况、学习特点、目标需求等提出翻译要求，指导学生独立进行翻译练习。

（4）完成翻译练习之后，教师与学生一起对译文进行分析和评价。

在整个教学过程中，教师要引导学生积极参与，多鼓励和表扬学生，以使学生在参与的过程中锻炼和提高翻译能力。

### （四）任务型教学法

任务型教学法是一种“以学生为中心”的教学方法，提倡“语言运用”理念，主张将课堂教学真实化和社会化，使学生在完成一系列任务的过程中提高其语言运用能力。具体来讲，在英语翻译教学中采用任务型教学法可分为以下三个步骤实施。

1. 任务布置

这一环节就是教师布置相关任务，为学生理解任务和执行任务做好准备。具体来讲，任务设置要结合社会对翻译人才的要求，根据学生的实际情况进行分组、合作学习；所选用的材料要真实，如可选择新闻报道、名人演讲、电影片段等形式多样的翻译材料；运用的教学技巧和策略要丰富，如可采用课堂提问、经验交流等方式对学生感到陌生的内容和话题进行提示；有意识地引导学生从文化交际的角度来理解原文，使学生体会语言背后的文化内涵，引发学生积极思考，培养学生的文化差异意识。

2. 任务循环

在这一阶段，教师可以组织学生通过不同的形式实施任务。一是小组讨论、代表汇报，教师可以向学生提供用作课堂讨论的文本，如记者招待会的相关翻译资料等，让学生模拟翻译现场，之后各小组进行讨论，并做简短报告，向全班学生汇报，教师则对各小组的翻译情况进行指导和总结。二是独立翻译、个人汇报，教师可在学生对翻译知识有一定掌握之后，让学生独立进行翻译练习，对具体的困难给予帮助。三是将学生的译文与参考译文进行对照，在学生完成翻译练习后，教师提供参考译文，引导学生将自译译文和参考译文进行对照，并指导学生总结自己的译文与参考译文在对原文理解、用词规范程度、语言表达以及风格再现等方面的差异，进而从中得到收获。

3. 语言聚焦

在任务完成之后，教师需要对学生的活动情况进行评价，具体可采用教师评价、小组互评以及学生自评的方式，多角度、多层次地比较、分析学生完成任务的情况，进而引导学生总结翻译过程中出现的问题，总结翻译规律，探求翻译技巧，激发学生积极思考，最终提高学生的翻译水平。

## 第三节　大学英语翻译教学中中国传统文化渗透的途径

在跨文化教育背景下，教师可采用以下几种方法渗透中国传统文化。

### 一、解析中西文化差异及其对翻译教学的影响

翻译既是语言间的转换活动，更是文化之间的信息交流活动。因此，跨文化交际对英语翻译教学具有不可忽视的影响，而正确解读英汉文化的差异也成为翻译成功的决定性条件。因此，在大学英语翻译教学中要注意文化差异对翻译的影响。

#### （一）思维方式方面的差异及影响

在思想方法上，英语国家的人善于进行抽象化的思考，他们擅长以抽象的观念去表现具体的东西，这种思维方式在语言上的表现就是采用抽象表达法。但汉民族的思维方式与

英语民族正好相反。因此，在具体的翻译过程中就要对原文进行变动，即英语中的抽象名词具体化。例如：

Will this immigration of intelligence be as absorbing as the migration of powerful muscles?

知识分子移居国外是不是会和体力劳动者迁居国外同样构成问题呢？

Intelligence 的基本含义为“智力，理解力”，muscle 的基本含义为“肌肉，体力”。如果直接译为其基本含义必然会造成言语不通，所以译文并没有进行死译，而是灵活地将它们译为了“脑力劳动者”和“体力劳动者”。译者对原文进行了具体化处理，使得整个句子更易理解。

### （二）物质文化方面的差异及影响

物质文化包含的内容非常丰富，涉及人们生活中的衣食住行用各个方面，如饮食、日用品、服饰着装、生产工具和设施等。中西方的物质文化有着巨大的差异，从而给翻译带来了不小的困难。

从饮食习惯上来说，西方人常以蛋糕、面包等为主食，而中国人主要吃大米、面食等。因此，如果将 a piece of cake 按汉语的习惯译为“蛋糕一块儿”，肯定会令人费解。因为蛋糕是英美人生活中极为常见的东西，制作蛋糕和吃蛋糕都是小事一桩；而对中国人而言，尽管蛋糕并不是稀有的东西，但很少自己制作，制作起来也有一定困难，因此将其译为“小菜一碟儿”比较妥当。

总而言之，在翻译的过程中，物质文化差异对翻译的影响是不容忽视的，只有了解了物质文化之间的差异，才能更好地进行翻译，进而达到不同民族间文化交流的目的。

## 二、进行文化导入

### （一）比较法

在翻译教学中向学生导入文化知识，最常采用的方法就是比较法。所谓比较法，它是把英语和汉语两种不同的文化相对比，将英语的跨文化技能和应用技能相联系，不知不觉吸收文化知识，进而获得跨文化交际的敏感性。例如，“狗”在汉语文化中往往具有贬义，与之相关的词语也多为贬义词，如“走狗”“丧家之犬”等。但是，英美人对狗十分钟爱，将狗看作人类忠实的朋友，所以 dog 在英语中通常被用来表示积极的意义，比如“Every dog has his day.”“You are a lucky dog.”等等。如果对英汉文化差异缺乏了解，就很容易按照汉语思维进行翻译，进而造成误译。

### （二）专题讲座法

专题讲座法也是一种有效的丰富学生文化知识的教学方法。专题讲座具有时间集中、信息量大等优势，能有效提高学生的文化敏感性，进而使学生全面地认识、了解和掌握英语文化。

### （三）课外补充法

尽管课堂是培养学生翻译能力的重要场所，但是课堂时间毕竟是有限的，再加上英语翻译的课时本来就少，所以学生在课堂上是不可能全面掌握翻译知识的。而课外的时间非常充裕，因此教师可以引导学生充分利用课外时间，如鼓励学生课外阅读中国书籍或杂志，课外观看相关的电影或录像，或通过互联网查阅广泛的中国文化资源等，通过这种方式，既可以锻炼他们的英语自学能力，又可以锻炼他们的思维能力，同时也可以使他们的英语口语水平得到明显的提升。

## 三、讲授中国文化词语的翻译方法

### （一）音译法

在中国传统文化词汇的翻译过程中，往往不能准确地寻找到与之相一致的词汇，通常可以采用音译的方法，比如水饺可以译成 jiaozi，磕头可以译成 kowtow，暴君可以译成 tuhao，端午可以译成 duanwu 或者 duanyang。

### （二）意译法

在中国民族词汇的英译过程中，常用的就是意译。例如，中国的“火锅”就是一个很好的例子。“火锅”作为中国特有的菜肴，在目标语言中很难找到与之对应的词汇。对于许多同学来说，怎样把“火锅”译出来是一个很大的问题。不过，经过细致的剖析，我们很容易看出“火锅”最大的特色就是“煮熟即食、麻辣即鲜味、油而油腻、挥汗如雨、痛快无比”。“火锅”最大的特色就是“烫”和“辣”，因此，将“火锅”的意思译为“热”是非常贴切的。

### （三）综合法

比如中国的“七夕”是一个很有特色的节日，也叫“乞巧节”“七巧节”。这一节日源于人们对大自然的膜拜，以及女子穿针引线求花，再加上“牛郎”“织女”等浪漫的传说，因而被称为“中国的七夕”。若将“七夕”单纯地译成“中国节日”，很容易使人们将它与“西式”的“七夕节”相提并论，却忽视了“七夕”背后所蕴藏的中国传统的意义。此时，我们可以通过综合方法将“七夕”改成双倍 Seventh Festival，从而与西式“情人节”相区分，同时也能反映出中国的文化特点。

## 四、增强教师个人文化素养

高校英语教师的个体文化素质对学生的影响不容小视，如果老师自己不熟悉中国的文化和英文的语言，没有一些正确的译法，就无法起到引导作用，只能误人子弟。这就要求英语老师在努力提升自己的教学能力的前提下，也要不断提升自己的语言素养。

## 五、增设相关中国文化选修课

新的课程标准和新的要求已成为当今时代对高校英语教育的新要求。随着高校英语课时的缩减，对英语专业技术人员的需求也在不断提高。中国文化性的选择课程不仅能够有效地补充高校英语教学时间的短缺，而且在培养外语教学人员的人文素质的基础上，进一步加强对中国传统文化的翻译与介绍以及对现代汉语的全面运用。

## 六、采取多种措施鼓励学生关注中国文化

在教学过程中，老师不可能对每一个问题都进行全面的研究，因此，我们需要激发孩子们的探索和求知精神。在日常工作中，我们可以找到许多与中国文化有关的词语。举例来说，在饭店吃饭时，多读菜单上的英文名称，去游览时，多留意景点的英文描述，看见口号时，尽量把它转译为英语，这样，就可以使你的翻译技巧得到很大的提升。

总之，在这个不断变化、不断发展、不断出现新问题的年代，高校英语老师和同学们必须齐心协力，不断改进译文的方法，把知识性和文化性有机地融合在一起，唯有如此，才能更好地提高大学生的跨文化交际能力，让他们更好地满足当今社会对他们的要求。

# 参考文献

[1] 王岚，王洋. 英语教学与英语思维 [M]. 长春：吉林人民出版社，2019.12.

[2] 王琳琳，穆海博，李晓婧. 文化自信背景下大学英语教学中的中国传统文化渗透研究 [M]. 北京：中国纺织出版社，2019.12.

[3] 何冰，汪涛. 翻转课堂与英语教学 [M]. 长春：吉林人民出版社，2019.09.

[4] 周奋. 大学英语课堂教学研究 [M]. 长春：吉林人民出版社，2020.07.

[5] 贺华. 英语理论与英语教学研究 [M]. 成都：电子科技大学出版社，2017.09.

[6] 薛燕. 基于教学改革的大学英语教学实践 [M]. 延吉：延边大学出版社，2018.07.

[7] 徐继宁，张殿海. 中国传统文化英语阅读教程 [M]. 上海：上海交通大学出版社，2019.

[8] 吴丹，洪翱宙，王静. 英语翻译与教学实践 [M]. 长春：吉林人民出版社，2017.05.

[9] 刘然. 英语词汇教学方法与策略 [M]. 北京：九州出版社，2018.08.

[10] 张敏，王大平，杨桂秋. 英语教学改革与创新研究 [M]. 北京：九州出版社，2018.06.

[11] 张艳玲. 英语教学的理论、模式和方法 [M]. 青岛：中国海洋大学出版社，2018.10.

[12] 胡宇涵. 大学英语教学及其媒体融合视角探索 [M]. 长春：吉林人民出版社，2020.06.

[13] 吴元霞. 英语教学与文化融合 [M]. 北京：光明日报出版社，2017.05.

[14] 李婷. 跨文化交际研究与高校英语教学创新探索 [M]. 北京：九州出版社，2019.04.

[15] 黄建滨，金忍冬. 中国文化英语阅读教程 [M]. 杭州：浙江大学出版社，2018.08.

[16] 钱满秋. 现阶段大学英语教学改革研究 [M]. 北京：北京理工大学出版社，2017.03.

[17] 兰春寿. 英语文学阅读思维型教学模式研究 [M]. 北京：外语教学与研究出版社，2018.01.

[18] 林新事. 英语课程与教学研究 [M]. 杭州：浙江大学出版社，2008.08.

[19] 鲁静. 思维创新在高校英语教学中的应用 [M]. 长春：吉林人民出版社，2020.10.

[20] 董君. 英语国家文化概况 [M]. 上海：复旦大学出版社，2014.12.